教师职业道德

刘亭亭 主　编
张宏　薛红霞　赵红梅 副主编

图书在版编目(CIP)数据

教师职业道德/刘亭亭主编. —北京：北京大学出版社，2017.9
(21世纪教师教育系列教材)
ISBN 978-7-301-28703-3

Ⅰ.①教… Ⅱ.①刘… Ⅲ.①教师—职业道德—教材 Ⅳ.①G451.6

中国版本图书馆CIP数据核字(2017)第216510号

书　　名	教师职业道德 JIAOSHI ZHIYE DAODE
著作责任者	刘亭亭　主编
丛书主持	李淑方
责任编辑	李淑方
标准书号	ISBN 978-7-301-28703-3
出版发行	北京大学出版社
地　　址	北京市海淀区成府路205号　100871
网　　址	http://www.pup.cn　新浪微博：@北京大学出版社
微信公众号	科学与艺术之声（微信号：sartspku）
电子信箱	zyl@pup.pku.edu.cn
电　　话	邮购部 62752015　发行部 62750672　编辑部 62767857
印刷者	河北涿县鑫华书刊印刷厂
经销者	新华书店
	787毫米×1092毫米　16开本　14.75印张　280千字 2017年9月第1版　2023年7月第6次印刷
定　　价	45.00元

未经许可，不得以任何方式复制或抄袭本书之部分或全部内容。
版权所有，侵权必究
举报电话：010-62752024　电子信箱：fd@pup.pku.edu.cn
图书如有印装质量问题，请与出版部联系，电话：010-62756370

前　言

一、当代社会发展需要教师职业道德建设

当今世界,竞争的实质是以科技和经济为基础的综合国力的竞争。国家综合国力的增强和国际竞争力的提高愈加依赖于科学技术的进步和全民族整体素质的提高,这决定了教育以及教师在人类生活和世界经济、社会发展变革中将发挥更为关键的作用。"百年大计,教育为本。教育大计,教师为本。"正因为如此,世界各国从未像今天这样重视教育,关注教师职业。教师素质的高低与教师职业道德修养的水平有着紧密的联系。因此,重视教育的发展,关注教师队伍建设,就必须注重教师职业道德的建设。

当前我国整个社会正在经历着一场史无前例的变迁转型,社会的转型正在对教育产生着深刻的影响。首先,转型之中的中国社会期待着教师将"道德的化身""人格的楷模"这一传统角色延续、传承下去。正如联合国教科文组织发表的报告《教育——财富蕴藏其中》所指出的:"无论是教师的入门培训还是在职培训,其主要使命之一是在教师身上发展社会期待他们的伦理的、智力的和情感的品质,以使他们日后在他们学生身上培养同样的品质",以"献身精神和敏锐的责任感来完成他们的职责,这是学生和整个社会对教师的期待。"[①]其次,社会各领域的变革使中国形成了以市场经济为基础的现代多元文化社会。在多元文化的社会中,多元化的价值观冲击着以往传统的一元价值观,这使人们所遵从的原有社会价值取向发生了强烈的动摇。人们开始更多地关注、追求自我价值的实现。但是,由于中国当前的教师职业道德体系没有针对多元化社会做出及时回应与调整,因而,不能有效引导教师在职业生活中去积极追求正当的东西,也不能及时帮助教师正确排解在教育生活中面对的困惑,从而导致了一系列教师失德、失范现象的出现,引发了教师道德的滑坡,进而引发了全社会对师德滑坡问题的高度关注。再次,作为人口大国的中国拥有一支庞大的教师

---

① 国际21世纪教育委员会.教育——财富蕴藏其中[M].联合国教科文组织总部中文科,译.北京:教育科学出版社,1996:143.

队伍。截至2015年,全国各级各类学校共有专职教师1539万人,比2014年增加28万余人,中青年教师成为中小学和高校教师主体,高学历教师比例增加。在专职教师中,各阶段教师的人数分别为:学前教育205万人、义务教育阶段918万人、高中阶段(含中等职业教育)254万人,高等教育(含高等职业教育)157万人、特殊教育5万人。这些专职教师工作在52万所学校,支撑起了拥有2.57亿在校学生的这个世界上最大规模的教育体系。① 因此,加强教师职业道德教育,提高教师道德修养水平已成为教育领域内亟待解决的关键问题之一。

二、教师专业发展需要教师职业道德提升

教师专业发展是指教师在教学过程中通过专业性的学习,获得专业知识技能,自主实施其专业性,表现出专业的道德品质、专业的教学态度,将其作为成长为一名良好教育工作者的途径。简单来讲,就是"普通人"与"从教者"之间转换的过程。英国教育社会学家莱西说过,教师进行专业化的学习,可以使教师更好地融入教育这个集体中来,并且在教育集体活动中变得越来越成熟。② 随着教师专业化水平的提升,对教师职业道德的要求也越来越高。良好的职业道德,可以激发教师对爱岗敬业、奋发有为、精益求精等重要精神的追求,这种追求可以内在地激励教师为胜任教师工作而自觉地学习和提高专业素质,无形中成为监督、指导教师行为的精神支柱。

从实际表现来看,教师从内心接受教师职业道德,才能在教师身上形成一种强大的动力驱使,使教师能够全身心地投入教育工作中。教师具有良好的职业道德还会使教师以道德为准绳,正确处理各方面的关系。一个教师如果缺乏应有的职业道德,就会从根本上失去提高专业素质的自觉性,缺乏积极的工作态度,不思进取,将就处事,长时间下去会严重影响教学效果,影响学生的发展,在教育这个行业中,不仅不能做好教育工作,而且很难应对教育的变革,并且会成为教育前进的绊脚石。当今社会不断改革,变化的节奏不断加快。教师作为教育工作者,身负为社会培养人才的使命,仅仅靠现有的知识储备很难应对不断涌来的变革,这就要求教师应不断地提高自己的文化素质和能力素质。

《国家中长期教育改革和发展规划纲要(2010—2020年)》明确提出,"严格教师资质,提升教师素质,努力造就一支师德高尚、业务精湛、结构合理、充满活力的高素质专业化教师队伍。""教师要关爱学生,严谨笃学,淡泊名利,自尊自律,以人格魅力和

---

① 我国各级各类学校专职教师达1539万人[EB/OL]. http://news.xinhuahet.com/2016-08/31/C-1119487069.htm. 2016-08-31/2016-12-20.
② 邓全.培格曼最新国际教师学科全书[M].教育与科普研究所,编译.北京:学苑出版社,1989:53.

学识魅力教育感染学生,做学生健康成长的指导人和引路人"。这是国家第一次从教师专业化角度提出师德的具体要求,是一次师德教育要向教师专业发展回归的呼唤。这表明,今后师德建设将深入教师专业化发展层面来引导推进,使师德教育与教师专业的发展相互结合、相互促进,为造就高素质专业化教师队伍、基本实现2020年教育现代化提供保障。

三、教师职业幸福需要教师职业道德成长

教师职业道德不仅是教师高效地履行教育职责、改善活动品质的根基,亦是提升自身生活品质、确证生命存在、实现人生价值与精神安顿、成就人生幸福的德性基础。如果说,教学知识和技能的培养是为了教好书,做一名合格甚至是成功的教师,那么,整体德性的提升则是为了过好生活,做一个生活幸福的人。德性水平的提高是教师成长的阶梯,缺乏德性修养的教师无法获得教育生活的幸福,也无法使学生获得人生的幸福。

应当承认,我们目前的教师教育没有真正将师德培育作为工作的核心,而是习惯于师德规范的简单辅导与枯燥讲授,片面强调规范对教师的行为规约、精神制服或教师的单向接受、消极接纳,很少将其上升至职业尊严与职业幸福的层面,导致师德教育成效低下。如果师德建设仅仅是简单地给教师职业增加条文规范,那么无疑只是为教师职业增加外在的道德藩篱。这不仅不能增进教师的职业幸福,反而会加重教师对职业的倦怠感。如此,教师的教育质量与生活质量都会因道德的缺席而不断下降。

师德乃为师之道的根本。教师的道德成长贯穿于职业生命的全程,绝非某一阶段的例行任务,而是支撑教师整个生命成长过程进而获得职业幸福的根本保障。而幸福在于合德性的活动,在于严肃的工作,它是人最高的德性。师德是教师生命力在创造性教育活动中的展开。德性若低下或被丢弃,教师的职业生命就会残缺乃至终止,职业的幸福、劳动的价值就会大打折扣。教师德性的提升不仅与职业生活密切相关,而且也关涉对人生美好生活的追寻。"德性是人类为了幸福、欣欣向荣、生活美好所需要的特征品质。"①教师在德性的指引下所进行的一切教育实践活动都是通向美好生活的基础。

从人的道德本性上讲,与所有人一样,教师也是一个道德上的学习者,其道德成长并未完成。从教师职业的道德根基性上看,教师更需要加强职业道德与教育伦理

---

① 转引自李兰芬,王国银.德性伦理:人类的自我关怀[J].哲学动态,2005:40—45.

的修养。教育促进学生的发展,同时也塑造着教师自身。教师高洁的人性、崇高的德性,既促进学生的发展,又发展和成就教师自身。一个德性崇高且教育效果优良的教师,往往会形成自我肯定、自我实现的道德判断和体验,这种判断和体验既使他感到自谦、自信,又将在新的教学活动过程中转换为完善道德的激励力量。因此,教学不仅仅是人们所说的成人之学,更应该是教师的为己之学,这是对教师通过教学成就自我这种个人价值追求的应有承认和基本尊重。无论是成人还是为己,道德成长都是教师发展的坚实根基和可靠保障。[①]

---

① 唐爱民.道德成长:教师教育不能遗失的伦理维度[J].课程·教材·教法,2010(2):39—40.

目 录

绪论 ·· 1
  第一节　教师职业道德概述 ··· 1
    一、职业与职业道德 ··· 1
    二、教师职业道德 ··· 2
    三、学习和实践教师职业道德的意义 ··································· 5
  第二节　教师职业道德的形成与发展 ····································· 7
    一、我国教师职业道德的形成与发展 ··································· 7
    二、国外教师职业道德的发展演变 ···································· 11

第一章　教师职业道德的基本原则 ·· 24
  第一节　教师职业道德基本原则概述 ···································· 24
    一、教师职业道德基本原则的地位和作用 ····························· 24
    二、确立教师职业道德基本原则的依据 ······························· 25
  第二节　教师职业道德的基本原则 ······································ 27
    一、乐教勤业原则 ·· 27
    二、依法执教原则 ·· 31
    三、教育人道主义原则 ·· 38

第二章　教师职业道德规范 ·· 49
  第一节　教师职业道德规范概述 ·· 49
    一、教师职业道德规范的含义 ·· 49
    二、教师职业道德规范的结构与功能 ·································· 50
    三、中华人民共和国成立以来教师职业道德规范的沿革 ················· 53

第二节　教师职业道德规范的内容（上） ………………………………… 58
　　一、爱国守法 …………………………………………………………… 58
　　二、爱岗敬业 …………………………………………………………… 71
　　三、关爱学生 …………………………………………………………… 83
第三节　教师职业道德规范的内容（下） ………………………………… 93
　　一、教书育人 …………………………………………………………… 93
　　二、为人师表 ………………………………………………………… 106
　　三、终生学习 ………………………………………………………… 113

第三章　教师职业道德范畴 ………………………………………… 123

第一节　教师义务 ………………………………………………………… 123
　　一、教师义务概述 …………………………………………………… 123
　　二、教师义务感的培养 ……………………………………………… 126
第二节　教师良心 ………………………………………………………… 127
　　一、教师良心的内涵 ………………………………………………… 127
　　二、教师良心的意义 ………………………………………………… 129
　　三、教师良心的形成 ………………………………………………… 131
第三节　教师公正 ………………………………………………………… 133
　　一、教师公正的内涵及特征 ………………………………………… 133
　　二、教师公正的意义 ………………………………………………… 135
　　三、导致教师不公正现象的原因分析 ……………………………… 137
　　四、教师公正的践行 ………………………………………………… 140
第四节　教师幸福 ………………………………………………………… 142
　　一、教师幸福的含义 ………………………………………………… 143
　　二、教师幸福的追寻 ………………………………………………… 144

第四章　教师职业道德教育 ………………………………………… 151

第一节　教师职业道德教育概述 ………………………………………… 151
　　一、我国教师职业道德教育模式的演进 …………………………… 151
　　二、我国教师职业道德教育发展的新趋势 ………………………… 153
　　三、我国教师职业道德教育的规划与实施 ………………………… 155
第二节　教师职业道德教育的形式 ……………………………………… 158

一、职前教师职业道德教育 …………………………………………… 158
二、职后教师职业道德培训 …………………………………………… 162

第五章　教师职业道德修养 ………………………………………… 170

第一节　教师职业道德修养概述 ……………………………………… 170
一、教师职业道德修养的含义 ………………………………………… 170
二、教师职业道德修养的内容 ………………………………………… 171

第二节　教师职业道德修养的途径和方法 …………………………… 174
一、教师职业道德修养的途径 ………………………………………… 174
二、教师职业道德修养的方法 ………………………………………… 176

第六章　教师职业道德评价 ………………………………………… 187

第一节　教师职业道德评价概述 ……………………………………… 187
一、教师职业道德评价的含义与内容 ………………………………… 187
二、教师职业道德评价的功能 ………………………………………… 189
三、教师职业道德评价的意义 ………………………………………… 189
四、教师职业道德评价的原则 ………………………………………… 191

第二节　教师职业道德评价的标准、形式与方法 …………………… 193
一、教师职业道德评价的标准 ………………………………………… 193
二、教师职业道德评价的形式 ………………………………………… 194
三、教师职业道德评价的方法 ………………………………………… 197

第三节　教师职业道德评价机制的建构 ……………………………… 199
一、确立发展性教师职业道德评价观 ………………………………… 200
二、完善教师职业道德评价标准 ……………………………………… 200
三、丰富教师职业道德评价方式 ……………………………………… 201
四、建立反馈和激励机制 ……………………………………………… 202

主要参考文献 ……………………………………………………………… 205

附　　录 ………………………………………………………………… 207

后　　记 ………………………………………………………………… 221

绪　　论

> **学习目标**
>
> 1. 了解教师职业道德的含义。
> 2. 理解学习和实践教师职业道德的意义。
> 3. 了解教师职业道德形成与发展的过程。

第一节　教师职业道德概述

一、职业与职业道德

职业是社会分工和劳动分工的产物。所谓职业,就是人们的专门业务,它既是以社会分工为纽带的社会关系,又是人们所从事的正当业务及对社会承担的必要职责,并且还是人们以此作为主要生活来源的社会活动。因此,职业生活既是人类社会存在和发展的最基本的社会组成形式,又是个体存在和发展的基本途径。

在职业活动中,如何处理职业活动与社会需求的关系,如何处理职业内部和不同职业之间的关系,以及职业活动者如何对社会尽职尽责,自觉履行自己的义务,便构成了职业道德建设所要解决的问题。职业道德就是适应各种职业需要而必然产生的道德规范,是人们在履行本职工作过程中所应遵循的行为规范和准则的总和。职业道德的基本特点主要有:一是专业性,道德是调节人与人之间关系的价值体系。鉴于职业的特点,职业道德调节的范围则主要限于本职业的成员,而对于从事其他职业的人就不一定适用。二是传承性,每种职业都有其特殊的道德内容,这些内容是在长期的反复的特定职业社会实践中形成的,既可以使不同行业的职业道德相互区别,又能保证自身行业的特色并代代相传,形成一定的连续性和传承性。三是多样性,由于职业道德是依据本职业的业务内容、活动条件、交往范围以及从业人员的承受能力而制定的行为规范和道德准则,所以职业道德就是多种多样的,有多少种职业就有多少样职业道德。四是时代性,不同时代的职业道德必然反映出不同的时代特征,因为职业道德的存在和发展离不开特定的社会环境和时代条件的影响和限制。

从现实生活来看,绝大多数的社会成员都必然与一定的职业相联系。所以,除去家庭生活和大众公共领域外,人们的道德实践范围主要发生在每个人特定的职业活动中。这也就决定了职业道德必然会对人们产生巨大而广泛的影响。职业道德和家庭美德、社会公德三足鼎立,共同组成了社会道德体系的主要部分。

二、教师职业道德

虽然教育作为一种社会活动,是与人类社会共生共在的,但"教师作为一种社会职业,却是在教育有了相对的独立形态——学校——以后才逐渐形成的。也就是说,在奴隶社会中形成的"[1]。教师职业道德是职业道德的一种具体表现形式,主要是指教师在从事教育劳动过程中形成的,用以调节教师与学生、教师与教师、教师与集体、教师与社会等相互关系时所必须遵守的基本道德规范和行为准则,以及在此基础上所表现出来的道德观念、情操和品质。

由于教师职业劳动的目的、对象、手段等不同于其他职业,因此,教师职业道德具有自身的特点。

(一) 教师职业道德要求的高层次性

捷克斯洛伐克著名的教育家夸美纽斯曾经说过:教师是太阳底下最光辉的事业。因此,教师职业道德较之于其他职业道德有更高的标准和要求。自古以来,教师在传播人类文明、启迪人类智慧、塑造人类灵魂方面都发挥着不可替代的作用。这种职业本身决定着教师应具有崇高的精神境界和高尚的道德品质。同时,教师在劳动过程中可以借助多种手段来完成教育任务,但最主要的手段还是教师自身,教师不但要掌握渊博的知识,更要具备高尚的道德品质,才能更好地把学生培养成为社会所需要的德才兼备的人。

(二) 教师职业道德行为的典范性

教师职业道德不仅是对教师自身行为的规范要求,而且也是对学生进行教育的手段。"为人师表"就是指教师自身的行为具有典范性,是学生乃至社会的道德楷模和典范,因此教师要向自己提出更高的道德要求,严于律己,以身作则,为人师表,身正为范。一般来讲,教师面对的主要对象是儿童和青少年,模仿是儿童和青少年的一

---

[1] 叶澜. 新编教育学教程[M]. 上海:华东师范大学出版社,1991:2.

种重要学习方式。由于他们正处在发育成长之中,身心各方面都具有很强的依赖性和可塑性,因而这一阶段的学生对教师有一种特殊的信任和依恋的情感,他们时时刻刻观察着教师的言行举止,以之作为自己模仿的榜样。这就要求教师要时刻注意,处处为人师表、以身作则。凡是要求学生做到的,自己必须先做到。而且这种示范不应该是一种虚假的装饰,而应成为教师自身思想和品格的自然流露;也不应该是强加给学生的现成模式,强求学生盲目地服从,而应是对学生的启发诱导,鼓励学生独立思考,培养学生的创造性和主体意识。

(三) 教师职业道德影响的广泛性和深远性

教师的一言一行对学生的思想、行为和品德等各方面都具有潜移默化的影响,直接影响学生的心灵,影响学生的终生。教师的思想道德不仅影响在校学生,而且会通过学生和家长影响到整个社会,进而影响社会的进步和未来,因而其影响具有广泛性和深远性。

案例 0-1

两个女人,两样人生[①]

她在读初中时,作文极好而数学极差,几次数学考试都不及格。为了对得起父母和老师,她硬生生地把数学题死背下来,三次小考,数学都得了满分。数学老师认为她成绩之所以提高百分之百是因为作弊。她是个倔强而又敏感的女孩,并不懂得适度地忍耐更能保护自己,就直言不讳地对老师说:"作弊,对我来说是不可能的,就算你是老师,也不能这样侮辱我。"

结果,被冒犯了的老师气急败坏,单独给她发了一张她根本没有学过的方程式试题,让她当场吃了"鸭蛋",之后拿蘸了墨汁的毛笔,在她眼眶四周涂了两个大"圆饼",然后让她转身给全班看,又让她去大楼的走廊上走一圈。

这一事件的结果是:其一,她休学在家,自闭了七八年,严重时,连与家人同坐一桌吃饭的勇气都没有;其二,她养成了终生悲观、敏感、孤独的性格。尽管她一生走过48个国家,写了26部作品,用她的作品帮助很多人树立起豁达、坚强的人生信念,但她自己始终走不出心灵的阴影。

---

① 车广秀.两个女人,两样人生[J].读者(原创版),2006(5):37.

假如，换一个睿智而有爱心的老师，事情完全可以有更好的处理方式，不信，我们看看与她境况相同的另一个女孩的经历。

这个女孩同她一样，读初中时，中文也出奇地好，曾在年级的中文阅读测验中得过第一名，但数学相当糟糕，面对数学课本，就像面对天书，数学老师教的东西，她没一样能懂。她戏称自己为天生的"数学盲"，并且断言这种盲永远无药可救。

她跌跌撞撞地读到初三时，数学要补考才能参加毕业考。她知道事态的严重性，却无法左右事态的发展，只能整晚不睡觉，把一本《几何》从头背到尾，以尽人事。

第二天，上数学课时，老师讲到一半，忽然停下来，在黑板上写了4道题让全班演算。这没头没脑的4道题在下午补考之前出现在黑板上，又与正在教的内容毫无关系，再笨的学生也明白老师的良苦用心。

于是，她忽然就成了全班最受怜爱的人，几位同学边笑边叹气边把4道题的标准答案写出来教她背。她背会了3道，在下午的补考中得了75分，终于能够参加毕业考，终于毕了业。后来，初中最后的那堂数学课连同数学老师关切和怜爱的眼神，一并成为她生命中温馨美丽的记忆。

第一个故事的主人公是三毛，第二个故事的主人公是席慕蓉。

三毛很不幸，她碰到的是一位看重成绩而忽视人格的、具有强烈的权威意识的数学老师。他为了维护自己那点可怜的尊严而滥用权力，给完全没有防范能力的三毛在精神上以致命的一击，让她穷尽毕生之力都无法从那种伤害中复原。

席慕蓉则非常幸运，她的数学老师并没有因为她在数学方面的不足而全盘否定她，于不动声色中放了她一马，让她有条件在更适合自己的领域里振翅高飞。在自己最不擅长的领域里，得到的都是发自内心的怜爱与关怀，难怪她对生命充满眷恋，对人世充满信心。作为一个极富才情的女子，她既有能力爱丈夫、爱孩子，充分享受亲情之乐，又用自己的诗、画和文章吸引和陶冶了无数的人。

案例 0-2

苏步青的感触

著名数学家苏步青教授回忆说:"我小的时候是个差等生,学习成绩在全班同学中总是倒数第一。各科比较起来,我的语文成绩较好,有一次我写的作文交给语文老师,他认为我是抄袭的,并当场讽刺我,使我的自尊心受到很大伤害。在他上课的时候,我的眼睛总往外瞅,不愿和他对视。后来,换了一个王老师,他衣着简朴,但很有学问,不歧视我,还鼓励我,讲牛顿、爱因斯坦的故事,改变了我的人生道路。当我从日本留学回来,第一个想见的便是王老师。"

点评:从以上的案例我们不难得出这样的认识,教师的教育教学过程就是其人格塑造和职业道德素质展示的过程,教师对学生的伤害将会伴随着学生生命发展的整个过程。因此,教师必须时时保持一种高度的自觉性,处处用富有科学精神的自制力来战胜随意性和自我放任。教师必须把教学过程看成是一个精神和情感的相互交流过程,并善于利用自己丰富的情感、平静愉快的心境和活泼开朗的性格来创造一个轻松、愉快、和谐、向上的教学环境。在这样的情境和氛围中,教育教学的效果显然会事半功倍。

三、学习和实践教师职业道德的意义

教师职业道德是合格教师必备的职业素养之一,也是教师素质的最高表现形式。学习和实践教师职业道德对教师、学生和社会都具有重要的意义。

(一)对教师起调节和教育作用

首先,学习和实践教师职业道德有助于教师有效调节各种人际关系,保证教育活动的正常运转。教育活动中的人际关系是极其复杂的,包括教师与教师之间的关系、教师与学生的关系、教师与学校领导的关系、教师与家长的关系等。在这些错综复杂的关系之中,必然会存在各种利益矛盾和冲突,要正确、妥善地解决各种矛盾,协调利益关系,必然要遵循一定的规范。教师职业道德规定了教师处理个人利益与集体利益和社会利益的道德原则,指明了教师在教育活动中应遵守的规范和要求,引导教师在教育过程中正确选择自己的行为,合理调节教师在教育过程中面对的各种关系、矛盾,从而保证教育工作顺利开展和教育任务圆满完成。

其次,学习和实践教师职业道德有助于教师克服困难,坚定职业道德信念。教师的职业生活是复杂而艰苦的,这就需要教师具备坚定的职业信念和一定的奉献精神。系统地学习教师职业道德的专门知识,掌握教师职业道德的基本原则和重要范畴,能够使教师从理论高度深刻认识提高教师职业道德修养的重要性,增强其选择正确的教育行为的自信心和主观自觉性,通过理性的思考和反复的实践,教师职业道德才会从外在的道德要求逐步转变为教师本人内心的法则,从而进一步坚定自己的道德立场和道德信念。

(二)对学生起榜样和带动作用

教师劳动的示范性以及儿童和青少年学生的"向师性"决定了教师是学生最直观的榜样。在学校生活中,儿童和青少年不仅从书本里学习善恶观念,更多的是从教师的言行举止中表现出来的道德意识和道德行为中汲取是非、善恶的观念。正如柯瓦利所言:"儿童从小就把自己的老师看作他们要努力学习的道德模范。"因此,崇高的教师职业道德对于儿童和青少年学生来讲是一种巨大的教育力量。

(三)对社会起影响和促进作用

教师是与社会有着广泛联系和对社会有特殊影响的职业。学习和实践教师职业道德的意义不仅表现在学校生活中,也会通过各种途径和方式,直接或间接地对社会生活起影响和促进作用,是促进社会形成良好道德风尚的催化剂。这一作用主要通过三个渠道来实现[①]:

1. 通过培养学生的优良道德品质来广泛影响社会

教师在自己的职业活动中所表现出来的面貌,会直接影响学生道德品质的形成。而学生会将在学校里培养和发展起来的道德品质直接带往社会的各行各业,从而对整个社会的道德风尚产生广泛而深远的影响。

2. 通过教师亲自参加社会生活而影响社会

每一位教师除了拥有自己特定的职业生活之外,还是社会大家庭中的一分子。在参加学校的教育生活之外,他还将作为一个社会成员亲自参加各种社会活动,由此对社会生活施加影响。当社会不正之风盛行,严重地腐蚀着人们的灵魂,毒害着青少年学生的时候,那些具有高度社会责任感的教师会积极地参与到社会生活中来,通过

---

① 钱焕琦.教师职业道德[M].上海:华东师范大学出版社,2011:25.

著书立说等各种各样的方式来努力改造环境,净化社会风气。

3. 通过教师个人的道德品质去影响自己的家庭、亲友和邻里

良好的师德是教师长年累月在教育活动中形成的道德情感和道德品质,它不会因为离开职业生活而消失。相反的,教师会把这种业已形成的优良品质带进家庭生活和周围环境中,在家庭生活中尊老爱幼,与邻里和睦相处,与亲戚朋友友好往来,在公共生活中乐于助人,遵纪守法,这些无疑会对良好社会风气的形成起到积极的促进作用。

第二节 教师职业道德的形成与发展

一、我国教师职业道德的形成与发展

(一) 中华人民共和国成立前教师职业道德的形成与发展

1. 教师职业道德的起源

教育作为与人类共生共在的社会现象,有着悠久的历史,并伴随着人类社会的发展而变迁。在原始社会时期,由于生产力极其低下,社会生活极其简单,教育不发达,没有专门的学校、教师和学生,教育活动主要是在人们的生产和生活过程中进行的,通过生产劳动、社会生活,年长一代向新一代传授取火、制造工具、捕猎等知识技巧;通过衣食住行等日常生活,年长一代向新一代传授群体部落的风俗、礼仪、习惯和道德。可见,这时只有一些教育活动中的粗浅的行为习惯和朦胧的师德意识。所以说,这一时期是师德产生的萌芽时期。

2. 先秦时期的教师职业道德

随着经济、文化的发展,社会出现了脑力劳动与体力劳动的分工,加上文字的出现,教育活动开始从萌芽状态进入更有意识、有目的的状态,开始和别的社会活动产生分化。在这样的历史条件下,设置一些专门的教育工作人员和专门的教育机构成为可能。随着学校和教师职业的产生,对于教师的道德要求也逐步生成并伴随着社会的发展而不断明确和完善。

我国最早对教师提出明确道德要求是在商周时期。但此时教师还没有成为一个独立的职业,往往是由奴隶主阶级的官吏兼任教师的职责,有"政教合一""官师合一"

的性质。因此,这一时期对教师的道德要求大多夹杂在政治道德之中,尚未有明确的教师职业道德理论和实践。

先秦时期中国社会处于大动荡大变革时代,生产关系急剧变化,各种学派应运而生,各派学者纷纷聚徒讲学,宣传自己的政治思想、学术观点,形成百家争鸣的局面。教育史上具有划时代意义的私学由此兴起。在私学形成的过程中,专职教师开始出现,这时才真正产生教师职业道德。我国著名教育家孔子不仅首开私学先河,而且提出了一套我国历史上最早的、比较完整的教师职业道德规范。在道德教育态度上,他要求教师要有"学而不厌,诲人不倦"的良好品德,"发愤忘食,乐以忘忧"的精神;在道德教育方法上,强调教师要因材施教,对受教育者要"视其所以,观其所由,察其所安";在道德修养方法上,还要求教师以身作则,为人师表,做到身教重于言教,"其身正,不令而行,其身不正,虽令不从"。"不能正其身,如正人何?"肯定师德的榜样作用。孟子继承了孔子的教育思想,在道德修养方法上,主张教师应严格要求受教育者,坚持高标准;教师要采取启发诱导的方法来教育学生,"君子引而不发,跃如也,中道而立,能者从之"。"君子深造之以道,故其自得之也。"他也要求教师本人以身作则,以身示范,做出表率,"贤者以己昭昭,使人昭昭",必须正己然后才能正人;教师本人说得再有道理,自己不去做,他的说服教育也就没有力量。荀子则将教师与天地君亲相提并论,在提高教师地位的同时,也在师德方面提出了重要见解。他指出,"师术有四,而博习不与焉。尊严而惮,可以为师;耆艾而信,可以为师;诵说而不陵不犯,可以为师;知微而论,可以为师"①。也就是说,当教师的人,除了有渊博的学问之外,应具备四个基本条件:第一,要有尊严和威信;第二,要有丰富的阅历和崇高的信仰;第三,讲学要能有条有理,循序渐进;第四,要知识精深,通晓细微的道理并加以阐发。在道德修养上,要求教师坚持努力,日积月累逐步提高,"积土成山,风雨兴焉;积水成渊,蛟龙生焉;积善成德,而神明自得,圣心备焉"②。荀子还特别强调师德修养的实践作用,"不闻不若闻之,闻之不若见之,见之不若知之,知之不若行之,学至行之而止矣"③。

先秦时期是中国文化教育的开创时期,先秦诸子的道德学说为中国道德的发展奠定了雄厚的基础,后来的文化教育、道德理论包括师德理论,大都可以从先秦找到根芽。

---

① 《荀子·致士》。
② 《荀子·劝学》。
③ 《荀子·儒效》。

3. 汉唐时期的教师职业道德

秦汉以后，随着教育职业活动的蓬勃发展，人们对教师职业道德的认识也在教育实践中不断丰富、充实和完善。西汉时期，确立了中国封建社会教育的雏形，也奠定了封建社会教师职业道德的基础。西汉著名的思想家扬雄在其著作《法言》中说："师者，人之模范也"，要求教师要为学生做出表率，成为学生效仿的楷模。唐朝是我国封建社会文化教育的鼎盛时期，学校已相当完备，空前昌盛，加上唐代历代君主都十分重教重学，尊师重道，师德得到了空前的发展。唐代大思想家韩愈不仅提出"师者，所以传道授业解惑也"，指明了教师的责任，而且还提出"是故弟子不必不如师，师不必贤于弟子"，要求教师甘为人梯，培养学生有"青出于蓝而胜于蓝"的超越精神，对后世教师职业道德规范的发展产生了重要的影响。

4. 宋元明清时期的教师职业道德

宋元明清时期，中国封建社会从鼎盛渐至衰落。宋代理学家们从"知行合一"的角度阐述了关于教师职业道德的伦理思想。朱熹制定的《白鹿洞教条》是我国古代关于师德规范最完整、最清晰的论述，"博学""审问""慎思""明辨""笃行"是书院教条中提出的师生共勉的道德规范。明清两代，沿袭宋代书院讲学风气。教育家王夫之认为，教学者要"正其志"，"善教人者，示以至善以亟正其志，志正，则意虽不立，可因事以裁成之"。"欲明人者先自明"，否则"大义不知其纲，微言不知其隐"，"实则昏昏也"，是不能担当教师之职的。1897年，盛宣怀创办了南洋公学师范院——我国教育史上的第一所师范学校。盛宣怀把师范生的道德品质训练分为五个层次：第一层之格，曰学有门径，材堪造就，质成敦实，趣绝卑陋，志慕远大，性近和平；第二层之格，曰勤学诲劳，抚字耐烦碎，就范围，通商量，先公后私；第三层之格，曰善诱掖，密稽察，有条理，解操纵，能应变；第四层之格，曰无畛域计较，无争无忌，无骄矜，无吝啬，无客气，无火气；第五层之格，曰性厚才精，学广识通，行止度大，心虚气静。达到第五个层次才算达到教师道德水准。

5. 近代社会的教师职业道德

鸦片战争以后，中国逐渐沦为半殖民地半封建社会，文化教育的性质发生了深刻的变化。以康有为、梁启超、蔡元培等为代表的一大批教育家对教师职业道德提出了新的规范要求。

清末改良派领袖康有为是19世纪末向西方寻求真理的先驱人物。他十分重视师德修养，对师德颇有研究。他认为儿童正处在发育生长期，易受外界环境的影响，缺乏自理能力，需要有教师的照顾和关怀，这就要求小学教师不仅应具备良好的德行学问,还应有慈母般的情怀。因此他提出,小学教师"当选任德性仁慈,威仪端正,学问通达,诲诱不倦者完之"。中学生特别是初中生意识还不成熟,自立性、持久性、沉着和自制力等还不如成人,常常出现有始无终、忽冷忽热、不守纪律的行为,更需要有德才兼备的教师加以指导。因此"中学之师,尤当妙选贤达之士,行谊方正,德性仁明,文学广博,思悟通妙,而又诲人不倦,慈幼有恒者方当此任"。因此,康有为对选拔教师是极为严格的,针对不同教育对象而提出不同的师德要求。

我国著名教育家蔡元培,也极为重视教育工作,对教师职业给予高度评价,他说:"小学教员在社会上的位置最重要,其责任比大总统还大些。"为担负此重任,他要求教师的行为和品质应成为学生的楷模。一次他对师范生演讲时曾说过:"什么是师范?范就是模范,为人的榜样。"他不仅要求教师为人师表,而且他本人也时时处处做出表率,为后世树立了光辉的师德榜样。

五四运动后,马克思主义在中国传播,开辟了教育文化发展的新纪元。从此,中国教师职业道德的发展也进入了一个新阶段。教育家陶行知先生,被人们誉为"人之模范",他甘愿抛弃教授之位,放弃舒适安逸的城市生活,亲自到贫穷落后的农村创办"乡村教育",为自己定下了师德的标准,他说:"乡村人民儿童所敬爱的教师应该具备健康的体魄,农民的身手,科学的头脑,艺术的兴味,改造的精神。"[①]他严于律己,好学不倦,认为做教师的人,必须天天学习,天天接受再教育,才能有教学之乐,而无教学之苦。

(二)中华人民共和国成立后教师职业道德的发展与完善

中华人民共和国成立之后,特别是改革开放以来,国家的社会发展取得了巨大进步,师范教育的水平得到了显著的提高,我国师范教育发展翻开了崭新的篇章。随着社会的前进和教育事业的发展,社会主义的教师职业道德也在不断地发展和完善。

1983年2月,原国家教委颁布了《中等师范学校学生守则(试行草案)》,在政治思想、道德品质和教育等方面对中等师范学校学生提出了基本要求,以之作为每个中等师范学校学生应该遵守的行为准则和道德规范。1984年10月,教育部、全国教育工会颁发了《中小学教师职业道德要求(试行草案)》,共六条,对中小学教师职业道德作了规定。1991年8月13日,原国家教委和全国教育工会对上述的《中小学教师职业道德要求(试行草案)》作了修订,制定并颁发了《中小学教师职业道德规范》,也为六条。为了适应形势发展的需要,加强师德建设,原国家教委和全国教育工会于1997

---

① 陶行知.陶行知教育文选[M].北京:教育科学出版社1981:90.

年 8 月 7 日重新修订并颁发《中小学教师职业道德规范》,共八条。主要内容分别是:依法执教,爱岗敬业,热爱学生,严谨治学,团结协作,尊重家长,廉洁从教,为人师表。并对每条都作了更加详细的相应规定。1997 年 9 月 4 日,《中国教育报》和同年第 10 期《人民教育》在发布《中小学教师职业道德规范》时,分别在评论员文章《把师德建设提高到新水平》和短评《加强师德的重要举措》中,将爱岗敬业、教书育人、为人师表作为师德的核心内容,这三条是社会对教师职业道德的最基本的要求。2008 年 9 月 1 日,教育部和中国教科文卫体工会全国委员会又联合颁布了新修订的《中小学教师职业道德规范》,其六条内容为爱国守法、爱岗敬业、关爱学生、教书育人、为人师表、终身学习,充分体现了"以人为本"的理念,较好地处理了继承和创新的关系,具有鲜明的时代特征。

二、国外教师职业道德的发展演变

尽管世界上各个国家的历史传统、文化背景和社会制度不尽相同,对于教师职业道德的表达方式和实施手段存在差异,但有一点是相同的,就是各国在不同的历史时期,都非常重视教师职业道德的研究和建设。通过对国外教师职业道德的纵向分析和横向比较,了解和把握世界各国的先进经验和规律,对推动我国的教师职业道德建设有重要的现实意义。

(一)外国古代教育史上教师职业道德的发展[①]

1. 古希腊、罗马时期的师德观

古希腊、罗马时期师德观主要有两种。一种认为教师对学生应该严格,学生应该绝对服从教师,提倡对学生实施体罚。柏拉图提出必须使儿童服从教师,由教师对儿童进行经常监督,如果他们不服从,就使用"威胁和殴打"手段迫其服从。甚至对于儿童的游戏,他也非常强调纪律,认为"如果游戏中缺乏纪律,儿童与之同化,要求他们长大后成为严肃而守法的人则是不可能了"。另一种观点认为教师应对学生友善,应依靠自身的才德把学生教育成为品德高尚的人。古希腊哲学家德谟克利特认为教师应教育学生多动脑筋,勤于思考,"应该尽力想得更多,而不是知道得更多"。亚里士多德强调通过实践养成良好的习惯,他是西方最早提倡"习惯成自然"的人,他还要求教师必须在学习、品德、人格、习惯上为学生树立良好的榜样,为人师表。昆体良是西方第一个系统论述教师职业道德的人,他认为,要做好教育教学工作,要培养完美的

---

① 参见李国庆,赵国金. 关于西方教师职业道德发展研究及借鉴[J]. 高校教育管理,2011(5):51—55.

雄辩家,教师是至关重要的。昆体良对教师提出了极高的要求:首先,教师必须在道德上是值得学习的榜样,他既不能允许学生失德,更不能允许自己失德;其次,教师要以父母般的感情对待自己的学生,既爱护备至,又严格要求。

2. 中世纪的师德观

在中世纪,基督教会成为一种举足轻重的政治力量,并且垄断了当时的学校教育。所以,中世纪的教育具有明显的压制儿童天性发展的权威主义特点。但仍有一部分经院哲学家在理性指引下,开始从尊重儿童的立场向教师提出相应的要求,如托马斯·阿奎那提出:"在教学过程中,教师应当充分考虑到学生的心智活动状况和学生的个人经验以及接受知识的能力,努力调动学生的积极性,激发学生的思考,避免盲目地向学生灌输知识,与此同时,教师应当考虑到学生的个性差异。"[①]经院哲学家安瑟伦在与一位修道院院长谈话时,阐发了关于教师职业道德的见解。他说:"一个著名的教育制度却正在把人变成牲口。告诉我,如果在你的庭院中种一棵树,你紧紧地把它绑起来,不给它生长枝叶的地方,结果会是什么呢?这些可怜的孩子交给你了,你就应该帮助他们成长,使他们思想成熟;但是如果不给他们自由,其身心发展必遭挫折。如果从你这里得不到温存,他们就将从错误的角度来看待一切。"[②]

3. 文艺复兴时期的师德论述

文艺复兴时期的教育思想家反对教师的权威主义和对学生的体罚,崇尚自由精神。他们期望发展儿童的积极性和独立性,并激发儿童的创造性。意大利人文主义教育家维多里诺主张对学生实行自治,减少惩戒,禁止体罚。维夫斯要求教师尊重儿童,在他看来,"没有比教师用残酷和威胁、发怒和鞭打,要求幼小儿童做这做那,更为愚蠢的了。这样的老师,他们自己就应该受鞭打"。伊拉斯谟认为,教师应关心儿童的身心发展,尊重儿童的个性,要鼓励与严厉并重,在对学生有深入了解的基础上,去说服教育学生。文艺复兴时期关于师德问题还非常强调教师自身素质,强调教师要德才兼备。夸美纽斯在《组织完善的学校的要法》一文中宣称:"教师的职责伟大而光荣,是太阳底下最光辉的职业,教师要充分了解自己职业的社会意义,充满自尊心和自信心,加强品德修养,成为道德卓越的人;教师的职责在于用善良的范例,以诚恳、积极、顽强的态度去诱导学生,做学生的表率;教师应当无限热爱自己的工作,教

[①] 转引自李国庆,赵国金.关于西方教师职业道德发展研究及借鉴[J].高校教育管理,2011(5):51—55.
[②] [英]伊丽莎白·劳伦斯.现代教育的起源和发展[M].纪晓林,译.北京:北京语言学院出版社,1992:33.

师自己愈是热忱,他的学生愈会显得热心。"①在乌克兰和白俄罗斯,有的学校规定了教师应具有如下的品质:"教师还必须教导并热爱所有儿童,不论是富家子弟和贫苦孤儿,或是那些街头行乞的丐童,都应一视同仁。教导儿童应该视其才力之所能及,不得对某些学生努力教导,而对另一些学生教导不力"②。

(二)外国近代教育史上教师职业道德的发展③

近代师德观强调两种观点。一种是教师要培养学生在德、智、体各方面的能力。英国教育家洛克认为,教师的责任是培养学生的绅士风度,使其形成良好习惯,怀抱德行和智慧,在学生需要的时候,给他力量、活力和勉励。瑞士著名教育家裴斯泰洛齐认为,教师要引导学生向善,激发他们纯洁的、高尚的道德情感,使学生认识到善,具有纯净的心灵。他明确指出:"我的初等教育思想,在于依照自然法则,发展儿童道德、智慧和身体各方面的能力,而这些能力的发展,又必须顾及它们的完全平衡。"④另外一种观点是教师要顺应儿童成长的层次性、规律性组织教学,顺应儿童的身心发展进行教育。卢梭在《爱弥尔》中,比喻道:自然自由地发展就意味着像植物那样生长发育。这样教师也就要像园丁一样精心护理儿童,给他们提供"自我开拓心灵"的空间。福禄培尔也认为,教育要遵循自然万物发展的正确道路,要遵循儿童的天性,他认为儿童的天性是善的。

(三)外国现代教育史上教师职业道德的发展

为加强教师职业道德建设,世界各国建立了一系列的相关措施、机制,并逐渐发展为系统化的职业道德规范,以保证教师在职业道德习惯养成上和社会对教师道德行为评价上有规可依、有章可循,保证教师在实施学校道德教育中主体地位的充分发挥,并在实践中取得了良好的效果。

1. 美国教师职业道德发展概况

在美国,职业道德一般称为职业伦理(professional ethics)。教师职业伦理规范是用于调节教师工作所涉及的各种关系的行为准则。长期以来,美国一直重视对于教师专业伦理的理论研究和实践推行。美国对于师德规范的设定早在19世纪就出现了。1896年,美国乔治亚州教师协会就颁布了教师专业伦理规范,随后,各州相继仿效。美国全国教育协会成立之后,在大量调查访谈的基础上于1929年通过了《教

---

① 转引自李国庆,赵国金.关于西方教师职业道德发展研究及借鉴[J].高校教育管理,2011(5):51—55.
② 转引自施修华.教育伦理学[M].上海:上海科学普及出版社,1989:18.
③ 参见李国庆,赵国金.关于西方教师职业道德发展研究及借鉴[J].高校教育管理,2011(5):51—55.
④ 张焕庭.西方资产阶级教育论著选[M].北京:人民教育出版社,1979:206—207.

学专业伦理规范》，期望以理想的教师形象带动教师伦理建设，并在1941年和1952年进行了两次修订。与1929年颁布的规范相比，这两次规范虽然在内容与执行等方面均发生了一些变化，但总体而言，前期规范的精神较为完整地在这两次规范中得到了保留。这一时期，全美教育协会对规范宣传与执行中的问题给予了较前期更多的关注，以促使新修订的规范发挥实效性。

1960年，全美教育协会对规范进行了修订，并使所有附属机构赞同决议。基于这一决议，专业伦理委员会对规范进行了修订，并于1963年全美教育协会底特律代表大会上获得通过，更名为《教育专业伦理规范》(Code of Ethics of the Education Profession)。到1965年，该规范已经得到了全美教育协会所有附属机构的一致通过，并首次取代此前较低级别的伦理规范，成为唯一得到全国认可的专业伦理标准，成为教育工作者在职业行为过程中具有法理权威的伦理信条。在统一规范确立的背景下，美国全国教育协会又先后于1968年、1972年和1975年对伦理规范进行了修订。1975年，全美教育协会专门成立了检查委员会(Review Board)，以取代专业伦理委员会。协会规定，对于那些被指控违反《教育专业伦理规范》的事件，检查委员会有裁决权；同时，它有权指责、吊销或开除会员；行政官员或是执行委员会成员提出控告并审查管理部门实施协会章程与法规的行动。至此，全美教育协会《教育专业伦理规范》经过长达50余年、前后共6次的修订，最终定稿。

进入20世纪80年代以后，美国对教师"专业化"的探索达到高潮，教师专业伦理的研究也得到进一步加强。1983年，美国发表《国家处于危险之中》的报告。1986年，卡内基教育与经济论坛、霍姆斯小组分别发表了《国家为21世纪的教师作准备》和《明日之教师》两份报告。以此为契机，美国明确提出了教学专业化的要求和追求优质教育的目标。优质教育必须以优良师资作为保障，为了保障优良师资的培养，美国教师专业标准委员会制定了《教师专业标准大纲》，各州在此基础上还制定了更为细化、便于操作的教师专业标准，以保障培养优质教师的良好愿望能够得到落实。1996年制定的《优秀教师行为守则》，共26条，其中有21条涉及道德方面的要求。具体内容是："(1) 记住学生的姓名；(2) 注意参考以往学校对学生的评语，但不持有偏见，并且与辅导员联系；(3) 真诚对待学生，富有幽默感，力争公道；(4) 要言而有信，步调一致，不能对同一错误采取今天从严、明天从宽的态度；(5) 不得使用威胁性语言；(6) 不得因少数学生的不轨而责备全班学生；(7) 不得当众发火；(8) 不得在大庭广众之下让学生丢脸；(9) 注意听取学生的不同反映，但同时也应有自己的主见；(10) 要求学生尊敬教师，教师对学生也要以礼相待；(11) 不要与学生过分亲热或过分随便；(12) 不要使学习成为学生的精神负担；(13) 在处理学生问题时如存偏差，应敢于承认错误;(14)避免与学生公开争论,应个别交换意见;(15)要与学生广泛接触,相互交谈;(16)少提批评性意见;(17)避免过问或了解学生们的每个细节;(18)要保持精神饱满,意识到自己的言谈举止都会影响学生的行为;(19)要利用电话等手段与学生家长保持联系;(20)在处理学生问题时,要注意与行政部门保持联系;(21)要严格遵守学校规章制度。"①

由此可见,美国的师德建设注重的不是师德理想,而是师德规则。这些规则直接制约着教师各方面的行为,规范着教师这样一个特定的职业。

2. 日本教师职业道德发展概况

日本对教师的伦理道德的研究是从探讨"教师形象"开始的。纵观历史,日本理想的教师形象因时代不同而各异,主要有明治维新以后提出的、要求教师绝对效忠天皇,生活上甘于清贫,道德上完美无缺的"教师圣职者论";第二次世界大战后出现的维护教师权益的"教师劳动者论"以及20世纪70年代后的"教师专业性职责论"三种教师观,分别反映了不同时代理想的教师形象,同时也对教师的职业道德提出不同的要求。

明治维新后,日本开始了现代化的进程,大力创办师范学校,着眼于培养教师,但日本的现代化从一开始就具有国家主义倾向,依照尊王爱国之策,日本政府要求教师成为国家的"奉献者",主张"师魂通士魂",即要求教师应有武士风度,逐步形成了"士族教师形象"。明治十九年(1886年),日本第一任文部大臣森有礼制定师范学校令,锐意革新师范教育。该令为师范生提出"顺良、信爱、威重"的培养目标,并成为理想的教师形象,对以后日本师德规范的形成产生了巨大的影响。

日本在第二次世界大战战败之后,宣告了军国主义天皇制国体结束。1947年日本教职员组织成立,通过了以提高教职员地位与建设民主主义教育文化为目标的《宣言》。广大教师在对政府发动侵略战争的反思中觉醒,放弃原来效忠天皇的"教师圣职论",力图追求民主主义的"现代教师形象"。1952年日本教师联合大会通过《伦理纲领》,作为正式的师德规范颁布,至今仍然被广泛运用。这个纲领规定:(1)教师要肩负日本社会的使命,同青少年一道生活;(2)教师要为教育机会的均等而斗争;(3)教师要保卫和平;(4)教师要站在科学真理的立场上行动;(5)教师不容许教育自由遭受侵犯;(6)教师要寻求公正廉明的政治;(7)教师要同家长一道跟社会的颓废作斗争,创造新文化;(8)教师是劳动者;(9)教师要维护生活权益;(10)教师要团结。从1959年起,把"道德教育研究"列为师资培训课程的必修科目。

---

① 傅维利.教师职业道德教育指南[M].北京:高等教育出版社,2009:65.

20世纪60年代后期开始,随着经济和教育事业的高度发展,教师职业伦理道德问题日益被重视。通过大量关于教师道德和教师职业伦理方面的著述,日本社会各界基本上确认了"教师职业是专业性职业,教师是从事专业性职业的专业人才"的教师观。日本当代著名教育家小原国芳撰写的《师道》一书,对师德的本质、内容、发展的条件等作了探讨,强调教师应当有独立、自尊、自信、自恃的伟大精神,应具有天下一流人物的自豪感,应努力在真、善、美、体育、劳动等方面全面完善自己,成为"完人式的理想教师"。日本教育家皇至道在《人类教师与国民教师》一书中分析了教师提高职业伦理素养的必要性,认为"教师的专业性与它的伦理性有深刻的关系"。他指出,对儿童和学生的爱是教师的基本素养。教师要不断反省自己的道德、知识,才能看到自己的不足之处。不断地磨炼自己个性的教师,可以说是真正具有童心的教师。此外,新掘通在谈到教师的道德时指明了教师以身作则的重要性。他说,在道德教育中,作为楷模的教师起到了决定性的作用。无论怎样通晓古今、东西方的伦理学说,无论怎样精于说教艺术,要是其知识与说教没有行动作依据的话,孩子就将从教师那里学到言行不一,并对其所讲的道德产生怀疑。因此,在道德教育活动中,不仅要重视"孩子的道德"和"面向孩子的道德教育",而且也要留心于"教师的道德"和"面向教师的道德教育"。

(四)联合国教科文组织等国际机构关于师德规范的规定[①]

联合国教科文组织是一个处理国际教育、科学、文化问题的机构。它所开展的大量工作促进了世界和平、教育、科学、文化的进步与发展,其制定与发表的各类文件报告,如《学会生存——教育世界的今天和明天》《从现在到2000年教育内容发展的全球展望》《教育的使命——面向21世纪的教育宣言和行动纲领》《教育——财富蕴藏其中》等,都提出了富有创见的教育理念、教育基本概念、教育行动纲领,直接推动了世界各国的教育改革与发展,为世界的和平与发展,为人类社会的文明与进步作出了特别的贡献。

1. 联合国教科文组织关于师德规范的规定

联合国教科文组织高度关注师德问题。在有关教师地位、教师作用、教师教育等文件中,都有关于教师道德规范方面的论述。

1966年10月,联合国教科文组织通过了《关于教师地位的建议书》。这个建议的原案是由联合国专门机构之一的"国际劳动机关"与联合国教科文组织在1966年1

---

① 傅维利.教师职业道德教育指南[M].北京:高等教育出版社,2009:58—60.

月共同举办的专家会议上提出的,所以,这份文件也被称为《国际劳动机关·联合国教科文组织的建议》。联合国教科文组织在《关于教师地位的建议书》中提出的师德理想是:"应以人类个性的全面发展,以集体精神的、道德的、社会的、文化的和经济的进步,以及以对人权和基本自由极大尊重的谆谆告诫为目标,将最主要的注意力集中于教育对于和平以及对于各民族、种族或宗教集团间了解、宽容和友谊所作的贡献上。"而制定师德规范的指导原则是:"将对学生的教育损失减少到最低限度。"这个建议书提出的具体师德规范如下:

(1) 教师不得以种族、肤色、性别、宗教、政治见解、民族、社会成分或经济状况为理由,以任何形式歧视学生。

(2) 教师要为每一个学生提供可能的、最充分的受教育机会,应适当注意对教育活动有特殊要求的儿童。

(3) 教师应具有必要的德、智、体的品质,并且具有必要的专业知识和技能。

(4) 教师要尽一切可能与家长紧密合作,但也不能在教师专业职责等方面受到家长不公正和不应有的干涉。

(5) 教师要积极参加社会和公共生活。

(6) 为了学生、教育工作和全社会的利益,教师要力求与各行政主管部门充分合作。

(7) 教师应参加课程、教学方法和教学设备的改进工作。

(8) 教师要公正地评定学生的学业成绩。

(9) 教师应避免学生发生意外事故。

1975年,联合国教科文组织又提出了《关于教师作用的变化及其对教学专业的职前教育、在职教育的影响的建议》,其中也对教师提出了伦理方面的要求:教师要成为发展学生的能力、兴趣的教育者和顾问;教师要同社区的其他教育团体协作,使青少年为参与社会生活、家庭生活、生产等做好准备;教师要对学生和家长提供辅导和咨询;教师要参与学生课外活动的组织。

2. 国际教师团体协商委员会关于师德规范的规定

除联合国教科文组织外,其他一些世界性团体或组织也曾对世界范围的师德规范提出要求,例如,国际教师团体协商委员会。国际教师团体协商委员会是一个协商机构,由国际教育工会(1946年成立,会员600多万,为世界上最大的职业团体之一)、中学教师国际联合会(1912年成立,会员约12万)和小学教师协会国际联合会(1926年成立,会员约60万)于1948年11月共同发起成立。国际教师团体协商委员会的总部设在巴黎,通常每两个月举行一次会议,会议决议采取一致通过的原则。1954

年8月,在国际教育工会的推动下,国际教师团体协商委员会在莫斯科举行第19次会议,到会的有苏联、英国、联邦德国、中国、法国、意大利等国家的教师代表,这次会议通过了《国际教师团体协商委员会教师宪章》。《国际教师团体协商委员会教师宪章》中规定各国都应遵循的师德规范如下:

(1) 教师必须尊重学生的思想自由,并鼓励他们发展独立的判断力。

(2) 教师要致力于培养作为未来成人及公民的儿童的道德意识,并以民主、和平与民族友谊的精神教育儿童。

(3) 教师不能因性别、种族、肤色及个人信仰和见解的不同,将个人信仰和见解强加于儿童。

(4) 教师要在符合学生自尊心的范围内实施仁慈的纪律,不得采用强制和暴力。

上述规范对各国教师教育与培训工作产生了广泛的影响。

思考与练习

1. 何谓教师职业道德?
2. 学习和践行教师职业道德的意义是什么?
3. 我国教师职业道德的形成与发展经历了哪几个阶段?

资料阅读

教师道德发展的几个境界[①]

我在《教师专业发展的几个基础性问题》(刊于《教育发展研究》2008年第12期)一文中,解释了教师专业发展中的教师专业究竟指什么、国外教师专业发展理论应如何借鉴、教师专业发展中的发展应如何理解等几个问题,提出了以教师专业发展中的职业道德境界、学科专业层次、职业专业水平来分析"专业发展"的初步设想,试图解读一种超越形式或符号、超越年龄或教龄的教师专业发展势态。本文尝试解读教师专业发展中的教师道德发展境界。

一、在教师专业发展中讨论教师道德发展

教师道德同医生道德、律师道德等一样,是一种职业道德。职业道德是由特定职业所规定的,不同于一般意义上的人际伦理关系道德。职业的"业"与业务、专业的"业"的意思相同,职业道德的实质就是业务中的道德、专业中的道德。譬如医生道德

---

① 杨启亮. 教师道德发展的几个境界[EB/OL]. http://www.cnsaes.org/homepage/saesmag/jyfzyj/2009/6/gj090610.htm, 2009-06-10/2016-10-21.

指的就是医生在治病救人业务中、在医学专业学术活动中的道德,医德与医术、医学相辅相成、相伴相随,它们有着内在的统一性,不等同于医生在非职业领域里的人际伦理关系道德。因此,讨论业务或者专业发展问题,应当包括职业道德的发展,因此教师道德发展也应当纳入教师专业发展中来讨论。

而教师道德与一般职业道德相比,又有其特殊的规定性,这种特殊规定性就是它还包括了教师在非职业领域里的人际伦理关系道德。这种特殊规定性在我国教师道德理论与实践中表现得最为突出,与许多西方国家相比,这也是一种中国特色。我们的教师教育一向都被称为"师范教育",这个"范"指的就是道德的模范和榜样,即要求教师身正为范、以身立教、以身作则。这个"范"概括了我们传承千年的教育理解:教师为人师表、道德垂范就是最好的道德教育。也正是这种理解,支持了"师道尊严"学说,如《礼记·学记》中说的"凡学之道,严师为难,师严然后道尊,道尊然后民知敬学"。从语义上看,这是主张维护师道尊严,但究其旨趣却是倡导尊严师道。

本文讨论教师道德发展的几个境界,尝试解读教师道德的发展势态,主要宗旨即希望更清楚地解读"发展"。由于直观道德理性的思维方式局限,我们解读教育问题,通常会忽视发展,论教师专业发展通常只论教师专业不论发展,因此在以往的教师道德发展解读中,我们解读的主要是外部规定性的、非自我的、被动遵守的规范道德;研究道德教育过程,探索知情意行辩证统一的过程规律,适应的也是规范道德。我们很少论及教师道德在渐进的运动变化过程中达到的程度、水平、境界,也就说不清实质上的教师道德发展,说不清教师道德如何不断地从一个境界趋向另一个更高的境界。

二、遵守规范道德的境界

我们一向重视教师的规范道德,这无疑是必要的。对于新教师来说,特别是对于那些从来没有认真规范过自己、如今却要规范他人的年轻教师来说,如果不知道有哪些职业道德规范,或者说还不能严格遵守职业道德规范,试问何以能够立足?而对于那些经验丰富的教师来说,在市场经济大潮的冲撞之下,必须清楚地记得并时时检点自己遵守师德规范的情况,否则岂不枉为人师?因此我们认为,遵守规范道德是教师职业道德发展的基础境界,就像盖房子首先必须完成地基。然而正如盖房子不能只完成地基一样,教师道德还需要发展,发展必须与时俱进,教师道德不能僵滞在遵守规范道德的境界。

或许我们没有认真思考过,"规范道德"是一种什么性质的道德?"遵守"是一种什么性质的道德境界?规范道德对教师而言,是外在规定性的、社会所期望的并要求教师遵守特定准则的道德,它是建立在外在价值追求上的、未必同时满足主体价值和主体内在需要的道德;它是规定了相应的评价指标、遵守它可以受褒奖、违反它则可以被惩处的道德。规范道德的价值外在性、非主体性、可以用严格的评价指标予以考评的特点,使其有可能被异化成虚假不实的形式主义的道德,也使有关规范道德的教育有可能被异化成冷冰冰的规训、自欺欺人的教条,因此易遭遇教师们的心理逆反和厌倦。如今是个弘扬人的主体性的时代,而被动性的遵守、外在性的奖惩,都具有抑制主体精神、漠视主体体验的性质,因此,遵守规范道德的境界是肤浅的。

或许我们没有认真思考过,规范道德里的许多关键词,如忠诚、奉献精神、热爱、诲人不倦等,它们已伴随我们走过了教师道德发展的千百年历程,仿佛真可以规定、遵守、笃行,但有谁能够真正地践行它们或者科学地评价它们?有谁能"让"它们成为教师自己的觉悟?这不仅是太高或者太理想化的问题,而是它们从性质上就不可能由外部规定,也不可能只凭现象、可量化的指标达成以及所谓科学统计就可以正确判断。但实践中我们却正是这样判断的,我们把上述关键词慷慨地给予了教师,其中有名副其实、当之无愧的,也不乏滥竽充数、自欺欺人的,甚至还会有欺世盗名者蒙混其间。可以说,遵守规范道德的境界存在着许多不确定性。

或许我们没有认真思考过,规范道德即使可以被规定,也能够真正被遵守笃行,依然还有一个如何正确解读的问题。教育,尤其是基础教育,是关系到天下兴亡、百年大计的根本性问题,是关系到中华民族伟大复兴事业的关键性问题,而教师是教育事业的直接责任肩负者,对其道德或不道德的解读,是个复杂且意义深远的问题。如果只是依据急功近利的、狭隘的所谓成功与失败的标准来判断教师道德或者不道德,显然是不够的,甚至是舍本逐末的。譬如单纯的学生考试成绩排名或者升学率高低、各种恶性竞争或者评估,就与教师道德没有太多关联,更确切地说,这里的成功还很可能与教师不道德相关。在如今功利主义盛行的情况下,我们需要对几乎没有异议的师德规范重新进行更高层次的判断,因而也就需要对遵守规范道德的境界本身进行新的解释。

三、拷问良心道德的境界

在人们的经验解释中,凭良心、讲良心之类的说法会给人一种基础道德的印象,但若用西方伦理学有关良心、良知的理论进行严格分析,良心道德的境界并不比规范道德的境界更高。从发展的角度来看,人对待职业的良心道德却必然经历一个由外向内的生成过程,它是人们隐藏于内心中的意识活动,让人自觉地意识到自己职业的道德责任,所以具有价值判断与选择的内在性、自觉性、非外部约束或外部评价等特征。因此,在践行遵守职业道德规范基础上养成职业道德良心,就是一个由外在规定转化为内在生成、由外部奖惩转化为内在自觉的过程。同样,在人们的经验解释中,凭良心、讲良心之类的说法还会给人一种超越规范、超越外部评价的印象,这往往是因为道德规范或者道德的外部评价乏力,失去了人们赖以信任的道德意义,因此人们需要用发自内心的道德来支持自己的职业行为。在这样的情况下,拷问良心道德就成为提高了的道德境界。

让良心面对"忠诚于人民的教育事业、具有奉献精神"的规范道德,时下最需要辨析的是对待教育事业的良心和奉献的良心。事业与职业的根本区别就在于是否有一种劳动"交换关系",奉献的根本特质就在于超越"交换关系",试问,时下有多少教师弄清楚了"教育是事业"这个基本判断,自觉地超越了"交换关系"？基础教育是以"一个都不能少"为基本判断的关乎国民基础素质的事业。当我们为建起了比发达国家更奢华的学校而自豪的时候,当我们为培养了几个精英人才而沾沾自喜的时候,是否想过,数千万农民工子弟的教育、打着赤脚翻几座大山读书求学的孩子的教育,他们是否同样是我们教育的坚强基石？

让良心面对"热爱学生、诲人不倦"的规范道德,时下最需要辨析的是教师对学生的责任心和真爱之心。这里的教师良心道德有个敢于负责、善于负责、全面担待责任的问题。教师向学生负责,意味着面向全体学生不以贫富贵贱而转移的责任,以及不以学生学业成绩优劣、思想道德水平高低为转移的责任。在教育备受市场经济冲击的现实背景下,这些责任更为严峻地拷问着教师的良心。"世界上最仁慈的职业有两种,一种是医生,另一种是教师",这个说法对教师道德特殊责任的诠释很耐人寻味,试想,如果医生对待贫穷的病人、重病的病人或有疑难杂症的病人不能倍加关爱、竭心尽力,而是厌弃他们乃至放弃治疗,我们能不拷问他的医德吗？同理,如果教师对待家庭经济困难学生、学业成绩不良学生或问题学生不能倍加关爱、竭心尽力,而是厌弃他们乃至放弃对他们的教育,我们能不拷问他的师德吗？

教师对学生的真爱之心,主要是教师能不能为学生的长远发展考虑的问题。在这里,帮助学生奠定一生发展的底线基础、关心底线基础的普遍适应性是最根本的。这两个问题与考试竞争既不矛盾也不冲突,越是出类拔萃的精英人才,就越是要解决好这两个问题。时下对教师良心的拷问在于：我们对学生一生的发展负责了吗？或者我们不惜以其一生发展的底线坍塌为代价,只是为了把他们送进重点中学或者大学？这里说的底线基础,其实就是人之为人的最起码的合格性标准,如健康的体魄、良好的德性、充盈的聪明才智和审美修养、能够自食其力的普通劳动者素养等;所谓底线坍塌,就是达不到最起码的合格性标准。当我们的许多精英连基本的劳动生存能力都不具备时,当许多艺术特长生仅仅把艺术理解为通过各类考级时,当许多学生开始厌恶学习时,我们说那就是底线坍塌了。如果真是如此,只能说我们是在制造昙花一现的教育成功,同时也为学生制造了不堪其忧的未来,这样还能说是为学生长远发展考虑的真爱之心吗?

让良心面对"为人师表、以身作则"的规范道德,时下最需要辨析的是道德的价值与功能。在规范道德中,对此问题是从教育责任的角度来予以解释的。即教师的责任是育人,育人先育己,育己是为了给学生树立榜样。在我看来,这样的解释有双重"失落":一是它"失落"了教师的存在就是榜样,就是客观存在的教育,无论教师是否意识到,其行为都会对学生有所影响;二是它"失落"了教师的自我教育与自我发展,教师对学生的道德良心同时也是对自己的道德良心,教师不只是教育培养学生,同时也是教育发展自身。换句话说,教师不只是为了给学生做榜样才严于律己、宽以待人。教师以诚信待自己,这同时就是向自己负责,教师如果有自尊自爱之心,事事处处向自己负责,必定会自强不息地发展自我,自然也就能以身立教。

四、体验幸福道德的境界

无论是中国传统的忠恕之道、仁义之德,还是我们现在所说的教师职业道德,它们都有一个共同特征,即道德具有某种给予他人、赋予他人、容忍自我、牺牲自我的性质。正因如此,人们才会赞许和褒扬道德,才用高尚、崇高、伟大等词评价教师道德。夸美纽斯说的"太阳底下没有比教师这个职业再高尚的了"才成了前无古人、后无来者的教师道德评价,而如蜡烛、春蚕、梅花、人梯等的比喻,才成了这种评价的最形象写照。诚然,这可能是教师道德的写实性评价,在许多教师道德楷模那里这也可能是真实的。但这里忽视了一个重要问题,即教师是主体的人,他有属于自己的主观体验,以上美好评价毕竟只是规范道德范畴的评价,是外在评价、他人评价、社会评价,却未必是教师自己的主观感受。而我们所说的幸福道德,是指主观感受和体验的道德,它是教师在自己热爱的教育事业和朝夕相处的学生中获得的。一个真正拥有体验幸福道德的教师,会用"太阳底下没有比教师这个职业更幸福的了"来回答夸美纽斯,因此,体验幸福道德是更高的教师道德境界。

忠诚于事业、有奉献精神、热爱学生也热爱自己的教师,应当就是拥有幸福道德的教师。如果他不只是个停留在职业交换关系水平上的工具性的人,而是在这个过程中实现着自我精神追求的人;如果这种自我实现的过程是充实的和有意义的,他同时也就可能拥有了马斯洛论自我实现境界时所说的"忘我"的境界。燃烧的蜡烛正是在照亮他人的同时辉煌自我、张扬自我的,它未必就得体验"蜡炬成灰泪始干"的凄楚,我们为什么一定要把殉道者而不是得道者的体验强加给教师呢?或许,一些看上去物质环境恶劣或者仅仅是贫困的教师会触动人们的怜悯和同情之心,人们会说他们在奉献或牺牲,但其实,改变教师的物质生存环境只需要公正和正义而不需要施舍,支持教师的教育事业只需要理解和承认而不需要标榜,体验幸福道德的教师默默奉献也默默收获着,却唯独没有奉献者的体验。

我们的一些教育理解常有顾此失彼之嫌,如规范教师"热爱学生,诲人不倦",往往就忘记了尊重学生主体,硬是把学生解读成无情无义、顽劣不堪的愚氓。而实际上人的情感交往是双向互动的,真诚热爱学生的教师遭遇的不只是怨恨、不只是麻木不仁,还有真诚热爱和拥戴,或许它会来得迟一些,但精诚所至、金石为开。体验幸福道德的教师是幸福的:拥有人间大爱的教育情怀,其付出本身就是幸福的,历经水滴石穿的艰辛是来之不易的幸福,春风化雨、润泽万物是秋收冬藏的幸福。人们常说要"心存感激",这句话并不只适合于学生对教师,其实它何尝不适合于教师对学生?哪一个教师的优秀不是因为优秀的学生、不是因为学生质朴纯真的对教师的热爱?体验幸福道德的教师总是对学生心存感激,却唯独没有居功者的体验。

有人把教师比作春蚕、比作人梯,听上去是溢美之词,细细品味却让人感到些许无奈和苦涩。当教师职业本身还谈不上专业发展、学术成长的情况下,他仿佛就是个教书匠,只是个坚韧地吞着桑叶把丝绸献给人间的角色,或者是木讷地贡献出肩膀把发展留给学生的角色。记得曾有人预言:小学教师、中学教师、大学教授将越来越不再具有学术地位的差别。南通师范附属第二小学的李吉林老师,在小学低年级语文情境教学的几十年研究道路上已经兑现了这种预言,千百万教师时下也正在兑现着这种预言。如果说他们依然是春蚕或者是人梯的话,那么至少也是同大学教授或者科学家们一样的春蚕和人梯,这其间的道理并不复杂,体验幸福道德的教师总是与他的学生共同发展的,却唯独没有平庸的体验。

可能我们在规范道德的基础境界停留得太久了,可能我们在局限的师道尊严论那里继承的权威观念积淀得太深了,可能我们在简单地批判师道尊严,也简单地尊重学生主体时矫枉过正了,我们竟然在呼唤学生是个大写的"人"的语境中,不敢平等地呼唤教师也是个大写的"人"了。作为大写的"人"的教师,不仅应该严格遵守规范道德,也应时时拷问良心道德,同时还有权力也有责任体验幸福道德。教师应该是幸福的人,不只是因为教师培养了学生,学生获得了幸福并对教师心存感激,教师只能默默地奉献着并且伟大着;而且因为学生们培养了教师,教师获得了幸福并对学生心存感激,教师也是奉献着伟大着的幸福的人。

第一章 教师职业道德的基本原则

学习目标

1. 了解教师职业道德原则的地位与作用。
2. 掌握我国教师职业道德的基本原则。
3. 结合现实把握教师职业道德基本原则的实际应用。

第一节 教师职业道德基本原则概述

教育活动是一项复杂的系统工程,在教育、教学实践活动中,教育工作者必须遵循一定的道德原则,以调整教育过程中的各种关系,使教育活动能合乎目的地运行。教师职业道德原则是统摄教师职业道德全局和贯穿教师职业道德始终的准则,是制定教师职业道德规范、贯彻教师职业道德要求的指导和依据,也是教师职业道德区别于其他类型职业道德的最显著的标志。① 因此,确立教师职业道德的原则,是研究教师职业道德问题的重要内容,它对教育过程具有重要的意义。

一、教师职业道德基本原则的地位和作用

在人类历史上,每一种道德类型的规范体系都贯穿着一些根本的核心要素,以其作为处理个人利益和社会利益的基本原则。教师职业道德基本原则是对教师指导性、原则性的要求,是教师职业道德体系的核心。

(一)教师职业道德的基本原则是评价教师职业行为的最高道德标准

首先,这是由教师职业道德基本原则在教师道德体系中的地位所决定的。教师职业道德基本原则贯穿于教师整个职业活动过程中,指明了教师职业实践中行为的总方向,体现了教师职业道德活动的本质属性,对教师的职业行为起根本的指

---

① 参见任者春.高校教师职业道德修养[M].济南:山东大学出版社,2011:43.

导作用。教师职业道德基本原则在教师道德体系中的这种核心地位和统帅作用，决定了教师职业道德基本原则是评价教师整体和个体职业行为的最高层次的道德标准。

其次，这是由法律与道德规范人们的不同方式所决定的。法律是依靠国家强制力量来约束人们的行为规范，具有强制性。相对于道德而言，法律是一种外在的约束力量。道德是依靠社会舆论、传统习俗和人们的内心信念来维系的，它主要是人们把社会的要求内化为自身的行为准则，依靠自律来指导自己的行为。相对于法律来说，道德是来自于人们内心的一种精神力量。因此，道德的要求比法律的要求层次更高。从这个意义上说，教师职业道德基本原则是评价教师职业行为的最高标准。

（二）教师职业道德的基本原则是调整教师个人与他人和社会利益关系的根本指导原则

每种职业都体现和处理着一定的利益关系。在现阶段社会里，职业劳动是为社会创造经济、政治、文化效益的活动，同时也是劳动者个人生活资料的来源。因此，各种类型的职业道德，必然要承担起协调本行业内人与人之间，本行业与其他行业之间，与行业服务对象、社会整体或国家之间的利益关系。要处理好这些关系，就需要有一个基本的指导原则。教师职业道德基本原则就是指导教师调整行业内人与人之间、教师职业与其他行业之间、教师与学生之间、教师与社会整体或国家之间利益关系的指导原则，它反映了教师职业所应承担的一定的社会责任、应履行的社会义务、履行义务所应享有的社会权力及社会利益，是教师职业道德区别于其他类型社会道德的最根本的标志。

二、确立教师职业道德基本原则的依据

教师职业道德作为调节教育工作者行为的准则，并非人的主观臆想或逻辑推演，而是有着充分的客观依据的。

（一）符合当时社会经济、政治的需要

道德是上层建筑、意识形态之一，是由社会经济关系、社会存在决定的。社会经济关系首先是作为利益表现出来的，它决定着社会道德基本原则的要求，而道德原则和规范的确立，最终是为了调整个人利益与社会利益的关系。因此，作为上层建筑、意识形态内容的教师职业道德，也必然由社会的经济关系、社会存在所决定，并随着后者的变化而变化。道德与政治是上层建筑诸因素中的重要组成部分，它们各以特

定的角色反映社会存在和经济基础,两者相互联系、相互区别。在阶级社会中,政治关系对道德关系产生重要的影响和制约作用。上述情况要求教师职业道德的基本原则必须反映当时社会的经济关系、政治发展的需求。在社会主义条件下,教师道德的基本原则必须符合社会主义的经济、政治发展的需求,否则势必偏离社会主义方向而导致失误。

(二)反映教师劳动的特点,并在教师道德规范体系中占主导地位

教师职业道德是在教师劳动实践中引申出来的。教师劳动的目的是培养人,劳动的对象是人,劳动的产品同样是人。教师劳动的这些特点,向教师提出了道德上的特殊要求,也指明了教师职业道德基本原则的方向,即必须反映教师劳动的特殊本质,使之成为与其他职业道德既相联系又相区别的标志。教师职业道德的基本原则必须贯穿于教育过程的始终。教育过程是一个复杂的系统工程,它对教师的要求是多方面、多层次、全方位的,因此教师职业道德原则就是对诸多要求的概括。

在社会主义国家,教师职业道德的基本原则应当是社会主义社会对教育者行为要求的高度概括,是社会主义道德在教育者教育实践中的集中表现。一方面,它对教育者的实践活动具有导向功能;另一方面,对教育者行为具有严格的约束功能。这种基本原则体现了教育活动中人与人之间最重要、最基本的道德关系,对教育者的思想、言论和行动具有最普遍、最根本的指导作用,是教师职业道德规范的灵魂与价值导向。

(三)符合法律、法规和政策要求

法律、法规、政策等本来是具有强制性的行为规范,但在社会主义社会条件下也具有特殊的道德意义。人民教师教书育人,要自觉遵守社会主义纪律,带头执行党和国家的政策、法令,具备良好的法纪风貌。

在社会主义现代化进程中,加强法制建设,全面推进依法治教,是教育改革和发展的客观要求,也是现代化教育发展的必然产物。正是在这种背景下,近年来,我国相继出台了一些教育法律、法规,并构成了教育法律、法规体系。我国有关教育法律、法规的完善和实施,要求国家机关以及有关机构严格按照法律规定,在其职权范围内从事有关教育的智力活动,要求各级各类学校、其他教育机构、社会组织和公民严格依照法律规定,从事办学活动及其他有关教育活动。对教师来说,就是依法治教。有关这方面的内容,我们将在后面作专门的论述。

第二节　教师职业道德的基本原则

教师职业道德的基本原则不仅与社会公德的原则和价值观有密切关系,如同样包括集体主义、人道主义、爱国主义、为人民服务等内容,更反映了教师职业的基本特点,以及教师这一职业的最根本的道德要求,如教书育人原则、乐教勤业原则、人格示范原则等。本节内容探讨的主要是乐教勤业原则、依法执教原则和教育人道主义原则。

一、乐教勤业原则

(一) 乐教勤业原则的含义

乐教勤业原则是指教师乐于从事教育事业,勤奋努力地从事教育工作。教师乐教勤业,是由教育实现自身效益和社会价值的内在需要决定的。任何一种职业的存在,不仅是人们生计的需要,也是社会的需要,具有一定的社会价值。一个行业在努力实现社会价值的过程中,必然会产生对职业活动效率和效益的追求,从而唤起从业人员对职业的敬重感,使之乐于从事本职业。勤奋工作是获得行业活动质量和效益的根本保证,教育也是如此,它的育人特点和自身效益、社会价值实现的需要,内在地决定了从业者要乐于从教,勤奋工作。

乐教勤业是教师从事教育工作的基础和动力,是教师职业道德原则的核心。只有乐教勤业的教师,才能全面、深刻地认识到教育工作的伟大意义,才能为教育工作本身所具有的乐趣所吸引。教师的职业有苦有乐,平凡中见伟大,只有乐教勤业,教师才能积极提高自身修养,不断完善自我。

乐教勤业也是教师胜任教育工作,做好教育工作的首要条件,乐教才能勤业,勤业能强化乐教。乐教是勤业的内在动因,是勤业的动力和能源;勤业是乐教的具体体现,是满足乐教需要的基本途径。

(二) 乐教勤业原则的实施要求

1. 热爱教育事业、乐于奉献是乐教勤业原则实施的前提

热爱教育事业、乐于奉献是从事教育工作的基础和动力,是教师实施乐教勤业原则的前提条件。只有热爱教育事业的教师才能全面深刻地认识到教育工作的伟大意

义;才能被教育工作本身所具有的乐趣而深深吸引;才能积极面对自身的社会责任和社会任务,以育人为乐;才能自觉地强化自身修养,不断完善自我,在教育活动中有所收获。

工作的心态最终决定着工作的状态和职业幸福感的高低。教师要有对事业的执着追求,钟爱自己所从事的工作,才会在工作中感受到无穷的快乐和幸福。工作不仅是谋生的手段,更是自身价值的体现。

> **案例 1-1**
>
> ### 三个建筑工人的故事
>
> 有三个建筑工人在共同砌一堵墙。这时,有人问他们:"你们在干什么呀?"
>
> 第一个头也没抬,没好气地说:"你没看见吗?在垒墙。"
>
> 第二个人抬起头来说:"我们当然要盖一间房子。"
>
> 第三个人边干活边唱歌,脸上满是笑容:"我在盖一间非常漂亮的房子,不久的将来,这里将变成一个美丽的花园,人们会在这里幸福地生活。"
>
> 十年后,第一个人仍是一名建筑工人;而在施工现场拿着图纸的设计师竟然是第二个工人;至于第三个工人,现在已成了一家房地产公司的老板,前两个工人正在为他工作。

点评:看问题的角度不同,就会有不同的眼界,而一个人的眼界直接决定了他的人生轨迹。面对同一环境,不同的工作心态造就了他们不同的未来。有的人只是为了生存而干活,为了生存而奔波,缺少了进取的乐趣,他们是永远不可能做出好成绩的;还有一部分人尽管有梦想,可惜缺少远见,也是难以成功的;只有心怀远大的梦想,而且将自己的全部热情投入工作中去,才能不断进步,迎来事业上的彩虹。

教师可以通过以下几方面的努力来增强其对教育事业的热爱之情:

首先,要不断深化对教育价值的认识,来增强自身的教育责任感,乐于从教,主动开拓,奋发进取,充分发掘自己的潜能。

其次,要不断深化对教师社会作用的认识,从社会历史、现实和未来的发展中领会自己对当今社会文明与进步所肩负的神圣使命和所拥有的崇高社会地位,增强荣誉感。

再者,要善于从复杂的育人工作中,去体验艰巨劳动中的欢乐,当看到学生的一点点进步时,当看到学生走向社会、为社会作贡献时,品味从教的幸福感。

最后,要不断增强热爱学生的社会责任感,认识到学生是祖国的未来,这种强烈的责任感也能促使教师热爱自己的事业。

2. 终身学习,提高自身专业素质是乐教勤业原则实施的关键

在日新月异、瞬息万变的当今社会,学生的认知水平也随着时代的发展而具有了更高的起点。在这种新的形势下,教师只有连贯地、持续地学习来提高自己的专业知识和教学方法,才能展现"学高为师"的职业风范。所以,终身学习是当代社会教师勤业、敬业的重要体现。

陶行知先生曾经说过:"惟其学而不厌,才能诲人不倦;如果天天卖旧货,索然无味,要想教师生活不感到疲倦是很困难了。"[1]一些优秀教师之所以能获得教学上的成功,之所以有游刃有余的教学机智,都是与他们丰富的知识以及对业务努力钻研、精益求精分不开的。当教师具备了丰富而又广博的知识以后,才会有居高临下、厚积薄发的教学情境;否则信息闭塞,知识贫瘠,孤陋寡闻,势必导致教学上的力不从心和捉襟见肘。

"终身学习"不是一句空话,教师要自觉地将其融入工作中去。教师要通过学习去主动适应社会和教学的变革,参与课程的改革,追求适应时代要求和自身特色的教学风格,从只具备单一的学科教学能力向具有多元知识储备、掌握多种教育手段的方向发展,成为"复合型"教师。

一是要有较丰富的教育心理学知识。除了学习并掌握基本的理论知识,还要求教师走近学生,了解学生,认知学生的年龄特征和心理需求,掌握学生的情绪变化,研究学生的群体特点和个性气质,加强对学生的个案研究,以使因材施教,关注学生的道德发展和心智构建。

二是具备精深的专业学科知识素养。没有对专业学科知识的全面学习和深刻理解,就不可能在学科教学中取得理想的绩效。一方面,教师要全面掌握本专业的理论知识;另一方面,教师要深入了解本学科的教学发展动态及最新理论成果。教师对学科知识理解得越深刻,就越能有效驾驭日常教学,学生的学习效果就越理想,额外负担就越轻。

三是有广博的知识视野。完善的专业学科知识结构可以帮助教师胜任本学科教学,而多元知识储备又可为教师的教学和自身发展提供丰富的教学资源。现代学校

---

[1] 江苏省陶行知教育思想研究会,南京晓庄师范陶行知研究室.陶行知文集[M].南京:江苏教育出版社,1981:817.

教育中,学科之间相互交叉渗透,这促使教师要加强对其他相关学科的了解,扩大对边缘学科的把握,提高对校本研究过程与方法的驾驭能力,重视对综合实践活动发挥指导作用,"博观而约取,厚积而薄发",提高在教学中的探究创新精神。终身学习、创造特色应当是教师矢志以求的成长目标。

四是要有丰富的实践性知识。实践性知识是指教师在实际的教育教学工作中所具有的关于客观现实的背景知识。这类知识主要来自教师的教育教学实践,是教师鲜活经验的累积。丰富的实践性知识对提高教师的教育教学效果,促进教师的专业化发展具有非同寻常的影响。教师获得实践性知识的一个重要途径就是对自身教育教学实践的反思。新课程的实施为完善教师的实践性知识提供了一个新的平台。随着新课程的实施,教师教育理念的转变,教师的教学方式和学生的学习方式都发生了根本性的变化。在没有现成经验可借鉴的情况下,这就更要求教师要勇于实践、勤于实践,在实践中不断反思并改进自己的教育教学,从而积累丰富的实践性知识,且以自身的实践性知识优化整合主体性知识、条件性知识和一般性文化知识,确保新课程的顺利实施和教师自身在新课程的实施中实现更大的发展。

总而言之,现代教师的知识结构既非线性的,也非平面的,而是呈现出类似于"长方体"的开放的复合型结构。其中"长"指所教学科专业特长,"宽"指相关科学知识面宽,"高"指现代教育学、心理学素养高。这三方面的内容既相互独立又相互影响,共同作用,并形成现代教师的知识容量。

案例 1-2

三个人爬山的故事

有三个性格不同的人相约去爬山看风景。第一个人是慢性子,他爬一步就回头看一眼,想随时知道自己爬到哪儿了。他爬了一会儿就想:山顶那么远,我还是不爬了吧!于是他就下山了。第二个人是个急性子,他一口气就爬到了半山腰,这时他想:山上山下的风景一样,我还是不爬了吧!于是他也下了山。只有第三个人不急不躁,他既不抬头看山上也不回头看山下,只是一步一步地爬。终于爬到了山顶,看到了只有山顶才能看到的风景。

实践反思:通过这个故事,你得到了什么启发?

二、依法执教原则

(一) 依法执教的内涵

1. 依法执教的含义及特点

依法执教就是指教师在教育教学活动中,按照教育法律的规定,依法行使权利,自觉履行义务,逐步使教育教学工作走上法制化和规范化。从内容上看,教师依法执教包含教师依法行使教育教学职权和依协议履行教育教学义务两个方面。依法执教具有四个特点:执教主体的特定性;执教依据的专门性;执教性质的特殊性;权利和义务的双重性。依法执教的主体是特定的,只能是在学校或其他教育机构中任教的教师和其他从事教育管理工作的人员;作为整个教育活动中的一个环节——实施教育的教师的执教活动,必须依照教育法律进行并根据教育法律调整且受其规范;教师对学生的教育和管理行为,既不能任意行使也不能随意放弃,而是集权利与义务为一体,表现为权利和义务的双重性。

2. 教师职业道德与依法执教的关系

在教师职业道德建设过程中强调依法执教的目的在于保证提高教师职业道德修养的水平,辅助教师真正做到为人师表,学高为师,身正为范,以此提高教师"以德育人"的功能。教书育人,法德并育,相辅相成,相互促进。依法执教对教师职业道德的培育有着积极的促进作用;反过来,教师职业道德又为依法执教奠定了基础、创造了条件,并对依法执教的发展与完善起着重要作用。因此,每位教师都应努力成为依法执教和以德施教的楷模。

(二) 教师依法执教的必要性

1. 依法执教是时代对教师职业的要求

依法执教这一规范的实质,就是要求教师从严格守法的高度,在所有的职业行为中始终坚持正确的方向。依法执教,不仅只是对教师职业道德的规范,更是对整个教育行业的规范。目前,国家提倡"依法治国"与"以德治国"相结合,时代对教育工作者也提出新的要求,教师不仅要有高尚的道德品质,还要有正确的法律意识。改革开放以来,各种与教育有关的法律法规不断出台、完善,标志着法制化是我国现代化建设的目标之一。为了确保教育有力地支撑我国的现代化建设,依法执教已成为当代教育发展的大趋势。

2. 依法执教是建立良好师生关系的基础

学生是教育对象,与教师构成教学中的一对相互依存、相互作用的矛盾体。学生首先是独立存在的人,他是具有发展潜能的、有发展需要的、有主观能动性的教育对象。但目前整个社会并未彻底把学生当作具有人性价值的存在,所以一些教师把自己的主观价值强加给学生,要求学生绝对服从,否则就施以体罚。中国重"孝""忠"的价值取向深刻影响着当代人的学生观。顺从、听话、老实一向被看成好学生的标志,而有自己独到的见解,敢于发表不同意见的学生则被看成不守纪律、调皮的标志。这种学生观带给教师对学生合法权利认识的偏差。要解决上述问题,就必须以立法形式保护学生的合法权利。我国现行法律体系中对受教育者的生存权、人格权、身心安全权、隐私权、受教育权、受尊重权等都有明确的规定,教育者必须依法维护和保护学生的这些权利。教师如果在教育教学活动中尊重学生的合法权益,依法施教,就会形成教师关爱学生、学生尊重教师的和睦局面,从而保证教育教学活动的顺利开展。

(三) 教师依法执教的条件[①]

教师做到依法执教,必须具备一定的条件,包括影响教师依法执教的客观条件和主观条件。

1. 客观条件

首先表现为较为完备的、良好的教育法律制度。所谓"较为完备",是指有关教育的各个重要环节和重要方面都有相应的法律规范的规定;"良好"则指教育法律制度明确、科学和内部协调一致,并且其内容符合自由、民主、平等、公正等法治的基本价值原则。其次是健全的教育行政执法。完备、良好的教育法律制度要得到贯彻落实,关键是教育行政机关在管理教育的过程中做到严格执法,依法行使教育行政管理权,不越权限、不滥用权力、不失职。只有教育行政执法健全,依法管理教育,依法管理教师,教师才能真正把法律作为自己教育教学行为的最高准则,做到依法执教。再次是学校内部的法治化管理。现代社会,教师通常是作为学校这一教育机构的一个职员进行工作的。因此,教师的教育教学行为不但受教育行政机关的教育行政管理活动的直接影响,而且更直接、更经常地受学校内部管理行为的影响。所以,学校的法治化管理是教师依法执教赖以存在的重要基础。没有学校的法治化管理,教师要做到依法执教将困难重重。

---

① 参见王柏民. 论教师依法执教[J]. 河南师范大学学报(哲学社会科学版),2001(3):110—113.

2. 主观内在的条件即教师的法治素质

教师的法治素质是指已经内存于教师身上,能够比较稳定地影响教师行为、符合法治社会要求的知识观念、情感意志、心理定式等文化的和精神的因素。一个教师不是心里想到要依法执教就马上可以做到依法执教的。只有当这个教师从思想观念到心理习惯再到行为技能都达到与法治要求相一致时,才有可能做到依法执教。人们很难自然地从历史积淀中获得现代社会所需要的法治素养。教师和其他人一样,要学会依法办事需要经历一个从知识观念到行为习惯的复杂过程。

教师依法执教需要上述条件,意味着这些条件是否具备会直接影响依法执教的实现程度。但这并不是说只有等到这些条件都具备以后教师才能够去做些依法执教的事情。教育是面向未来、孕育未来的事业。作为一个正在致力于实现依法治国宏伟目标的国家的现代教师,只有积极主动地克服现实生活中的种种困难,遵纪守法,才能实现依法执教。

(四)教师依法执教的标准[①]

衡量教师依法执教的标准应该包括以下几点:

1. 教师的主体资格合法

现代教育是一种专业化活动,要求教育者必须具备一定的条件才能从事教育教学工作。为此,许多国家实行了专门的教师资格制度。一个公民只有具备教师资格才能当教师,没有教师资格或者已经丧失了教师资格就不能当教师。我国1995年《教师资格条例》第二条规定:"中国公民在各级各类学校和其他教育机构中专门从事教育教学工作,应当依法取得教师资格。"因此,教师主体资格是否合法是衡量教师是否依法执教的首要标准。

2. 教师的教育教学活动符合法律规定的培养目标

教育是一种有目的的活动。现代社会,多数国家对教育的法律控制首先表现在对教育要培养的人才目标进行不同层次的立法规定,一般包括:国家总的教育目标、不同类型学生的教育目标、课程的教育目标、教学课时的教学目标。这些不同层次的法定教育目标是教师教育教学行为必须严格遵循的法律准则。

3. 教师教育教学活动的内容符合法律规定的要求

教育是富有创造性的活动。为了实现法律所规定的教育目标,各国的教育法

---

① 参见王柏民. 论教师依法执教[J]. 河南师范大学学报(哲学社会科学版),2001(3):110—113.

律往往允许教师在开展具体的教育教学活动时可以比较自由地选择教育教学的内容。由于教育内容与教育目标之间有不可分割的联系，所以，国家也往往对教育教学内容作某些法律的界定。这些界定包括对课程开设的法律界定，如我国教育部1998年颁发的《中小学德育工作规程》第十八条规定："思想品德课、思想政治课是小学生和中学生的必修课程。"还有针对课程计划和课程标准或者教学大纲和教材使用的法律界定。教师对教育教学内容的选择必须在法律界定的范围内进行。

4. 教育教学活动的形式符合法律要求

虽说教无定法，但许多国家对教育教学的形式作出了一些法律上的规定。如规定班级的规模、每周或每天的教学课时、每节课的时间等。无论教师采用什么样的形式施教，上述类别法律规定都不得违反。

5. 依法行使教育教学改革权、对学生学业成绩评定权等

教育必须随社会的发展变化而不断更新，因此，教师要确保教育教学活动的效果，需要时常进行教育教学改革。《中华人民共和国教师法》（以下简称《教师法》）第七条规定教师有"开展教育教学改革和实验"的权利。教师行使这项改革权要受到有关法律的约束，不是想怎么改就可以怎么改的。原国家教委1993年颁布的《关于减轻义务教育阶段学生过重课业负担、全面提高教育质量的指示》第一条中就有规定："如因教学改革试验或教育发展基础的特殊需要，对课程、授课时数和教学要求进行调整时，应经省级教育行政部门或其授权的教育行政部门批准。"同样，我国《教师法》规定教师有评定学生学业成绩的权利。这是教师开展正常教育教学活动所必需的，但教师在行使此项权利时必须合乎公正原则，并受到必要的监督和约束。

6. 维护教育教学秩序

教师的教育教学活动要达到良好效果必须在一定的秩序中进行。因此，教师在实施教育教学这项本体性工作的同时，还有一项不可推卸的辅助性职责就是维护教育教学秩序。当教师教育教学的现场有扰乱教育教学秩序的行为出现，如校外人员窜入教室干扰学生上课学习，或课堂上部分学生吵闹影响其他学生上课学习等，这时，教师应当采取必要的措施予以制止，以使教育教学活动得以正常进行。

7. 确保未成年学生的安全

当教师所教授的对象是未成年人时，教师的依法执教还包括确保未成年学生安全的内容。在法律上，未成年人一般被认为是没有足够自我保护能力的人。因此，法

律通常设置一些制度使未成年人总是处在有关成年人的保护之下。依《中华人民共和国民法通则》规定,未成年人的父母或其他监护人对未成年人有监护职责。所以,在日常生活中,确保未成年人安全的责任具体地主要落在父母或其他监护人身上。但当该未成年人进入学校接受教育时,学校就负有确保其安全的责任。《中华人民共和国未成年人保护法》规定,"学校不得使未成年学生在危及人身安全、健康的校舍和其他教育教学设施中活动"(第十六条),"学校和幼儿园安排未成年学生和儿童参加集会、文化娱乐、社会实践等集体活动,应当有利于未成年人的健康成长,防止发生人身安全事故"(第十七条)。《教师法》也规定教师在教育教学过程中有义务"制止有害于学生的行为或者其他侵犯学生合法权益的行为"(第八条)。因此,对于教授未成年人的教师来说,要做到依法执教,除了教好书育好人以外,还应该管好人,确保其安全。不管是在上课时间还是在课间时间,只要是在学校的教育教学时间,教师就负有确保未成年学生安全的责任。

8. 教育教学行为尊重学生权利,不侵犯学生的人身权和财产权

学生作为受教育者,在人身和财产上应当履行一定的义务,如遵守教育教学秩序、缴纳规定的费用等。但他们作为受教育者,依据教育法还享有某些权利,如我国《教育法》第四十二条规定受教育者享有"参加教育教学计划安排的活动,使用教育教学设施、设备、图书资料"等五项权利;同时,学生还作为公民享有宪法和法律所规定的一个公民的权利,如生命健康不受损害、人身自由不受限制、人格尊严不受侵犯、通信自由和通信秘密受法律保护等。学生的这些权利是受法律保障的,不得随便限制和剥夺。因此,教师在管理活动中应当注意尊重学生的这些权利,不得漠视这些权利,更不得侵犯这些权利。

(五)教师依法执教的实践要求[①]

1. 教师首先要学法懂法,树立教育法律意识和高度的教育法制理念

教育法律意识是人们对于教育法律现象的思想、观点、知识和心理。知是行的先导。教师只有先行学习和深刻理解我国教育方面的法律法规,树立起强烈的教育法律意识,才能在自己从教的实践中将其内化为自己的守法、护法行为。所以,教师要加强对教育法律法规的学习,要系统了解教育的本质特征、教育的法律规范、教育者和受教育者的权利和义务,以及如何实施教育法规。除此之外,还要具备起码的行政诉讼法、民法和刑法的基本知识。我国已形成了有中国特色的社会

---

① 邱晓雯. 依法执教是现代教育的重要特征[J]. 中国集体经济,2012(14):76—78.

主义法律体系。其中与教育有关的主要法律法规包括《中华人民共和国宪法》《中华人民共和国教育法》《中华人民共和国教师教育法》《中华人民共和国义务教育法实施细则》《中华人民共和国义务教师法》《教师资格条例》《中华人民共和国国家语言文字法》《中华人民共和国未成年人保护法》《中华人民共和国预防未成年人犯罪法》《中华人民共和国民办教育促进法》《中华人民共和国职业教育法》,以及《学生意外伤亡事故处理办法》等,故十分重要。所以,教师要知法、懂法,不下一番苦功夫学法是不行的。

2. 教师要守法、护法,依法治教、依法执教

遵守法律是每一个公民的义务。教师要做到依法执教,必须严格遵守法律法规。遵纪守法是学校依法治教的前提。教师只有自己率先做到遵纪守法,才能给学生做出表率,才能在学生面前理直气壮地"说法"。严格以法律为准绳,去规范自己的教育教学行为,要使守法、护法成为教师的自觉行为,并影响和带动社会大众守法遵法。教师作为社会的知识阶层,要敢于维护法律的尊严,对社会上其他违反教育法律法规的现象也要大胆地说"不",大胆地去检举、去揭发,从而达到提高社会大众的教育法治意识,维护教育法治的效果,实现依法治教,推动依法治国。

教师不但要依法治教,更要依法执教。教师要依据法律法规,来履行教书育人的神圣职责。教师的教育教学行为,不能与法律法规相悖,要在法律法规所允许的范围内施行。师生是平等的法律主体。教师不能把"好心"当成"办错事"的借口。教师的教育教学行为违反法律法规,同样也是要受到惩处的。没有任何一条法律法规,授予教师可以凌驾于学生之上的权力。教师体罚学生不仅触犯法律,也会对学生造成意想不到的伤害。这种伤害不仅是身体上的,更严重的在于学生心理的创伤。教师教育学生是出于教师本身责任与职业的义务,但教育的一切行为与方式都应遵从法律。不能打着"为学生好""教育学生"的旗号,体罚、侮辱学生,对学生造成更深的伤害。

3. 教师要用教师职业道德规范来约束、规范自己

教师的教育教学行为要符合教师职业道德规范:德为立师之本,无德便无以为师。教师职业道德规范的核心是"教书育人,为人师表",要求教师真正做到依法执教、爱岗敬业、热爱学生、严谨治学、团结协作、尊重家长、廉洁从教、为人师表。每位教师只有以此来约束自己,规范自己,才能逐步树立起教师的德望,只有以此来诚勉,才能无愧于"人类灵魂工程师"的光荣称号。一句话,教师的教育教学行为既要与法律法规相符合,又要经得起道德良心的检验。

4. 教师要懂得用法来维护自己和学生的权益

知法懂法的最终目的,就是要会用法。用法律去维护自己的合法权益、维护学校的合法利益、维护学生的合法权益,这些既是教师法定的权利,也是教师应尽的义务。对于学校自身而言,应严格遵守法律法规,不得侵犯教师、学生的合法权益,也不得侵犯社会上其他组织和个人的合法权益。而当社会上其他组织或个人侵犯了学校师生的合法权益时,要敢于运用法律的手段,依法保护其利益,这是教师的义务。当教师、学生的合法权益受到侵害时,教师要善于和敢于运用法律武器,通过法律途径,保护师生的合法权益,这既是教师的义务,也是教师的权利。

为建设和谐的社会环境,避免师生发生冲突要做到:第一,教师要平等地对待每一个学生,不要戴着有色眼镜去看待学生的行为。第二,尊重学生,关爱每一个学生。第三,教师要有法律意识,一切教育的方式及行为都必须依法进行。当然,避免师生冲突并不意味着害怕师生冲突的发生,对此教师也要有法律意识。当教师的合法权益受到侵害时,教师要善于和敢于运用法律武器,通过法律途径保护自身的合法权益。

总之,依法执教是每个教师所应做到的事,而且应该身体力行,成为实实在在的依法治教的先锋、骨干。这是时代赋予教师的光荣使命,需要每个教师不断地努力践行。

案例 1-3

一位学生在班里丢了 10 元钱,班主任气不打一处来,让全班 32 名学生投票选"贼",结果有 2 名学生入选。当 2 名学生要求拿出证据来,老师举起手中的选票:"这就是证据!"

(1) 班主任的做法对不对?为什么?

(2) 教师在教育教学工作中应该怎样做?

点评:班主任的做法显然是不对的。让全班同学投票来选"贼",这是不科学的,得出的结论也是不正确的。这样做严重伤害了学生的自尊心。教师更不能轻易给孩子贴上"坏""贼"的标签,这会对孩子的心灵造成很大的伤害,使其对自己得出消极和负面的评价,形成精神压力,甚至从此放任自流,一蹶不振。这位教师"霸气"的处理方法,也往往会造成学生辍学、出走、轻生等严重后果。

处理这种事情可以通过教育和指导,使孩子避免和改正这种行为。教师应该给孩子一个自我认识和纠正错误的机会。当孩子认识到自己的行为不对,自觉改正了,教师应该给予鼓励和赞赏,而不应该不依不饶地严厉斥责。

案例1-4

某市第二十中学有一批复习资料投放进阅览室让学生查阅,可是第一天就少了6本。有的人主张严肃查处,可是校长却不然,他写了几句话贴出去:"作为校长的首要责任是,要使全校师生明白,二十中人的人格是无价的,然而朋友,你信吗?投放的书少了6本。"第二天有人送回了一本,校长又公开写道:"你送回的不仅是一本书,你送回了人格,送回了二十中良好的校风。"第三天,其他5本也都送回了。

点评:案例中的校长,面对"学生拿走了图书阅览室里的几本书"的事件,不是严肃查处,而是动之以情,晓之以理,写了几句话贴出去。这几句话语重心长,道出了"二十中人的人格""二十中良好的校风",感化这位学生,激起了学生积极情感的反应,于是这位学生就放回了书。在这里,校长既严,又爱,既有集体荣誉感的教育,又有人格尊严的启发。校长的情感很有感染力、渗透力,表现出他对教育的忠诚,对学生的爱护。

三、教育人道主义原则

人道主义源于拉丁文 humanus,即人性的、人道的、文明的意思。历史上人道主义的含义,有广义和狭义之分:狭义的人道主义是指欧洲文艺复兴时期的新兴资产阶级反对神学、反对神道的一种文化思潮;广义的人道主义,是指维护人的尊严、权利和自由,尊重人的价值,要求人能够得到自由发展的思想和观点。

社会主义人道主义是社会主义的重要规范之一,是以马克思主义的世界观和历史观为基础,是社会主义经济基础和政治制度的反映,同时也是在批判和继承历史的人道主义合理成分的基础上而形成的一种新的、更高水平的人道主义。社会主义人道主义的内容是:尊重人,关心人,同仇视人民的邪恶势力作斗争。

教育人道主义是社会主义人道主义在教育领域、教育过程中的具体化、"职业化"。它调整教育过程参与者之间的各种人际关系,并为这些关系规定原则和规范。

如果说在社会主义社会,作为调节人与人之间关系的基本道德要求和价值标准的社会主义人道主义是一种"一般"的原则和规范的话,那么,教育人道主义则是这"一般"中的"特殊"。

教育人道主义,规定了教育者与受教育者都应当从社会主义人道主义原则出发,尊重对方作为人的价值和尊严;在此基础上,要求教育者应当特别注意发挥自己作为过程主体的角色作用,以完善的人格要求自己,以人道主义原则协调自己与他人之间的关系,从而调动受教育者和在教育过程中的其他参与者的积极性,以利于教育任务的完成、教育目标的实现。

教育人道主义对教育者的要求是多方面的:

(一) 教师要尊重学生,构建和谐的师生关系

教师的教育人道主义原则要求教师在教育实践过程中,一切以学生为本,尊重学生,关心、爱护学生,构建平等、和谐的师生关系。

1. 教师要了解学生

了解学生是尊重学生的前提,事实上,教师了解学生越多,师生关系越好。学生具有独立的人格,教师应从学生特点出发,时时事事为学生发展着想,研究他们、了解他们、尊重他们,并千方百计引导他们实现自我。教师要做到客观公正地看待学生,要善于发现每个学生的闪光点,并精心呵护引导。充分了解自己的教育对象,诸如学生的性格、习惯、兴趣、爱好、优缺点、潜能和心理状态、家庭状况以及缺失的成因,作出客观公正的评估,避免偏颇,这样才是尊重和关爱学生。

2. 教师要尊重学生

教师要尊重学生的个性,承认学生的个性差异。教师要承认学生存在个性差异是正常的、合理的,同时,在实践中要容许其存在,并且给予重视,引导其向积极的方向发展。教师要了解学生的特长、兴趣和爱好,将其看成是开发学生潜能的重要工作,并为学生的个性发展提供尽可能多的条件。

教师要尊重学生的情感。青少年正处在热情奔放、生气勃勃、憧憬未来的时期,他们有自己的思想、自己的情感、自己的观点、自己的标准,虽然他们不成熟,但情感世界是非常丰富的。

教师要尊重学生的隐私。隐私是一种不愿意被别人知道,不愿意被人公开的弱点或缺点。隐私权受保护也是每个人都应得到的生活权利。

3. 教师要注意赏罚分明

教师公正严明是孩子信任教师的基础,学生从中能感到一种平等尊重和对自身

的肯定。教师公正的具体表现就是赏罚严明。对学生赏罚必须以教育为前提,在施教中做到赏罚有据、有度、有节和公平合理。赏,一定要给予积极上进表现突出的学生;罚,一定要施加于有过错的学生,并且要符合教育行政法规。赏罚要坚持"诛大赏小"的原则,"诛大"就是要抓住为头的处理首要的,"赏小"是指要奖励普通士卒,多关注普通学生。赏罚还要成为激发调动学生内在动机的有效手段,才能取得长久的教育效果。

案例 1-5

善意的惩罚

"罗森塔尔效应"说的是学生在教师的关爱和悉心帮助下,身心得到健康而迅速的发展,学习成绩进步幅度明显,情绪活泼开朗,求知欲望强,并且与老师的感情非常深厚。这个教学理论启发我们,在教育教学中要多使用鼓励的语言,鼓励学生将自己的好想法、好思路,甚至看过的一本好书、一道好题拿出来师生共享。在课堂上,师生可以平等对话、讨论和交流。教与学之间不再是教师讲、学生听,而是教学之间的互动共识;学生不再是知识的被动接受者,而是知识的主动探索和积极体验者。教师应有一颗宽容的心,要认识到处于身心发展期的学生身上有缺点、行为有错误是正常的,要给学生自我反思和改正缺点的时间。陶行知先生用糖果来奖励打架学生的事例广为传颂。他处理学生过错行为的方法,在常人看来是不可理解的,他的方法善于从错中找对,善于用放大镜来寻找学生的优点,并以表扬替代批评,以奖励替代惩罚。

英国科学家麦克劳德上小学时,曾偷偷杀死了校长家的狗,但麦克劳德遇到了一位高明的校长,校长对他的惩罚是画出两张解剖图:狗的血液循环图和骨结构图。正是这种包含理解、宽容和善待情怀的"惩罚",使小麦克劳德爱上了生物学,并最终因发现胰岛素在治疗糖尿病中的作用而荣获诺贝尔医学奖。教师应关注学生成长与发展中的每一点进步,帮助学生发现自己,肯定自己。教师还要关注学生的个性差异,因材施教,使每一个学生都能生动活泼地去发展。

(二)教师要尊重其他教育者的劳动,做到和谐相处

在现代教育、教学过程中,教育人道主义要求教育者应襟怀坦白,与其他合作者相互尊重,真诚合作,不嫉贤妒能,不"文人相轻",努力与他人形成一个融洽的集体,同心协力促进教育过程的顺利进行。

1. 教师要谦虚谨慎,尊重同事

"文人相轻"是封建社会遗留下来的一种坏习气,指的是文人之间互相轻视、贬低的不良习气。这一现象的存在同知识分子劳动的特点有关。由于知识分子的劳动具有个体性和创造性,自我欣赏、夜郎自大是他们很容易形成的通病。教师是知识分子的一部分,教师的劳动也具有较强的个体性和创造性。教师在教学方法和教学风格上存在着差异,在大多数情况下,这些不同的教学方法和教学风格在实际效果上是各具特色、各有千秋的,因此在客观上具有自我肯定和自我欣赏的基础。如果缺乏自知之明,不能客观评价自己,很容易表现出妄自尊大、看不起别人,轻易否定其他教师的教育教学成绩,讽刺、打击获得各种荣誉的教师,夸大他们的缺点和不足等。因此,教师要辩证地看待自己已有的成绩。一个人不论达到多高水平,也不可能是极限,山外有山,天外有天,学海无涯,学无止境。要牢记"虚心使人进步,骄傲使人落后"这句格言,做到谦虚谨慎,戒骄戒躁,不要浅尝辄止,故步自封。同时,教师要看到自己的每一点进步中都包含着其他人的心血,现有成绩绝不是单凭个人努力的结果,其中凝结着领导的关心、同事的帮助、老教师的传授、学校创造的条件,因此,不能把成绩全部记到自己的账上。要想继续进步,就要虚心向优秀教师学习,善于取他人之长,补自己之短,这样才能百尺竿头,更进一步。

2. 教师要互帮互助,团结合作

教育活动是一种教师密切配合的集体协作劳动。学校教育目标的实现、学生整体素质的全面提升,绝不是由个别老师独立完成的,而是由多位教师互相配合、互相协作来共同完成的。因此,教师的劳动是一种个别劳动和集体劳动相结合的劳动。每一位教师都要尊重同事的劳动,维护同事的威信,发现问题要及时补救,千万不要在学生面前贬低其他老师;同一学科的教师要团结互助,互相学习,新老教师之间可以通过拜师、结对子、确定指导关系等方式进行传、帮、带;同一年级不同学科的教师要密切配合,可以采取课题协作、专题研究、情况沟通、重点突破等方式,齐心协力做好工作。

(三)教师要尊重家长的教育责任,做到联合共进

家庭是社会的细胞,是孩子健康成长的重要场所,家长则是孩子的第一任老师。

孩子入学后,他们的全部生活仍然与家庭保持着密切关系,家长的教育仍具有重要意义。所以,教师的工作除了和学生产生关系外,还会不可避免地和学生的家长进行接触,和他们一起交流学生的学习、生活情况,一起探讨提高学生学业的方法……于是,教师与家长在交往过程中,以学生为纽带,形成了共同的目标与共同的责任。

教师与家长之间建立合作关系的方式有很多,每种方式的目的都应该是形成教师和家长平等、相互指导的氛围,从而形成双向的、互相尊重的、诚实的和充分的交流。

1. 教师要了解学生家庭的基本情况,根据学生的实际情况进行针对性教育

家庭是学生生活的最基本环境,家庭环境的优劣,直接关系孩子的健康与发展方向。一个问题的家庭造就的是问题的学生,如何弥补由于家庭问题造成的教育缺失,首先是教师必须全方位了解学生,了解学生赖以生活的家庭。乌申斯基认为:"如果教育要从多方面来培养人,那么他首先要在多方面了解学生。"了解是热爱的起点,是尊重学生、对学生进行教育的前提,没有了解的爱是盲目的爱,没有了解的教育是无的放矢的教育。只有家长与教师之间进行广泛交流,教师才能从问题入手进行有针对性的教育;家长只有开诚布公地让教师了解家庭的基本情况,才能在交流中建立一套教育孩子的框架与方案。

2. 教师要尊重每一位学生家长

尽管在教师与家长的关系中,教师起主导作用,但两者在人格上是完全平等的,不存在尊卑、高低之别。因此,教师必须尊重学生家长的人格,特别是要尊重所谓"差生"和"不听话"孩子家长的人格。对教育过程中出现的问题,首先要从自己身上找原因,还要客观地分析问题的症结所在,公正地评价学生的表现和家长的家庭教育工作,与家长共同研究解决问题的方法。

教师不要动辄就向家长"告状",不要当众责备他们的子女。作为教师,更不能训斥、指责家长,不说侮辱学生家长人格的话,不做侮辱学生家长人格的事。否则会造成教师与家长之间的隔阂甚至对立,还可能引起学生对家长或教师的不满,损害教师的形象,降低教育效度。尊重别人是自尊的表现,也是得到别人尊重的前提,正如常言所说:"敬人者,人恒敬之。"

其实,很多学困生的家长,因为家长间的互相联系,在他们的内心,也有一种因为子女读书成绩差这个问题而感到自卑的情绪。所以经常可以看见,一年级时所有接送孩子的家长在门口窝成一团,议论学校发生的事。而到了三四年级,有部分学困生的家长渐渐淡出了这个圈子,整天听着别人的家长议论自己孩子的学习成绩,当问到

自己的孩子时,自己说不出口,所以避而远之。而往往这样的家长,很不愿意和学校老师做沟通工作,甚至有部分家长会因此而觉得老师对他们也有偏见。像这样的家长,老师一定要注意多主动去表扬他们的孩子,切忌见面就告状。

案例 1-6

谈教师如何与家长沟通①

（一）现在有的学校班里开家长会都是分别进行的,好学生的家长会先开,成绩差的学生的家长会后开。曾经发生过这样一件事:有一个成绩不在前 15 名的学生家长推门进去参加家长会,被老师拒绝。老师说,你们的会在下一拨,先出去吧。这位家长很不好意思,脸红了大半。

（二）我们班里有这么一个小姑娘,学习成绩一直比较落后,一年级时,家长是学校门口圈子里最爱叽叽喳喳的妈妈,自从上了三年级后,她的妈妈因为自己女儿的成绩问题,老是站在门口最远处。有一次,我将学生带出门口后,想找这个家长谈一谈,等了好久这个妈妈才缓缓地走过来,一脸的不情愿,开口就是一句:"李老师啊,我们家园园最近是不是很不好啊。"说完,狠狠地瞪了自己的女儿一眼。我急忙说:"其实也不是的,只是因为最近你的孩子经常迟到,今天想提醒你一下。每天让她早些出门。""哦,好的好的,我知道了,不好意思啊,李老师。"说完,妈妈带着孩子便走了。远远地,我还听得到她们的对话声:"你呀,害得我都不好意思到学校来接你,真是把妈妈的面子都丢光了!"听着孩子家长这句话,我心里忽然也觉得不好受,让这个妈妈这样没面子的其实不只是她的孩子,还有我啊。试问,哪个家长不愿意听到对自己孩子的表扬啊,又有几个家长能一次又一次地承受住老师批评的打击啊。孩子学习上落后,难道就要让家长抬不起头做人吗?于是,我换了一种方式,经常主动上去和她妈妈说她的女儿有几天没迟到了,学习小有进步了,作业拖欠的少了,或者是毽子踢得好了,逮到鸡毛蒜皮的事就表扬她的妈妈会教育孩子。后来,她的妈妈会主动上来找我了,也乐于接受小小的提醒了,不再见我就躲了。连带着,她的孩子也慢慢地进步了,以前背诵是老大难,现在居然能一口气把《木兰诗》和《桃花源记》背完。

---

① 李明璐. 谈教师如何与家长沟通[EB/OL]. http://www.gsjy.net/sites/main/template/detail.aspx?id＝20151,2009-04-29/2016-10-21.

3. 教师与家长要多进行沟通和交流

沟通和交流是合作的关键。教师面对众多的教育对象,其家庭情况千差万别,教师要主动、经常地与家长进行沟通和交流。沟通的方式可以灵活采用,如打电话、发电子邮件、开家长会和家访等。在交流中,要讲究语言艺术,既不要对优等生的家长一味夸赞,也不能对后进生的家长讽刺、训斥;既要充分展现学生的优点,又要诚恳地指出学生的不足。让家长能够更深层次、更全面地了解学生,看到的是一个既有很多闪光点、又有一些小纰漏的真实的立体的可爱的孩子。同时,要善于倾听,既要倾听家长对孩子的了解和期望,也要倾听家长对教师工作的批评和建议。任何教师,无论他从事教育工作多少年,无论他具有多么丰富的实践经验和理论素养,都不可能是完美无缺的,要通过家长的反馈不断地改进和完善自己的工作。通过沟通与交流,教师和家长能在彼此信赖的基础上,从不同角度对学生提出不同的要求,共同引领学生,形成合力,促进学生健康成长。

案例 1-7

一个孩子的母亲,因孩子把她刚买回家的一块金表当成新鲜玩具给摆弄坏了,就狠狠地揍了孩子一顿,并把这件事告诉了孩子的老师。不料,这位老师却幽默地说:"恐怕一个中国的'爱迪生'被你枪毙了。"这个母亲不解其意,老师给她分析说:"孩子的这种行为是创造力的一种表现,你不该打孩子,要解放孩子的双手,让他从小就有动手的机会。"

"那我现在该怎么办?"这位母亲听了老师的话,对自己的行为后悔不迭。"补救的方法是有的。"老师接着说:"你可以和孩子一起把金表送到钟表铺,让孩子站在一旁看修表匠如何修理。这样,钟表铺就成了课堂,修表匠就成了先生,你孩子就成了学生,修表费就成了学费,你孩子的好奇心可以得到满足。说不定,他还可以学会修理呢!"

这个故事中的那位老师就是我国著名的教育家陶行知先生。

点评:学生的全面发展既是学校教育、教师集体劳动的结晶,又是家庭和社会影响的结果。苏联教育家苏霍姆林斯基说:"教育的效果取决于学校和家庭教育影响的一致性。如果没有这种一致性,那么学校的教学和教育过程就像纸做的房子一样倒塌下来。"

总而言之,教师的教育人道主义原则要求教师:全方位有效地协调、处理好与教育过程具有直接或间接联系的对象之间的各种关系,尊重和关心这些对象的价值,并努力在教育过程中使这些价值能最大限度地发挥作用。

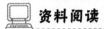 思考与练习

1. 如何理解教师职业道德原则在教师职业道德中的地位?
2. 阐述教师职业道德基本原则的内容及实施要求。

资料阅读

师德:一种高尚的人格精神[①]

上世纪(20世纪)50年代至60年代初,教过我的三位老师令我一生难忘,从他们的身上我受到了思想的启蒙、情操的陶冶、智慧的启迪,这些使我受益终生;从他们身上我渐渐懂得了"教师",明晓了"师德"。

在由农业合作社走向人民公社的那个年月,我在坎山镇边缘的一个村子的初级小学校认识了第一位难忘的老师。她是这所小学唯一的教师,女性,她那时四十出头,大家管她叫盛老师。

小学的房子是用茅草加稻草盖成,形如稻桶,人称"稻桶所(舍)"。学生四五十人,四个年级复式教学。盛老师每天的生活被备课、上课和批改占据得差不多,煤油灯的光亮总在12点钟以后才可能熄灭。遇到上级有"扫盲"任务下来时,盛老师自然更加忙,她的教室白天坐的是小学生,晚上大汽灯下挤满了农民兄弟和姐妹。她的床和一张办公桌就安在教室的一角,用稻草篱笆加一扇盐板门与学生课桌相隔。她的厨房间在"稻桶"毗邻的小草舍里,最有价值的灶具是那个用竹篾把田泥围起来的"扛扛灶",煮饭烧水得十分小心。

盛老师对教书极其认真,她每节课用的卡片都要准备一大沓,她自己动手制作了不少教具,最初教珠算用的大算盘,我记得是用黄麻杆截成算珠穿成的,板书字端正漂亮。她也组织体育活动,和学生们一起在用盐板搁成的球桌上打乒乓球,有时做"老鹰捉小鸡"之类的游戏。她也常教我们唱歌,看着我们学会了唱《我们要和时间赛跑》《社会主义好》,老师的脸上洋溢起快乐的笑。盛老师对学生真是如同慈母,学生家出不起学杂费,她帮助垫付;学生家拿不出椅子,她替他们买(以前学校曾经要求学

[①] 周佳茂. 师德:一种高尚的人格精神[EB/OL]. http://www.people.com.cn/GB/jiaoyu/8216/36676/36602/2769014.html,2004-09-08/2016-10-21.

生自带凳子椅子);学生有个头痛身热,她为他们花钱请医。

那年代,盛老师每逢星期六中午放学后,就得步行7华里,匆匆赶到社小参加会议,又常常打着手电筒回校。尽管盛老师忙得够呛,但她同村民们有很多往来。一到星期天,她就去学生家做家访,农忙季节,她就到农民的田间地头参加义务劳动。村里的老百姓都把她当自己人。婚庆喜日请她到场,为难之事,也愿跟她商量。早些年在村里教书是由村民派饭的,吃百家饭,后来改取工资,长期39元每月,资助急难村民花费其近半的工资。

我在盛老师那里读书的时间只有三年,接受的是启蒙教学,今天回忆这位可敬的女性,使我明白师德的含义——师德是一种"乐",乐在安于职业,甘于清贫。

在盛行吃"食堂饭"的那年,我转学到龙虎小学读高小,在那里我遇上了第二位我心目中最尊敬的老师——郑毓晖老师——一位中国乡村的"瓦尔瓦拉"(我以为)。

郑老师老家在杭州,早年毕业于杭州女中。对于她来乡下教书,我听说她的家人很不赞成,曾经多次来找她回杭城,但她却抱定主意,服务乡村教育一辈子。她一直单身过日子,不曾结婚。几番番月圆月缺、几回回风霜雨雪,她依然只是与乡村孩子为伴,与乡村的课堂结缘。

那时她30多岁光景,教语文课,她的课上得很生动,总能用动情的语言吸引大家,也很注意让同学们想问题,鼓励大家去喜欢语文学习。有一次她批改作文,对着我的数学老师夸我的作文,让我直乐了好几天。不过,我在郑老师那里只读了一年书(五年级)。

当我再与她见面并在一起工作时,是在1972年了,生产大队要我到学校(小学带帽初中)当民办教师。能与尊敬的老师一起工作,是我的一段"造化",因为我从老师的身上品尝了世间"师爱"与"师德"的原汁原味。

我第一次家访,是跟郑老师一块去的,一连走了几家,天时已晚,她班上有一名姓李的女生家离校很远,两天没上学了,她说心里惦记着,一定得去看看。快掌灯了,我们来到那个女生家,里屋床上躺着个病人,是小女孩的妈,小女孩在灶间烧火做饭,柴草的烟熏得我打了个退步,但郑老师直进到床前,和女孩的妈拉起了长短。原来这女生的爸两年前就得病过世了,她的妈在这些天又受了风寒,干不了活,孩子自然到不了学校。听说孩子妈因缺钱还没看医生,郑老师急了,马上从自己身上取出仅有的两张五元票,交到女孩妈妈的手上,要她明天一定去求医……回来的路上,郑老师又特意绕道到赤脚医生家,嘱他辛苦一趟去李家。后来我知道郑老师一直在照顾那位学生,经常去她家看望,她本来就不多的工资好多是花在学生身上的。

郑老师是学校的老教师,教学经验丰富,但她备课总是非常详细,极其认真——

尽管那个年代还是在喊"红卫兵造反有理",是处于"谁讲智育谁倒霉"的"气候条件"。

有一个秋夜,家访归来的她带着一身倦意去推学校的小门,没想到一个趔趄,右眼撞在门环上,引起玻璃体浑浊、视网膜出血。她没有遵医生"多休息一段时间"的劝告,不出两天,缠着绷带的她就步入了教室。后来,"拨乱反正"了,郑老师工作更加起劲,可惜年事已高,向来瘦弱的她,健康一天不如一天,有一次竟突发性休克晕倒在讲台前……

龙虎村好多家庭的两代人都在她那里读过书,当郑老师退休回杭州时,全村许许多多人过来送行,后来也有许多学生经常去她在建国中路杨衙弄三号的老家看望她。这种对老师的眷恋之情自然来源于老师所付出的爱,这爱其实就是一种至高的师德,或者说:师德是一种爱,这"爱"须终生付出,默默去奉献。

1963年,已是初二学生的我,在衙前中学遇到了又一位难忘的语文老师——张汝扬先生。张老师是宁波人,大学毕业就落脚到凤凰山下。

要说张老师的好处,给我印象很深的事例不下20件,首位的印象是他的课上得特别好,用语很清晰,语调风趣幽默,语音是特别的抑扬顿挫,我们听他的课从来都是精神饱满的,我们的语文课堂也就经常有陌生老师来听课。文言文教学更有独到妙处,他让诸如"曹刿""触龙""廉颇""蔺相如"等等历史人物似活生生站立在我们身旁,至今犹有记忆。这种教学上的造诣,现在想来,必是张老师刻苦钻研教材,潜心施教的结果。

第二方面的印象是他待人的一片赤诚之心。他当我们班主任那年,最初走进教室作自我介绍,就非常坦诚地向大家交心,剖白自己,说自己家庭出身是非劳动家庭,但是希望大家不要把他当成专政对象,他说他是多么愿意为党的教育事业好好工作,他愿意服务人民的教育事业一辈子。我当时虽不能洞察政治气候对于他有多大的压力,只是觉得张老师的情是洁白的,心是诚挚的。记得有个星期天我没回家,傍晚张老师看到我,动情地问我吃饭了没有,了解到我因远足耽误了吃饭后,当即跟食堂的老吴师傅联系特意加了小灶。曾有好几个星期六或星期日晚上,让我到他的小房间去看书、做作业、过夜,夜深时,他利用煤油灯上的余热煮熟面条让我充饥。

记得那时我和我的一位同学合吃一份菜,两人每月省下三元钱用于购买半导体零件,组装简易收音机。有一次因为不小心竟烧毁了一只高频管,我们只好继续省吃俭用花钱再买,可月底已到,下个月菜金要交,家里又不能多要,在窘极之时,是张老师为我垫付了菜金。后来也拒绝让我们归还,我知道他那时的工资也只有四十几元。

我还记得一次星期六晚上露营活动,贪玩的我们到后来全睡得像死猪一般,张老师却一整夜没合眼,不时为我们驱赶蚊子或是盖毯子,要不就守候在营帐口,以防毒虫的侵袭。

后来,"文化大革命"来临,对于大多数人来说,这真是一场灾难,衙前中学的师生也不例外。工作队进校,让学生揭发批判"问题老师"。那时节,大家的日子不好过,张老师的日子更不好过,不少大字报贴到他房间门口,"莫须有"的罪名向他"射击",说他是反动学术权威,走白专道路……他完全被孤立了,他的心肯定在滴血。

工作队的日子总算很快过去了,原先被颠倒的黑白后来都一一倒了回来。张老师获得了自由,重新获得了一个人的尊严,也获得了学生深深的敬重,因为他依旧友善赤诚地对待他的全部学生——尽管有的学生向他贴过大字报,他说,这不是学生的错,学生也是受害的。您看,他是如此的襟怀坦白,如此的诚挚可亲啊!

从张老师的身上,我又体味到教师师德的一种"极致"的人心之美,赤诚以待人、求精以敬业。

终生难忘的三位好老师,让我领悟到"师德"的真义与"人师"的风貌。"人师"之"师德"是一种"乐",乐于教师职业;是一种爱,投向所爱的天地;是一种美,陶冶人之情操。人师之"师德"是忘我的、无私的,站方寸之位置,具天地之背景,燃泪之红烛,抽丝之春蚕。"师德",是一种高尚的人格精神!

第二章 教师职业道德规范

学习目标

1. 了解中华人民共和国成立以来我国教师职业道德规范的沿革。
2. 理解教师职业道德规范的含义、结构与功能。
3. 掌握我国教师职业道德规范的内容。
4. 结合具体事例说明如何在教育实践中践行教师职业道德规范。
5. 能自觉按照教师职业道德规范的要求不断完善自己。

在教师职业道德体系中,教师职业道德规范居于重要地位,它不仅是教师职业道德体系的基本构成要素,还是教师职业道德原则的体现、展开和具体化。教师职业道德修养是依据教师职业道德原则和教师职业道德规范进行职业道德品质、职业道德意识方面的"自我锻炼"和"自我改造"。因此,教师职业道德规范是教师职业道德行为的标准。如果没有教师职业道德规范,教师职业道德修养就缺乏具体要求和标准,教师将难以达到应有的职业道德境界。教师只有自觉遵守教师职业道德规范,才能更好地履行教师职责和义务。

第一节 教师职业道德规范概述

一、教师职业道德规范的含义

道德规范,是指一定社会历史条件下,指导和评价人们行为善恶的准则。此准则既包括一定社会或阶级以格言、戒律等形式自觉概括,以表达行为善恶的标准和规则,也包括在长期生活实践过程中人们自发形成的"应当"或"不应当"的道德关系。

道德规范与道德活动、道德意识之间的关系密切。首先,道德规范是在一定道德活动和道德意识的基础上形成和概括的,集中体现着道德意识和道德活动的统一;其次,道德规范一旦形成,往往作为一种社会法则制约和指导人们的道德意识和道德活动。

所谓教师职业道德规范,是指教师在教育职业活动中必须遵循的行为准则。教师道德规范的产生和形成,有着深刻的社会根源,是由社会的物质生活条件、社会关系和职业的特点决定的,是教师在长期的教育教学实践中不断形成和发展的,也是由教师道德基本原则所派生并受基本原则所制约的。

二、教师职业道德规范的结构与功能

制定教师职业道德规范,必须首先明确规范的基本结构,包括规范的基本成分、层次、类型和合理的框架等,以便从整体上把握规范中所提出的各项要求。不同层次的教师职业道德规范具有不同的功能。

(一)教师职业道德规范的结构

1. 教师职业道德规范的基本成分

一套完备的教师职业道德规范,应当包括以下成分:说明教师职业道德规范颁行的目的;确立教师从事教育专业信奉的道德理想;阐明教师专业遵循的道德原则;制定教师专业履行的道德规则;提出教师专业恪守的道德标准;规定教师专业伦理规范的执行程序和修订程序。其中,教师职业道德理想、教师职业道德原则和教师职业道德规则是教师职业道德规范中必不可少的基本成分。

参见本教材"附录"中的《教育部全国教育工会关于颁发试行〈中小学教师职业道德要求〉的通知(摘录)》《国家教委全国教育工会关于颁布〈中小学教师职业道德规范〉的通知(教基[1991]19号)》《国家教育委员会全国教育总工会关于重新颁发〈中小学教师职业道德规范〉的通知(教基[1997]13号)》《教育部关于印发〈关于加强中小学教师职业道德建设的若干意见〉的通知(教基[2000]28号)》《教育部关于进一步加强和改进师德建设的意见(2005年1月13日)》以及《国际教育组织(Educational International)关于教师职业道德的宣言》中关于教师职业道德规范颁行目的、教师从事教育专业信奉的道德理想,以及教师职业规范的执行程序和修订程序等的说明。

2. 教师职业道德规范的层次

教师职业道德理想、教师职业道德原则和教师职业道德规则作为教师职业道德规范中必不可少的三个基本成分,其层次关系可理解为:

教师职业道德规则是对教育专业行为的具体要求,教师职业道德原则是对各种规则的一般概括,教师职业道德理想体现各项原则的基本价值。

教师职业道德理想通过教师职业道德原则和规则得以体现,教师职业道德原则通过各种具体的教师职业道德规则得以落实。教师职业道德规则所反映的是对一个称职教师最基本的要求,与教师职业道德理想相比,教师职业道德规则更明确、具体,更具可操作性。在具体的教育情景中,当两条或两条以上的教师职业道德规则发生冲突时,教师需要诉诸更高层次的教师职业道德原则,通过其整合来化解冲突。当两条或两条以上的教师职业道德原则发生冲突时,教师需要诉诸更高层次的教师职业道德理想,以解决或消除矛盾。

由以上可知,教师职业道德理想、教师职业道德原则、教师职业道德规则在师德规范中分别属于不同的层次,依次为对教师职业行为的最高要求、中级要求、最低要求或起码要求。

3. 教师职业道德规范的类型

教师职业道德规范向每一位教育工作者指明在教育活动中如何按照教育职业道德的原则和规则,正确处理好个人利益与集体利益、社会利益的关系问题,指导每个教师在教育活动中正确选择自己的行为,保证教育工作的顺利进行和教育任务的出色完成。教师在教育工作中既要处理教师与国家民族的关系,又要处理教师与教师之间、教师与领导之间、教师与学生之间、教师与学生家长之间、教师与其他教育机构之间的关系等。教师职业道德规范阐明对教师的道德要求,即道德义务或伦理职责。教师职业道德规范应处理好的关系可概括为以下几种类型[1]:第一,关于教师与国家、民族之间关系的道德要求,即对待教育事业的伦理职责;第二,关于教师与同事之间关系的道德要求,即对待从事教育工作的群体的伦理职责;第三,关于教师与学生之间关系的道德要求,即对待教育工作对象的伦理职责;第四,关于教师与家长和其他社会教育工作者之间关系的道德要求,即对待影响教育对象的社会群体的伦理职责。

4. 教师职业道德规范的合理框架

结构合理的教师职业道德规范由序言和主干构成。序言主要阐明规范颁布的目的及执行和修订规范的程序,阐明教育专业信奉的道德理想以及坚持的道德标准。主干部分重点阐述教师职业的道德原则和道德规则,采取一条原则统帅多条规则的方式,分别规定教师对学生和职业的道德责任和行为准则。

例如,在下面的《美国教育协会道德规范》中就可看出教师职业道德原则与教师

---

[1] 傅维利. 教师职业道德教育指南[M]. 北京:高等教育出版社,2002:78.

职业道德规则之间的关系。

《美国教育协会道德规范》[①]

原则一：对学生应承担的义务，教育者

1. 不能无故限制学生在学习中的独立活动；
2. 不能无故否定学生的独到见解；
3. 不能故意压制和歪曲体现学生进步的相关事实；
4. 尽量保护学生在学习、健康和安全方面免受伤害；
5. 不能故意使学生处于尴尬境地和受到蔑视；
6. 不能基于种族、肤色、信条、性别、国籍、婚姻地位、政治或宗教信仰、家庭、社会或文化背景或性别倾向的不公平：

   a. 不能将任何学生排除在任何活动之外；
   b. 不能否定任何学生的补助金；
   c. 不能准许任何学生有任何特权。

7. 不能利用学生的职业关系谋求个人利益；
8. 不能透露在职业过程中所获得的学生的个人信息，除非基于必需的职业企图或法律的需要。

原则二：对职业应承担的义务，教育者

1. 在申请教师职位时不能故意做出错误的陈述，不能制造与能力和资格有关的虚假材料；
2. 不能误传个人的职业资格和职业条件；
3. 不能协助任何在人格、教育或其他相关属性方面不合格的人成为专业教育人员；
4. 在候选人申请教育职位时，不能就他们的职业资格有意作出虚假陈述；
5. 不能帮助非教育者从事无水准的教授活动；
6. 不能透露在职业过程中所获得的同事的个人信息，除非基于必需的职业意图或法律的需要；
7. 不能有意用语言贬损或恶意中伤同事；
8. 不能接受任何可能削弱或影响职业决议或行为的赠物、礼物或恩惠。

[①] [美]费奥斯坦，费尔普斯.教师新概念——教师教育理论与实践[M].王建平，译.北京：中国轻工业出版社，2002：239—240.

(二)教师职业道德规范的功能

不同层次的教师职业道德规范对教育人员的职业行为,具有不同的规范功能。教师职业道德理想体现教育专业至善至极的道德境界,给教师确定了基本的价值取向和不断追求的终极目标,激励着教师形成高尚的职业行为。教师职业道德原则是指导教师职业行为的基础,所表明的是教育界认同的应当能够达到的要求,在执行过程中允许根据具体情况变通处理,具有一定的灵活性。教师职业道德规则是对教师职业行为最低限度的道德要求,无论肯定性规则还是否定性规则,在执行当中都不可违反。

总体来说,教师职业道德理想主要具有激励功能,教师职业道德原则主要具有指导功能,教师职业道德规则主要具有约束功能。三者在教师职业道德规范体系中所占的比重,直接影响到整个教师职业道德规范体系功能的发挥。只要三者比例适当,整个教师职业道德规范结构合理,就可以全面发挥其规范功能;反之,则会导致功能不足,或者功能失调。

三、中华人民共和国成立以来教师职业道德规范的沿革

中华人民共和国成立以来,中小学教师职业道德规范主要体现在国家四次颁布的《中小学教师职业道德要求》(或《中小学教师职业道德规范》)中,这些规范是根据当时社会发展的需要制定的,反映了教师职业道德的时代性、继承性和实用性。

(一)1984年颁布的《中小学教师职业道德要求》(试行草案)

随着社会主义教育事业的发展,教师职业道德也在不断发展和完善。进入改革开放的历史时期后,教师职业道德增添了新的内容,发展到一个新的阶段,对形成教师的职业心理,形成教师特有的道德习惯、道德传统,以及推动教师的工作起着重要的作用。在此背景下为进一步提高中小学教师职业道德水平,全国教育工会于1984年10月13日颁发了《中小学教师职业道德要求》(试行草案),目的是为了提高中小学教师的社会主义觉悟和共产主义道德情操,把青少年培养成有理想、有道德、有文化、有纪律的一代新人。具体内容如下:

中小学教师职业道德要求(试行草案)

一、热爱祖国,热爱中国共产党,热爱社会主义,热爱人民教育事业。

二、执行教育方针,遵循教育规律,面向全体学生,教书育人,培养学生德、智、体

全面发展。

三、认真学习马列主义、毛泽东思想,学习科学文化知识和教育理论,钻研业务,精益求精,勇于创新。

四、热爱学生,了解学生,循循善诱,诲人不倦,不歧视、讽刺、体罚学生,建立民主、平等、亲密的师生关系。

五、奉公守法,遵守纪律;热爱学校,关心集体;谦虚谨慎,团结协作;与家长、社会紧密配合,共同教育学生。

六、衣着整洁,举止端庄,语言文明,礼貌待人,以身作则,为人师表。

由以上可知,该《中小学教师职业道德要求》具有以下特点:

第一,该规范是根据优秀教师的经验和教师队伍的现状,归纳总结出教师应遵循的职业道德,它体现了当时社会发展的要求。但是,该规范多是从宏观上对教师职业提出的要求,注重道德理想层次的追求。

第二,侧重于教师职业道德对学生的教育作用和对社会主义精神文明建设的意义,而对整个教育自身建设的需要考虑很少。

第三,虽然根据社会发展的要求,给教师职业道德赋予了时代的特征,但在具体表述上没有明确的层次性。

(二) 1991年颁布的《中小学教师职业道德规范》

实践证明,虽然1984年颁布的《中小学教师职业道德要求》(试行草案)对中小学教师队伍建设起到了积极作用,但是,社会发展和教育改革的深入给中小学教师队伍建设提出了新的要求。为此,1991年国家教育委员会和全国教育工会联合颁发《关于颁布〈中小学教师职业道德规范〉的通知》的文件,指出:"加强教师的职业道德教育,提高教师的道德素养,是中小学教师队伍建设的一项基本任务,也是当前加强中小学教师思想政治工作的一项基本内容。教师队伍的思想、政治、道德素质如何,直接关系到我国能否培养一代社会主义事业建设者和接班人。各地必须予以高度重视。"[1]于是,国家教委、全国教育工会在总结1984年颁布的《中小学教师职业道德要求》(试行草案)的基础上对其进行了修订。1991年8月13日颁布了新的《中小学教师职业道德规范》,此规范对教师的根本信念、主要职责、基本态度直到作风、仪表等都做了明确规定和表达,并体现了教师职业道德的社会主义性质。其主要内容如下:

---

[1] 中华人民共和国国家教育委员会人事司.教师职业道德[M].北京:新华出版社,1995:324.

中小学教师职业道德规范

一、热爱社会主义祖国,拥护中国共产党的领导,学习和宣传马列主义、毛泽东思想,热爱教育事业,发扬奉献精神。

二、执行教育方针,遵循教育规律,尽职尽责,教书育人。

三、不断提高科学文化教育理论水平,钻研业务,精益求精,实事求是,勇于探索。

四、面向全体学生,热爱、尊重、了解和严格要求学生,循循善诱,诲人不倦,保护学生身心健康。

五、热爱学校,关心集体,谦虚谨慎,团结协作,遵纪守法,作风正派。

六、衣着整洁、大方,举止端庄,语言文明,礼貌待人,以身作则,为人师表。

由以上可知,该规范除了前三点与1984年的《中小学教师职业道德要求》相同外,其最大变化是对教师职业道德规范的具体表述体现了一定的层次性。对教师的职业道德要求,既有理想层面的追求,也有一些原则性的要求。但是,对教师具体工作中需要处理的几个关系没有明确表述。

(三) 1997年颁布的《中小学教师职业道德规范》

随着社会主义市场经济的确立以及社会主义法制的健全,社会越来越需要高水平的教师职业道德。为此,教育部和全国教育工会依据《中共中央关于进一步加强和改进学校德育工作的若干建议》及《教师法》的精神,对1991年颁布实施的《中小学教师职业道德规范》进行修订,并于1997年9月1日颁布实施新的《中小学教师职业道德规范》。具体内容如下:

中小学教师职业道德规范
(1997年8月7日修订)

一、依法执教。学习和宣传马列主义、毛泽东思想和邓小平同志建设有中国特色社会主义理论,拥护党的基本路线,全面贯彻国家教育方针,自觉遵守《教师法》等法律法规,在教育教学中同党和国家的方针政策保持一致,不得有违背党和国家方针、政策的言行。

二、爱岗敬业。热爱教育,热爱学校,尽职尽责,教书育人,注意培养学生具有良好的思想品德。认真备课上课,认真批改作业,不敷衍塞责,不传播有害学生身心健康的思想。

三、热爱学生。关心爱护全体学生,尊重学生的人格,平等、公正对待学生。对学生严格要求,耐心教导,不讽刺、挖苦、歧视学生,不体罚或变相体罚学生,保护学生合法权益,促进学生全面、主动、健康发展。

四、严谨治学。树立优良学风,刻苦钻研业务,不断学习新知识,探索教育教学规律,改进教育教学方法,提高教育、教学和科研水平。

五、团结协作。谦虚谨慎,尊重同志,相互学习、相互帮助,维护其他教师在学生中的威信,关心集体,维护学校荣誉,共创文明校风。

六、尊重家长。主动与学生家长联系,认真听取意见和建议,取得支持与配合。积极宣传科学的教育思想和方法,不训斥、指责学生家长。

七、廉洁从教。坚守高尚情操,发挥奉献精神,自觉抵制社会不良风气影响。不利用职责之便谋取私利。

八、为人师表。模范遵守社会公德,衣着整洁得体,语言规范健康,举止文明礼貌,严于律己,作风正派,以身作则,注重身教。

由以上可知,与1991年颁布的《中小学教师职业道德规范》相比,此规范内容更加具体,要求更高。具有以下特色:

第一,内容具有可操作性。该规范不仅在理想层面和原则层面提出了要求,而且主要是在规则层面提出了要求,实用性很强。

第二,对整个教育行业自身的建设有所考虑,但考虑不多。建议制定教师职业道德规范时,应以专业化为基本定向,赢得专业自主权,着眼于教育行业内部的发展需要,把"教师职业道德规范"建设成为"教师专业道德规范"。

第三,赋予教师职业道德以时代特征。根据社会发展的要求,给教师职业道德赋予了时代特征,并进行了一些探讨。但是,具体表述层次还不够明确,应从教师具体工作中需要处理的几种关系出发进行阐述。

(四) 2008年颁布的《中小学教师职业道德规范(2008年修订)》

教育部、中国教科文卫体工会全国委员会,于2008年9月1日联合颁布并实施新修订的《中小学教师职业道德规范(2008年修订)》,具体内容如下:

中小学教师职业道德规范

(2008年修订)

一、爱国守法。热爱祖国,热爱人民,拥护中国共产党领导,拥护社会主义。全面贯彻国家教育方针,自觉遵守教育法律法规,依法履行教师职责权利。不得有违背党和国家方针政策的言行。

二、爱岗敬业。忠诚于人民教育事业,志存高远,勤恳敬业,甘为人梯,乐于奉献。对工作高度负责,认真备课上课,认真批改作业,认真辅导学生。不得敷衍塞责。

三、关爱学生。关心爱护全体学生,尊重学生人格,平等公正对待学生。对学生严慈相济,做学生良师益友。保护学生安全,关心学生健康,维护学生权益。不讽刺、挖苦、歧视学生,不体罚或变相体罚学生。

四、教书育人。遵循教育规律,实施素质教育。循循善诱,诲人不倦,因材施教。培养学生良好品行,激发学生创新精神,促进学生全面发展。不以分数作为评价学生的唯一标准。

五、为人师表。坚守高尚情操,知荣明耻,严于律己,以身作则。衣着得体,语言规范,举止文明。关心集体,团结协作,尊重同事,尊重家长。作风正派,廉洁奉公。自觉抵制有偿家教,不利用职务之便谋取私利。

六、终身学习。崇尚科学精神,树立终身学习理念,拓宽知识视野,更新知识结构。潜心钻研业务,勇于探索创新,不断提高专业素养和教育教学水平。

1. 教育部师范教育司剖析了该规范的五大特点[①]

(1) 坚持以人为本。该规范充分体现了"教育以育人为本,以学生为主体","办学以人才为本,以教师为主体"的理念,强调尊重教师,强调教师责任与权力的统一。

(2) 坚持继承与创新相结合。该次修订继承以往规范执行以来的基本经验,汲取了以往规范中反映教师职业道德本质的基本要求,同时充分考虑社会、教育发展对教师职业道德提出的新要求,将优秀师德传统与时代要求相结合。

(3) 坚持广泛性与先进性相结合。该规范从教师队伍现状和实际出发,面向全体教师,对教师职业道德提出了基本要求,这成为每位教师自觉遵守的行为准则。与此同时,又提出了体现时代精神的新的倡导性要求。

(4) 倡导性要求与禁止性规定相结合。从教师职业道德的阶段性特征出发,针对当前师德建设中的共性问题和突出问题,在广泛征求意见的基础上,做出了若干禁行性规定。

(5) 他律与自律相结合。该规范在注重"自律"的同时,强调"他律",倡导广大教师自觉践行师德规范,把规范要求内化为自觉行为。

由以上可知,该规范在继承性、时代性和倡导性等方面确实较先前颁布的规范有较大进步。

[①] 《人民教育》编辑部. 学习贯彻《中小学教师职业道德规范(2008年修订)》的若干问题——教育部师范教育司负责人答本刊记者问[J]. 人民教育, 2008(19): 17—20.

2. 存在的不足之处

(1) 专业道德特征尚不够明显。该规范并没有紧紧围绕教育劳动的特点构建教师的专业道德，这使得"一些条目只要将主题词替换一下，就可以马上变成其他职业的道德规范"①。如，"爱国守法""爱岗敬业""终身学习"等。

(2) 对教师职业道德的结构和层次的界定不明确。"由于教师职业道德规范主要解决的是教师在教育工作中如何处理好几种主要关系来建构教师职业道德规范的纵向体系，应当是最为系统和全面的。"②此处"几种主要关系"是指，教师与受教育者（学生）、教师与家长、教师与教师集体及其他教育工作者、教师与教育事业等之间的关系范畴。

(3) 具体性、针对性和可操作性没有得到更充分的改善。按照教师职业道德理想、原则和规则三个层次，由高到低、由抽象到具体制定教师职业道德规范，是西方国家的共同经验。然而，该规范在教师职业道德理想、原则上用笔墨过多，没有为每一个教师职业道德原则赋予明确的操作定义，更没有在规则层面上具体规定教师职业行为的底线，缺少在行为层面上对教师在教育工作中必须遵守的基本伦理要求的规定。对教师职业道德行为底线的要求应当直指教师外显行为特征，具有很强的可观察性、可操作性和可评估性。

第二节　教师职业道德规范的内容（上）

2008年9月1日，我国教育部、教科文卫体工会全国委员会联合颁布并实施的新修订的《中小学教师职业道德规范》，具体内容包括爱国守法、爱岗敬业、关爱学生、教书育人、为人师表和终身学习等六个方面。本节和下一节对当前我国教师职业道德规范内容的阐释，主要从这六个方面展开。

一、爱国守法

《中小教师职业道德规范（2008年修订）》中，把"爱国守法"这一内容放在首要位置，这既说明此内容不仅是每位公民必须具备的崇高道德品质，也是对教师这一职业

---

① 檀传宝.当前师德建设应当特别关注的三大问题[J].中国教师，2007(2)：25—27.
② 傅维利，朱宁波.试论我国教师职业道德规范的基本体系和内容[J].中国教育学刊，2003(2)：20—23.

提出的基本要求。具体内容为:"爱国守法。热爱祖国,热爱人民,拥护中国共产党领导,拥护社会主义。全面贯彻国家教育方针,自觉遵守教育法律法规,依法履行教师职责权利。不得有违背党和国家方针政策的言行。"

由以上可知,"爱国守法"作为中小学教师职业道德规范的具体内容之一,主要从"爱国"和"守法"两个方面对教师提出了具体要求。以下分别从这两个方面展开论述。

(一) 爱国

爱国主义,既是一种道德情感,也是一种文化传统,是一个国家的人民在长期的历史发展中逐渐积累形成的。"爱国情感深刻地体现了个人与祖国的道德关系,它对人们的思想和行为产生强烈的影响,使个人把自己的命运同祖国的命运紧密结合在一起,肩负起祖国强盛、民族发展、人民富裕的历史责任。"[①]爱国是一种高尚的道德心理体验,可表现为对祖国深切依恋的归属感;对祖国地理、历史、发展现状和国际地位的自豪感;对国家利益的责任感和使命感。

爱国主义不仅仅是一个口号,而且要求人们身体力行,以报效祖国的实际行动来体现自己的爱国觉悟、情感和志向。对教师这一特殊职业而言,最好的爱国方式是把对祖国的热爱、对学生的关爱、对教育事业的责任感结合起来,在强化自身爱国情怀的同时,也对学生进行爱国主义教育。

1. 强化教师自身的爱国情怀

弘扬爱国主义精神是每一位公民应尽的义务,教师肩负着对学生进行爱国主义教育的重任。为了更好地对学生进行爱国主义教育,教师必须强化自身的爱国情怀,成为一位忠诚的爱国者。教师强化自身的爱国情怀有以下途径。

1) 熟悉祖国灿烂的历史文化,关心国家的前途与命运

中国作为世界四大文明古国之一,有悠久的历史和灿烂的文化。熟悉祖国灿烂的历史文化,不仅能拓展国民的视野,也能激发国民的爱国热情和民族自尊心、自豪感。教师要有广博的文化基础知识,不仅要了解国家辉煌灿烂的历史,也要了解国家曾经历的屈辱和挫折,并且要关注国家目前的处境以及国家对国民的需要和期望。在变化日新月异的信息时代,教师要以满腔的热情和主人翁精神,时刻了解和掌握各领域的变化,关心社会生活中的大事,了解国内国际局势,做到"家事、国事、天下事,事事关心"。

[①] 中华人民共和国国家教育委员会人事司.教师职业道德[M].北京:新华出版社,1995:78.

2) 捍卫国家尊严,维护国家独立统一

捍卫国家尊严,就是要把祖国和民族的利益放在高于一切的位置上。教师要做热爱祖国的典范,为人师表,不崇洋媚外,不做人格低下、有损国格的事,努力使自己的言行有利于维护祖国的国格完美,给学生树立爱国的榜样。针对我国国情,坚决同一切分裂祖国的言行做斗争,遇到关乎国家利益的关键问题时,教师要注意对学生进行引导,表现出在政治上、道德上的坚定性和坚韧性,要捍卫国家的尊严和维护国家的统一,表现出对国家和民族的自信心。

3) 立足本职工作,为国家培养全面发展的人才

教育事业是人类事业、国家事业,教师做好本职工作就是热爱祖国的最好表现,就是为国家作贡献。教师必须认识到自己的本职工作是与祖国的未来、国家的繁荣昌盛紧密联系在一起的,必须加强爱国的职业道德修养,必须发扬爱国主义精神。苏联教育家加里宁说:"国家和人民把儿童托付给教师们,要他们来教育这些按年龄来说最容易受影响的人,依托教师来培养、教育和造就这代青年人,也就是说,把自己的希望和未来完全嘱托给他们。这乃是把伟大责任加在教师们身上的一种重托。"[1]

因此,教师应将爱国主义情怀融合到本职工作中,努力把青少年培养成为德、智、体、美、劳等全面发展的社会主义事业建设者和接班人。

案例 2-1

陶行知的教育追求[2]

1917 年毕业于美国哥伦比亚大学师范学院的陶行知,怀着"要使全中国人民都受到教育"的理想,回到阔别已久的祖国,投身于祖国的教育事业,希望通过教育救国、建国、强国,提高国民素质,最终建立民主共和国。1927 年初,陶先生放弃了大学教授的优厚待遇,辞掉武昌高等师范校长的职务,脱下西装革履,穿上布衣草鞋,艰苦创业,开辟新教育基地,创建晓庄师范。

抗战胜利后,内战迫在眉睫,陶先生来到上海,冒着随时可能遭暗杀的危险,仍"要在上海创办社会大学、函授大学、新闻大学、无线电大学、海上大

---

[1] 转引自贾本乾,王可植.中小学教师职业道德规范讲座[M].成都:成都科技大学出版社,1992:52.
[2] 李彦福.落实教育规划纲要背景下的师德修养[M].南宁:广西教育出版社,2012:54—55.

学、空中大学,让整个上海,都变成学校,让上海500万市民,都能得到受教育和再受教育的机会"。陶行知说:"我们深信,如果全国教师对于儿童教育都有鞠躬尽瘁,死而后已的决心,必能为我们的民族创造一个伟大的新生命。"

案例 2-2

祖国再穷我也要为她奋斗[①]

1931年,苏步青获日本东北帝国大学理学博士学位,在学术上崭露头角。日本不少名牌大学以高职、高薪聘请他。他妻子是日本人,与孩子一道住在日本。在人生的十字路口,何去何从?苏步青想到的是处于水深火热之中的祖国现在正急需各种人才,自己出国留学的目的是寻求救国救民之路,要以自己的学识和才智报效祖国。他应著名数学家陈建功之邀,毅然举家回国,受聘于浙江大学任教。1937年抗日战争爆发后,日本东北帝国大学拍特急电报,再次聘任苏步青就任该校数学教授,各种待遇从优;不久又一份特急电报传来,他的岳父松本先生病危,要求苏步青夫妇火速去日本仙台见最后一面。苏步青体谅妻子的心情,允许妻子回日本,自己却坚持留在国内。他表示,祖国再穷,我也要为她奋斗,为她服务。他妻子支持他的选择和事业,担心万一战局恶化,可能再也无法回到丈夫身边,也取消了日本之行。

点评:陶行知和苏步青把爱国化作对祖国教育事业孜孜不倦的追求,用他们毕生对教育事业的爱诠释了教师职业道德的要求。

2. 对学生进行爱国主义教育

教师爱国不仅表现在教师自身的言谈举止之中,而且也表现在教师对学生进行爱国主义教育的过程中。教育学生爱国,教师要对祖国有全面深刻的认识,要了解祖国的壮丽山河、悠久历史和灿烂的文化,要了解当下的国情、中国共产党党情以及各民族的风土人情,并把这些融入自己的血脉之中,化为自己思想的重要组成部分。只有这样,教师才能用自己的爱国主义思想和情感,点燃学生的爱国主义火花,使爱国

[①] 李彦福.落实教育规划纲要背景下的师德修养[M].南宁:广西教育出版社,2012:54—55.

主义文化传统代代相传。正如我国著名特级教师于漪所说:"老师最使我崇敬的是他们热爱祖国的精神,我在中小学受到的爱国主义教育,对我一生处事行事有极其重大的影响。""语文老师朗读岳飞的《满江红》,慷慨激昂,满座震动;朗读辛弃疾的《南乡子·登京口北固亭怀古》,悲愤填膺,潸然泪下;历史老师列举帝国主义列强瓜分中国的罪行,'是时俄据旅顺大连湾,德据胶州湾,英据威海卫,法据广州湾……'简直是一声声控诉,一行行泪;体育老师告诫我们要雪'东亚病夫'之耻;音乐老师教唱《苏武牧羊》,'苏武留胡节不辱,雪地又冰天,忍辱十九年……'尽管曲调是那么'温柔敦厚',内心却激动不已……老师就是这样以自己对祖国的挚爱在学生灵魂深处点燃热爱祖国的火焰,激发学生的爱国主义情怀。"①

在当下全球化教育改革的背景下,对学生进行爱国主义教育还要注意以下几点:

1) 尊重世界各民族的文化,培养开放、包容的爱国情怀

在国际视野下进行爱国主义教育,要在尊重世界各民族文化传统的基础上,培养具有开放、包容性的爱国情怀,防止爱国主义变成狭隘的民族主义。在经济全球化的背景下,各国间的联系日益密切,相互依存度越来越高。要让学生知道中国的发展和进步只是世界发展和进步的一部分。"我们坚持的爱国主义同狭隘的民族主义是有本质区别的。要使人民懂得,坚持对外开放,认真学习世界各民族的长处,积极引进先进的科学技术和经营管理经验,增强我们自力更生的能力,加快祖国的发展,这本身就是爱国主义的重要内容。"②因此,教师对学生进行爱国主义教育,要有开放心态,强调全球意识,反对狭隘的民族主义和狭隘的爱国主义。

2) 尊重真实的历史,理性对待国家的现实

全球化背景下,每个国家的文化、文明都需要与其他国家的文化、文明进行相互交流、学习,吸取其他国家文化、文明中先进的东西,促进自己国家的可持续发展。因此,对学生进行爱国主义教育要强调形成一种理性精神,辩证看待各国间的文化、文明的碰撞。理性的爱国主义要做到与不同国家和民族和平共处,求同存异,互相学习,取长补短,共同发展。要告诉学生,任何国家的历史和现实,既有光辉的一面,也有阴暗的一面;自己的国家也一样,不能美化、粉饰自己国家的历史。同时,要让学生理性看待中国发展的现状,认识到当下中国的发展日新月异,在世界政治经济发展中具有重要的地位,但与发达国家仍然有很大差距。

---

① 贾本乾,王可植.中小学教师职业道德规范讲座[M].成都:成都科技大学出版社,1992:35.
② 梁金霞,黄祖辉.道德教育全球视域[M].广州:华南理工大学出版社,2007:83.

3）引导学生发愤图强、刻苦学习，为社会主义建设作贡献

对学生进行爱国主义教育，是学校德育工作的重要内容。学生对祖国的了解、认识，对祖国发自内心的爱，主要是在学校学习期间培养形成的。知之深，方能爱之切。学生爱国主义的深厚感情来自于对祖国的深刻认识。因此，培养学生爱国情感，最重要的是引导学生发愤图强、刻苦学习。只有如此，学生才能了解自己的国家、人民和政治制度，才能产生对国家和人民的爱，才能掌握为祖国和人民奋斗的本领，进而转化为实际行动——为中华之崛起而奋斗。学生要始终牢记自己是炎黄子孙，要爱护国旗、国徽、国歌，要维护国家尊严和荣誉，维护祖国统一和领土完整，要关心国家大事，关心国家的前途和命运。

案例 2-3

微型山村小学坚持升国旗[①]

福建省邵武市大埠岗镇溪上村小学，是一所只有三个人的微型小学，一位教师，两个学生。唯一的教师陈衍贞，经过一番挣扎于 2008 年来到这所闽北山区最偏僻的小学，他最终决定"既来之则安之"。陈衍贞身兼数职，不仅承担所有课程的教学，而且还承担包括校长、教导主任等一切职务。两个学生是何国香、何国华姐弟俩。

对于全校师生三人来说，最为庄严的时刻，莫过于每周一举行的升国旗仪式。旗台设在操场的一角，用水泥垒成。旗杆上面的油漆由于日照和风吹剥落得只剩下铁锈。早上 8 点钟，陈衍贞从办公室里拿出国旗，三个人开始举行升国旗仪式。

没有乐队奏响国歌，也没有国旗护卫队整齐地走过，更没有数万人前来观看，但这丝毫没有影响升国旗仪式的庄严。陈老师把国旗系在一条绿色的尼龙绳上，转头指挥两个学生："行队礼！"

一高一矮的两个学生并排站在一棵桂花树旁，强烈的阳光刺得他们眯起了眼。尽管如此，他们还是将右手举过了头顶，手掌不合规范地向上翻着，努力抬起头望着徐徐升起的国旗。有时，凝视着国旗，这两个不谙世事的孩子，眼角边会有点湿润，"就好像要流泪一样"。

[①] 转引自：教育部教师工作司.为了未来——教师职业道德读本(中小学教师分册)[M].北京：高等教育出版社，2013：42—44，有改动．资料来源：杨芳.一所学校两个娃[N].中国青年报，2009-09-30.

> 不到一分钟的时间,国旗就升到了旗杆的顶部。为了使国旗更加飘扬,陈老师用力拽了两下,在微风的轻拂下,竹竿打着旗杆"嗒嗒"作响。清晨的薄雾已经逐渐散去,白云舒展地飘浮在蓝天上。在这片满眼翠绿的山谷里,这面相当于两块枕巾大小的国旗,和下方站着的一高两矮三个人,组成了这个山区里最有意味的一幅画面。

点评:这所微型山村小学师生三人每周坚持升国旗,用行动表达了他们的爱国情感。对教师陈衍贞而言,爱国是一种信仰、信念,是支撑他扎根偏远山区投身教育的精神支柱;对两位学生而言,国家的繁荣昌盛给他们提供了受教育的机会,对国旗的尊重、爱护以及升国旗时的庄严与神圣感是他们表达爱国情感的最佳方式。

(二) 守法

《教师法》规定:"中国公民凡遵守宪法和法律,热爱教育事业,具有良好的思想品德,具有本法规定的学历或者经国家教师资格考试合格,有教育教学能力,经认定合格的,可以取得教师资格。"由以上可知,要取得中国的教师资格,必须具有中国国籍,必须遵守中国的宪法和法律,这是对我国教师最起码的要求。

《中小学教师职业道德规范》(2008年修订)中"爱国守法"这一首要内容中,对教师"守法"的规定是:教师"全面贯彻国家教育方针,自觉遵守教育法律法规,依法履行教师职责权利。不得有违背党和国家方针政策的言行。"基于此,以下从教师"全面贯彻国家的教育方针""遵守有关教育的法律规定""依法行使教育权利""依法履行教育义务"等四个方面对教师"守法"进行阐释。

1. 全面贯彻国家的教育方针

教育的目的是什么?教育的价值是什么?教育的目的不是用教育手段判断学生好坏,筛选"好学生""坏学生",是为学生提供教育资源,让他们能够以健康方式自主地提高身体素质、心理素质、知识水平和创造能力。教育的价值是促进学生全面发展,成为幸福的人。吕型伟教授提出的"人人有才、人无全才、扬长避短、人人成才"的教育理念应当成为教育的价值追求。[①] 国家以法律形式明确规定的教育方针,体现了教育的目标和价值。

《中华人民共和国教育法》第五条规定的国家教育方针是:"教育必须为社会主

---

① 杨春茂.师德启思[M].北京:人民日报出版社,2012:81.

义现代化建设服务,必须与生产劳动相结合,培养德、智、体等方面全面发展的社会主义事业的建设者和接班人。"

全面贯彻落实国家的教育方针,必须实施素质教育。所谓素质,是指人在先天生理基础上,受后天环境和教育影响,通过自身认识和实践,形成相对稳定的身心发展的基本品质。所谓素质教育,是指以提高人的思想道德素质、文化素质、专业素质、身体心理素质为根本内容和目的的教育。① 有关素质教育的理论,见仁见智,原中国科学技术协会科普研究所所长袁正光教授归纳提出的"学生人格素质",具有一定的科学性,见表2-1。②

表 2-1　学生人格素质表

素质类别	认知对象	思维方式	沟通方式	价值标准	气质特征
科学素质	客观世界	理性	事实与逻辑　晓之以理	真	理智
艺术素质	情感世界	感性	感觉与形象　动之以情	善	激情
信仰素质	心灵世界	悟性	心灵默契　抚人之心	美	虔诚
人文素质	与人、社会的关系	三性皆有	分别运用	爱	真诚

依据上表,全面贯彻国家的教育方针,实施素质教育,社会、学校、家庭都应当注重培养学生上述四个方面的素质,即人类普遍认同的价值标准:真、善、美、爱。

教师作为国家教育方针的执行者,必须具有良好的道德素质和法制意识,才能全面贯彻国家的教育方针,全面实施素质教育,培养德、智、体、美全面发展的社会主义事业建设者和接班人。

2. 遵守有关教育的法律规定

作为公民,教师要带头遵守国家法律;作为从事教育职业的公民,应当自觉遵守与自己的职业活动有关的法律,依据法律法规从事教育工作,自觉遵守教育法律法规,依法履行教师的权利和义务。

当前,与中小学教师职业活动相关的法律法规有《义务教育法》《教育法》《教师法》《未成年人保护法》《职业技术教育法》《教师资格条例》等。总体而言,以上列举的与中小学教师职业活动相关的法律法规中,关于教师职业道德主要涉及以下几个方面:

---

① 中小学教师通识培训教材编写组.中小学教师职业道德规范(2008年修订)解读[M].北京:高等教育出版社,2012:7.
② 杨春茂.师德启思[M].北京:人民日报出版社,2012:81—82.

1) 教师职业理想

教师职业理想的树立与教师职业性质有着密切的联系。《教师法》第三条规定："教师是履行教育教学职责的专业人员,承担教书育人、培养社会主义事业建设者和接班人、提高国民素质的使命。教师应当忠诚于人民的教育事业。"由以上可知,这不仅对教师职业性质做了规定,也对教师职业理想做出了原则上的规定。

2) 教师职业技能

职业道德修养不仅包括一个人的思想境界水平,还包括一个人从事某一职业所必需的能力,即职业技能。教师职业技能是教师从事职业活动必须具备的技术与能力。为了保证教师不断提高职业技能,顺利完成教育教学任务,《教师法》第七条规定："教师享有进行教育教学活动,开展教育教学改革和实验,从事科学研究、学术交流,参加专业的学术团体,在学术活动中充分发表意见的权利。"为此,各级人民政府、教育行政部门以及学校和其他教育机构,应该为教师职业技能的提高创造条件,履行以下职责：

(1) 提供符合国家安全标准的教育教学设施和设备。

(2) 提供必需的图书、资料以及其他教育教学用品。

(3) 对教师在教育教学、科学研究中的创造性工作给予鼓励和帮助。

(4) 支持教师制止有害学生的行为或者其他侵犯学生合法权益的行为。

教师应该不断提高自己的职业技能,保证自己的权利能够得以实现。

3) 教师职业纪律

职业纪律是劳动者必须遵循的行为规范。不同的职业有不同的纪律要求,教师职业纪律的基本要求可以归纳为以下几类：

(1) 遵守教学时间的规定,不迟到,不拖堂。

(2) 遵守教学计划的规定,按时完成教学任务。

(3) 遵守教学态度的规定,认真备课、上课、批改作业,认真开展课外活动。

(4) 遵守禁止体罚和变相体罚的规定,不打骂学生,不乱罚款,乱收费,等等。

教师如果违反了职业纪律,那么就应该受到惩罚。《教师法》第三十七条规定,教师有下列情形之一的,由所在学校、其他教育机构或者教育行政部门给予行政处分或者解聘：

(1) 故意不完成教育教学任务给教育教学工作造成损失的。

(2) 体罚学生,经教育不改的。

(3) 品行不良、侮辱学生,影响恶劣的。

教师有第(2)(3)两项所列情形之一,情节严重,构成犯罪的,依法追究刑事责任。

案例 2-4[①]

有一天,有位老师想主动在放学后给学生加一节辅导课。他刚一宣布,一位被同学们称为"老顶"的同学就站起来大声说:"老师,我累了,头疼,我想回家。"接着不停地敲起了桌子。这位老师很生气,走过去把"老顶"拉出教室,强压怒火问他为什么这么做。"老顶"理直气壮地说:"我们累了,您干嘛占用我们的课余时间?我想回家休息。"听了"老顶"的话,这位老师愣住了。

案例 2-5[②]

有位小学教师在放寒假前给学生规定:期末考试时每错1道数学题,要在假期中每天罚做100遍,这位教师所教班级一位学生考试时错了5道题,因此他每天要罚做500遍,21天的假期,总共要做10500遍,再加上学校布置的其他寒假作业,数量惊人。这位小学生没有完成作业,心中害怕,开学第一天跳山自杀身亡了。

案例 2-6[③]

对某地6所中小学592名学生的问卷调查发现,受过体罚或变相体罚的学生所占比例达45%。体罚形式归结起来主要有三类:第一类是直接伤害学生身体,第二类是侮辱学生人格,第三类是变相体罚,如罚多做作业,罚在校劳动等。

教师体罚学生,后果不可小觑。根据教育规律和人的成长规律分析,体罚学生至少会造成以下几种后果[④]:

[①] 杨春茂.师德启思[M].北京:人民日报出版社,2012:84—85.
[②] 杨春茂.师德启思[M].北京:人民日报出版社,2012:86.
[③] 杨春茂.师德启思[M].北京:人民日报出版社,2012:87.
[④] 杨春茂.师德启思[M].北京:人民日报出版社,2012:88—89.

（1）学生的身体健康权和人格尊严受到侵犯，影响学生身心健康发展，使学生产生无助感和羞辱感，从而对人、对社会变得冷漠甚至敌视。

（2）一个学生涉及师生关系、学校与学生的关系、家长与学校、家长与教师多重关系，体罚会引起学生与学校和教师的对立，甚至会出现学生或家长报复学校，学校正常的教育秩序受到干扰，伤害教师等严重后果。

（3）体罚学生的教师违背了相关的法律规定，要承担相应的法律责任以及受到行政处理等相应的处理，对教师的工作和个人成长、个人发展不利。

（4）因体罚学生引起的法律纠纷，使有关国家机关特别是教育行政部门、学校要为解决这些纠纷付出人力、时间、精力甚至物力，增大了社会管理成本。

（5）教师用违法的手段处理学生中出现的问题，一方面让学生认为教师不懂法或者知法犯法，影响教师威信；另一方面，教师的这种言传身教，向幼小的学生发出错误的信息，使他们认为暴力可以解决问题，容易影响学生无视法律而成为法盲。

（6）体罚容易使学生为了逃避惩罚而说谎，而且这种说谎多次重复，成为习惯后会影响学生的一生。

自觉遵守法律法规，在自己的职业生活中避免体罚学生之类的违法行为，应当成为我们每位教师依法执教的自觉行动。

3. 依法行使教育权利、依法履行教育义务

依据《教师法》规定，教师在从事职业活动的过程中应依法行使教育权利，并且依法履行教育义务。

1）依法行使教育权利

教师的权利，是指法律规定教师在履行教育教学职责时，必须享有的权益。《教师法》第九条规定教师享有以下权利：

教师享有的权利

（一）进行教育教学活动，开展教育教学改革和实验；

（二）从事科学研究、学术交流，参加专业的学术团体，学术活动中充分发表意见；

（三）指导学生的学习和发展，评定学生的品行和学业成绩；

（四）按时获取工资报酬，享受国家规定的福利待遇以及寒暑假期的带薪休假；

（五）对学校教育教学、管理工作和教育行政部门的工作提出意见和建议，通过教职工代表大会或者其他形式，参与学校的民主管理；

（六）参加进修或者其他方式的培训。

（资料来源：《中华人民共和国教师法》）

2）依法履行教育义务

教师的义务，是指法律要求教师在从事教育教学活动中作出或不作出一定行为，是对教师一定行为的约束。规定教师义务的目的在于促使教师忠实地履行自己的法定义务。《教师法》第九条规定教师必须履行以下义务：

教师应履行的义务

（一）遵守宪法、法律和职业道德，为人师表；

（二）贯彻国家的教育方针，遵守规章制度，执行学校的教学计划，履行教师聘约，完成教育教学任务；

（三）对学生进行宪法所确定的基本原则的教育以及思想品德、文化、科学技术教育，组织、带领学生开展有益的社会活动；

（四）关心、爱护全体学生，尊重学生人格，促进学生在品德、智力、体质等方面全面发展；

（五）制止有害于学生的行为或其他侵犯学生合法权益的行为，批评和抑制有害于学生健康成长的现象；

（六）不断提高思想政治觉悟和教育教学业务水平。

（资料来源：《中华人民共和国教师法》）

案例 2-7

道德、权利与责任[①]

小王是某市某小学的一名美术教师，1992年被分配到该校工作。年轻人刚走上工作岗位，工作热情特别高，再加上以三年师范学校专业课的学习与职业技能的训练为基础，他很快适应了学校的教学工作，曾连续两年在市、区公开举行的教学技能比赛中，取得了很好的成绩。

工作几年以后，小王开始对学校领导家长式的管理作风感到不满。但是并未与领导产生严重的摩擦。在工作上还是积极肯干，各方面的表现都很出色。并且经过几年刻苦努力的学习，还取得了高等学校函授教育本科

---

① 教育部师范教育司. 新世纪教师职业道德修养[M]. 北京：教育科学出版社，2002：122—125.

的学历。但是,小王并未就此感到满足,他想脱产学习,继续到高等学校深造。目前,我国中小学教师管理制度非常严格,因此他的想法很难得到学校的认可。怎样才能获得脱产学习的机会,小王始终没有想到一个好的办法。在小王的单位有一位姓李的老师,其实身体没有病,但是后来以身体有病为由,连续向学校请了6个月病假以后,便办理了停薪留职的手续,此后一直没有上班,整日在外面做买卖。小王听说以后,感到这个主意不错。因此,他准备模仿李老师办理停薪留职的手续,那么自己就可以获得进一步学习和深造的机会。于是他趁着自己有病的时机,开始向学校递交病假条。过了几个月,学校领导发现苗头有点不对,对他请的病假开始产生了怀疑,于是打电话对小王说:"如果你有什么想法,尽管直说,学校会尽力帮助你的。"小王接到电话后,心想自费进修对于学校来说也是一件好事,况且校长以前一直对他也不错,倒不如跟校长直接谈明自己的想法,也许会得到校长的同意与支持。

一天,小王硬着头皮找到了校长,把自己的想法原原本本地向校长说了,当时校长并没有做出任何答复。第二天,校长托人转告小王必须做出最后的选择:一种选择是回学校上班,另一种选择是和学校脱离关系。小王想来想去这两条路都不适合他选择。其一,回学校上班他交的学费就会全部作废,况且他不想轻易地失去好不容易获得的进修的机会;其二,他也不想与学校脱离关系,进修结束后还想回学校工作。为了提高自身素质,决定继续进修下去。

于是小王把自己的决定告知了学校,并且仍然和往常一样继续去进修。过了一段时间以后,小王接到了由单位同事转交给他的调离单位的通知,这使他感到很突然。于是小王又找到校长,想问明原因。校长给予的答复是,因为你很长时间没有上班,所以学校对你做出了调离学校的决定。并扣发你没有上班以来的8个月工资。

对此,小王感到非常茫然,不知自己进修错在哪里。

点评:

学校在处理此事件的过程中有许多不妥之处:

首先,学校并没有从保护教师的权利与利益出发,耐心去做小王的思想工作,经商讨找到解决问题的最好办法;其次,学校对小王做出扣发8个月工资并调离原工作单位的决定,缺乏法律依据。

学校在处理此事件时应注意以下几点:

首先,学校应该依据《教师法》的规定,鼓励教师参加各种形式的进修和培训活动,并为教师个人的学习与发展创造积极的、有利的条件;其次,学校应把此情况及时反映给上级主管部门,由主管部门依据有关规定,对小王做出处理决定;最后,学校应该把处理结果及时告知小王本人。

小王进修的起始愿望是好的,并没有违背教师职业道德规范的要求,也没有违犯国家法律法规。而且教师就应该有不断进取的精神,这是提高教师职业道德修养的前提之一。但是小王解决问题的方式不尽合理:其一,小王的脱产进修未经学校允许;其二,小王的进修学习与学校教学工作发生冲突;其三,小王虚开病假条,不符合教师职业道德规范的要求。

小王要获得进修的权利要注意以下几点:其一,不能影响学校的正常教学工作;其二,应争取得到学校的同意;其三,要选择适当的时间与进修形式;其四,要有法制意识,既不能违法犯法,又要学会用法律的武器来保护自己正当的、合法的权利。

二、爱岗敬业

(一) 爱岗敬业的内涵与要求

1. 爱岗敬业的内涵

爱岗敬业是教师职业道德规范的重要内容之一,是处理教师个体与教育职业之间关系的准则。爱岗敬业是爱岗与敬业的总称。所谓爱岗,是教师对自己工作岗位的热爱,安心从事本职工作,有强烈的使命感和责任感,并能稳定、持久、恪尽职守地做好教育教学工作。所谓敬业,是指教师认识到了自己本职工作的道德价值和社会意义,具有从事本职工作的荣誉感和自豪感,从而专心致志、兢兢业业地从事教育教学工作。

爱岗与敬业之间有着密切的关系。爱岗是敬业的基础,敬业是爱岗的升华。爱岗与敬业互为前提,相辅相成。

2. 爱岗敬业的要求

《中小教师职业道德规范(2008年修订)》中,爱岗敬业的具体要求是:"忠诚于人民教育事业,志存高远,勤恳敬业,甘为人梯,乐于奉献。对工作高度负责,认真备课上课,认真批改作业,认真辅导学生。不得敷衍塞责。"

以上"爱岗敬业"这一教师职业道德规范的具体内容,是从三个不同层次对教师职业道德提出的要求：第一个层次是对教师爱岗敬业的总体要求，教师要对本职工作高度负责。要求教师胸怀远大理想，有献身教育的高尚情操；有辛勤耕耘，甘为人梯，为人民服务的精神。第二个层次是对教师教育教学行为及表现提出的具体要求，即认真履行教学职责，包括认真备课、上课，认真批改作业，认真辅导学生等。第三个层次是对教师从事教育教学工作态度的要求，即要树立良好的职业精神；也是对教师爱岗敬业工作评价标准的要求——不得敷衍塞责。

在现实生活中，从教师个人对待教育职业的情感和态度倾向性角度，我们将爱岗敬业的职业道德境界划分成四个层次——厌教、功利、热爱、乐教。此四个层次不仅代表着四种不同的职业情感和态度，也是教师爱岗敬业道德境界由低到高不断发展向上的四个阶段。具体内容如下：

1）第一个层次，厌教

"厌教"是教师职业道德境界的最低层次。在现实生活中，有少数教师对教育工作没有任何兴趣，甚至充满厌恶和反感。他们因种种原因误入教师行业，而暂时滞留于教师队伍之中。他们认为不是他们选择了教师职业，而是教师职业选择了他们。他们履行教师职责和义务完全是出于外在的压力，教师职业道德规范对他们来说是一种令人讨厌的、不得不遵守的戒律。他们对待教师职业的态度是轻蔑、无奈，缺乏起码的敬重感。

2）第二个层次，功利

"功利"是教师职业道德境界的较低层次。当今社会条件下，有些人从事教师这一职业的直接目的是为了满足个人利益，具有很强的功利性。从职业态度上讲，围绕着功利目的的实现，他们或许是敷衍塞责、得过且过的，或许是认真的。从职业情感上讲，支配他们的不是情感，而是功利，他们或许心存反感，或许也有些喜欢。因为这部分人对职业的敬重感完全取决于功利目的实现的程度，所以他们把师德规范理解为外在的、必要的约束，在行为表现上具有不稳定性。

3）第三个层次，喜欢

"喜欢"是教师职业道德境界的较高层次。处于此师德境界的教师对所从事职业的社会意义有了较深刻的认识，并且愿意为实现自己的人生价值而努力做好教师工作。他们在教育教学活动中能够履行教师职业责任和义务，体现出较强的自觉性、主体性和自律性，是因为他们对教师职业的规章制度和原则等能够认同，且内化于心，已经对教育事业心存敬重。

4）第四个层次，乐教

"乐教"是教师职业道德境界的最高层次，即爱岗敬业。进入此师德境界的教师,他们对教育工作的伟大意义有全面、深刻的认识,发自内心地热爱教师这一职业。

在教育教学过程中,这些教师勤勤恳恳,刻苦钻研,求实创新,内心得到极大的满足,甚至达到以苦为乐、以苦为趣的职业道德境界。这类教师的职业行为已经成了对教师职业道德规范和原则的最好诠释。

以上四个层次的教师爱岗敬业职业道德境界,第一层次是应当坚决唾弃和否定的,第二层次应在承认其合理性的同时自觉超越,第三层次是应当积极肯定和倡导的,第四层次是教师一心向往并努力追求的。

(二) 爱岗敬业的意义

爱岗敬业精神既是每一种职业道德的基本导向,也是每一种职业道德的核心,这是社会和国家大力提倡爱岗敬业的主要原因。教师的爱岗敬业对教育工作的顺利进行、教育事业的发展都有极其重要的意义。

1. 爱岗敬业是社会主义道德要求在教师职业上的具体体现

工作者都具有爱岗敬业的精神,是社会主义的道德要求。教师是社会主义建设的重要成员,理应践行爱岗敬业的职业道德规范。社会主义道德要求教师不能玩忽职守,不能好高骛远,不能损害教师职业声誉,不能损害教育事业和社会的整体利益。教师与其他各行各业的从业人员一样,拥有自己的职责和义务,通过履行教学职责,教师为人民服务,为社会承担责任和义务。[①] 因此,教师对待教育事业的态度,实际上是教师对待国家、社会和人民的态度。

2. 爱岗敬业是保持教师队伍稳定的基础

保持高素质教师队伍稳定、持续地发展,是教育事业发展的前提和基础。保持教师队伍的稳定是一个系统工程,其中最重要的一环是教师个体的职业道德修养。只有当教师们都具有了爱岗敬业精神,才能任劳任怨,奉献并忠诚于教育事业,教师队伍的稳定才有了可靠的保障。

教师队伍的稳定是发展教育事业的手段,而不是目的。教师队伍的稳定可以通过用人制度的呆滞僵化保持,但是对培育人才、发展教育事业却益处不大。通过僵化管理将那些对教书育人毫无兴趣,对教育工作缺乏热情,对教育事业缺乏敬重感的教师留在岗位上,他们会因"心猿意马""身在曹营心在汉"而培养不出社会需要的优秀人才。因此,加强师德建设,培养教师的爱岗敬业精神,让教师具有职业责任感、义务

---

① 朱明山.教师职业道德修养——规范与原理[M].北京:华龄出版社,2006:118.

感、自豪感、荣誉感,才是稳定教师队伍的正确选择。只有教师具有了爱岗敬业精神,任何不义之利、不当之欲的引诱,任何社会"潮流"的冲击,才不能动摇和消解教师坚定的教育信念和追求。所以说,爱岗敬业是保持教师队伍稳定的基础。

需要特别强调的是,在爱岗敬业精神基础上教师队伍的稳定是一种开放式的、高层次的稳定。因为有了爱岗敬业的精神,教师能自觉地加强自我修养,使自身素质合乎教师职业活动的要求,从而不断完善、发展自己。因此,爱岗敬业精神基础上教师队伍的稳定,完全不同于呆滞僵化形式化的稳定,是发展性的稳定。

3. 爱岗敬业是乐教勤业的动力源

教育工作是平凡、琐碎的工作,教师日复一日,年复一年,备课、上课、批改作业、管理班级……这种重复性劳动单调缺乏新鲜感。并且从目前来看,教师的社会地位和工作收入相对来说还比较低,社会上对此行业还存在某些偏见。那么,教师淡泊名利、勤于奉献、默默耕耘的内在动力是什么呢?毫无疑问,是教师对教育事业的热爱,即爱岗敬业精神。

爱岗敬业精神使教师摒弃了庸俗的价值观,摆脱世俗的偏见,义无反顾地投身于教育事业,忠于职守,以奉献为乐趣,为国家、社会培养了一批又一批人才。

因此,爱岗敬业精神是教师乐教勤业的动力源。在爱岗敬业精神的鼓舞下,"乐教"的情感体验和"勤业"的行为表现,会使教师模糊生活与工作的界限,时时处处以教育者的标准严格要求自己;会使教师模糊个人利益的得失,以他人、集体利益为重,自觉主动、创造性地担负起教书育人的职责,履行教育义务。所以,培育爱岗敬业的精神是提高师德修养的关键一环,它既是教师职业道德的基础,也是促进教师不断进步的动力源泉。

 阅读资料①

教师爱岗敬业有着特别重要的意义。这是因为,教师的职业不同于其他任何职业:

第一,其他职业的工作对象往往是物,是机械的无生命的物体(质);而教师的工作对象是人,而且是生动活泼的正在成长中的儿童青少年,他们有主观能动性,有自身发展成长的规律。

---

① 中小学教师通识培训教材编写组.中小学教师研修读本[M].北京:高等教育出版社,2012:8—9.

> 第二，其他职业的工作大多要使用某种工具作用于对象，而教师更重要的是依靠自身的知识魅力和人格魅力来影响学生。
>
> 第三，其他职业可以允许产生废品或次品，而教师的职业不允许出现次品，更不能出现废品，教师要把每个学生都培养成才。
>
> 第四，其他职业总是为今天的社会服务，而教师的职业是为未来社会服务，培养未来社会的领导人才、建设人才。教师是人类知识的传授者、智慧的启迪者、情操的陶冶者、心灵的铸造者。正如上海特级教师于漪所说："教师的责任非比寻常，它寄托着祖国的期望，人民的嘱托。国家将自己的未来，托付在教师肩上，这是对我们教师极大的信任；家家户户把自己的希望，交付给教师培养，这是对我们教师的高度信赖。教师的责任大如天，使命重如山，一个肩膀挑着学生的现在，一个肩膀挑着祖国的未来。今天的教育质量，就是明天的国民素质。"

（三）爱岗敬业的要求[①]

爱岗敬业是社会主义教师职业道德的最基本要求，教师要在教育实践中培养爱岗敬业精神应从以下几个方面做出努力。

1. 教师要有职业认同感

教师职业认同是指教师对职业的性质、内容以及教师职业的社会价值和个人意义的认可。教师在心中认为教师职业有价值、有意义并能从中找到乐趣的一种过程和状态，就是教师职业认同的状态。[②]

其一，教师职业认同有利于入职阶段的教师形成职业道德。每位教师入职前，所经历的师范类培训或为取得教师资格证书所进行的学习，会让教师对教育职业、职业规范有一定的认识，即积累一定的"职业道德资本"。但是，刚入职的新手教师还不能很好地把握职业规范和实践之间的联系，不能适应学校的职业环境。认同教师职业的新手教师对学校日常教学事务有较快的接受能力，能更快地适应并熟悉学校环境。认同教师职业的新手教师在教育教学活动中能恪守教师职业道德规范，自觉表现出对职业岗位的热爱，体验做教师的快乐。

---

① 参见教育部教师工作司.为了未来——教师职业道德读本（中小学教师分册）[M].北京：高等教育出版社，2013：74—107.

② 刘富喜.教师职业认同的指向和态势[J].当代教育论坛（学科教学研究），2007(9)：64—65.

其二，教师职业认同有利于教师职业道德的发展。职业认同是教师对从事教育职业的内在积极的情感体验，这有助于教师主动性和创造性的发挥。教师在工作中保持了愉悦的情感，自然会优化自己的教育教学，不断丰富自身，提高自身能力，加强自身职业道德修养。因此，教师的职业认同感间接地促进了教师职业道德的发展。

其三，职业认同能够帮助教师度过职业受挫阶段，保持良好的师德修养。教师日复一日，年复一年，备课、上课、批改作业、管理班级，这种平凡、琐碎的工作让教师难免出现烦躁情绪，再加之职业发展中的不顺利，会导致教师产生挫败感或职业倦怠心理。有些教师会渐渐接受停滞不前的职业生涯，在循规蹈矩中度过余下的工作时光。但是，有职业认同感的教师会努力寻求突破，从挫败或倦怠的情绪中走出。因此，职业认同能将教师的消极情绪转移，使教师继续坚守在教师岗位上。

2. 教师要认识到职业的价值

什么是"价值"，学者们见仁见智。目前普遍认可的观点是，"价值"是现实的人同满足某种需要的客体的属性之间的一种关系。价值同人的需要有关，但它不是由人的需要决定的，价值有其客观基础，这种客观基础就是各种物质的、精神的现象所固有的属性。但价值不单纯是这一种属性的反映，而是标志着这种属性对于个人、阶级和社会的一定的积极意义，即满足人们的某种属性需要，成为人们的兴趣、目的所追求的对象，[1]正如马克思在《评阿·瓦格纳的〈政治经济学〉教科书》一文中指出的："价值"这个普遍的观念是从人们对付满足他的需要的外界物的关系中产生的。[2]

按这一观点定义教师职业的价值，就是指教师职业能够满足人和社会需要的程度，即教师职业对于人的生存、生活和发展以及社会进步所具有的积极意义。关于教师职业的价值，最普遍的一种分法就是将其分为社会价值和主体价值两个基本方面。[3] 教师职业的社会价值是指对于社会、对于服务对象等的意义，体现了教师对社会需要的满足，是教师所承担的社会责任、义务、使命以及社会贡献，它强调的是教师怎样表现自己的价值，使自己成为一个有益于他人和社会的人。教师的主体价值则是教学专业对于教师自身的意义和内在价值，体现了教师通过特殊劳

---

[1] 中国大百科全书编辑部. 中国大百科全书·哲学卷[M]. 北京：中国大百科出版社，1987：345.
[2] 中共中央马克思、恩格斯、列宁、斯大林著作编译局. 马克思恩格斯全集（第19卷）[M]. 北京：人民出版社，2006：406.
[3] 阮成武. 主体性教师学[M]. 合肥：安徽大学出版社，2005：77.

动对自身各种需要的满足,它强调的是教师如何在自身的教学行为与专业实践中,维持尊严、满足需要、实现自我价值等。① 关于教师职业的价值,唐代的韩愈在《师说》开篇第一句揭示为:"古之学者必有师。"在中国社会主义现代化建设过程中,邓小平一再强调教师的价值,他说:"一个学校能不能为社会主义建设培养合格的人才,培养德智体全面发展、有社会主义觉悟的、有文化的劳动者,关键在教师。"因此,教师职业的价值是重大的。教师充分认识到了这一点,就会爱岗敬业,树立为教育事业奋斗终生的信念。

 阅读资料

叶澜教授对教师价值的体会②

叶澜教授在上海市名师讲坛演讲时讲了一段发人深省的话:

我出生在一个普通的教师家庭,从小时候跟着父亲上学起,就对教师这个职业有了一份尊敬,天天看着小朋友对着父亲喊"老师好!",童年时的我心中也添了一份自豪与羡慕。这种情感日积月累,稍懂事后就下决心当老师。高中毕业的化妆晚会上,我装扮成苏联电影《乡村女教师》中的瓦尔娃娜;在报考大学的志愿表上,我毫不犹豫地把六个志愿都填了师范大学,并把华东师范大学教育系作为第一志愿。当时的主导动机是:我既然喜欢当教师,就要当一名出色的教师;要当出色的教师,就必须学习和研究教育的问题。我还清晰地记得42年前这一选择如愿时的欢喜。此后,我与教师就结下了不解之缘:从教育系的学生到教师,从年轻教师到老教师,一步步地走过来,不知不觉之中,已经过去了近40年。与此同时,自己对教师职业的认识,也随着年龄、阅历、时代的变化与职业实践的积累而不断变化。但无论怎么变,我对这一选择不仅无怨无悔,而且十分庆幸。我已深深地体会到:教师,是一种使人类和自己都变得更美丽的职业,是一种使每个从事并愿尽力做好这份工作的人,不断去学习、充实和发展自身的职业,是一种不仅具有越来越重要的社会价值,而且具有内在的尊严与欢乐的职业。

---

① 王怡.冲突与认同视域下的教师职业价值[J].内蒙古师范大学(教育科学版),2009(3):154.
② 唐凯琳,刘铁芳.教师成长与师德修养[M].北京:教育科学出版社,2007:54.

3. 教师要克服职业倦怠

> **案例 2-8**[1]
>
> "教书教到现在,我只会教书了,甚至书也教不好。"
>
> "工作这么多年,我明显感受到自己的才思在衰减,总担心有一天无法再胜任教书育人的工作。"
>
> "同事里有这种感觉的人并不少,而且大家现在的情绪普遍焦躁。"
>
> （一位有13年教龄的初中语文老师的感受）

以上此位教师的这种身心俱疲的苦楚、焦虑以及被"抽空"的感受,正是职业倦怠的典型症状。

美国心理学家弗登伯格首次采用"倦怠"一词,描述助人行业中的个体所体验到的一组负性症状,如长期的情感耗竭、身体疲劳、工作卷入程度低、对待服务对象采取不人道的态度以及工作成就感降低等。学者们从不同的角度来论述"职业倦怠",但没有任何一种定义是大家所公认的。大多数学者认为,职业倦怠者通常具有以下几个特征:身体和情绪的耗竭,社会失调行为,尤其是对工作对象的疏离,心理损害特别是指向自我的强烈消极情绪,组织无效能感。

> **阅读资料**[2]
>
> 对"职业倦怠"的不同定义,体现了研究者对职业倦怠的不同认识。综合有关学者对"职业倦怠"所下的定义,可以归纳为如下几类:
>
> (1) 成因观。职业倦怠是指服务于助人行业的人因工作时间过长、工作量过大、工作强度过高,并且无视自己的个人需要而引起的一种疲惫不堪的状态。
>
> (2) 过程观。在长期的压力下,个人在工作中可能开始产生退缩或不愿意投身于工作的情绪,最后导致了身体、情绪及工作状态方面的耗竭,即形成倦怠。

---

[1] 伍新春,张军.教师职业倦怠预防[M].北京:中国轻工业出版社,2008:33.
[2] 伍新春,张军.教师职业倦怠预防[M].北京:中国轻工业出版社,2008:31.

(3) 症状观。以"人"为工作对象的工作者,经常要面临一些不确定感,而且经常将情感投入工作对象的身上。因此,他们的情绪和精力极易变得枯竭,产生精疲力竭、身心枯竭等一系列症状。

教师是职业倦怠的高发群体,教师职业倦怠是职业倦怠研究的重要领域之一。目前,教师职业倦怠仍没有公认的定义,但多数研究者已形成共识,认为教师职业倦怠是教师不能顺利应对工作压力的一种极端反应,是教师在长期高水平的压力体验下产生的情感、态度和行为的衰竭状态。其典型症状是工作满意度低、工作热情和兴趣的丧失及情感的疏离和冷漠。① 教师体验到职业倦怠之后,其教学准备的充分性和积极性降低,容易对学生失去耐心和爱心,对工作的控制感和成就感下降,甚至其婚姻、家庭、人际交往等也会受到影响。

教师职业倦怠的表现是多维的。研究发现,经受着职业倦怠的教师往往会有身体、智力、社会、情绪和精神等方面的症状。

阅读资料 ②

许多心理学家研究表明,职业倦怠一般具有以下六大特征:

特征一,生理耗竭。这是职业倦怠的临床维度,主要表现特点是感到持续性的精力不充沛、极度疲劳和虚弱,对疾病的抵抗力下降,并可能出现一些身心症状,比如头疼、腰酸背痛、肠胃不适、失眠、饮食习惯的改变等,严重的还会导致精神疾患。

特征二,才智枯竭。这是职业倦怠的认知维度,个体会感觉到一种空虚感,有一种被掏空的感觉,会觉得自己的知识已经没有办法去满足工作的需要了,思维效率下降,注意力不集中,不能够很好地去适应当代的知识更新。

特征三,情绪衰竭。这是职业倦怠的压力维度,也是职业倦怠最显著的一个特征,主要表现在工作热情消失了,并会表现出许多情绪上的特点,比如烦躁、易发脾气、易迁怒于人,对人冷漠无情、麻木不仁、没有爱心,甚至沮丧、抑郁、无助、无望,直至消沉。

---

① 曾玲娟,伍新春. 教师职业倦怠研究综述[J]. 辽宁教育研究,2003(11):44—47.
② 伍新春,张军. 教师职业倦怠预防[M]. 北京:中国轻工业出版社,2008:34.

> 特征四,价值衰落。这是职业倦怠的评价维度。主要表现是,个人的成就感下降,同时自我效能感、自我评价也在降低,个人觉得自己没有能力去做好工作。对自己所从事工作的意义的评价也在下降,觉得工作没有意思,对待工作变得机械化,然后出现一系列工作的问题。这样一种挫败感会使职业人减少心理上的投入,不再去付出努力了,会出现消极怠工,甚至出现离职或者转行的倾向。
>
> 特征五,非人性化。这是职业倦怠的人际维度,会直接影响到人际交往质量,其特征就是以一种消极、否定和冷漠的态度去对待自己周围的人,甚至是对待与自己关系非常亲近的人,包括家人或者一些好朋友。这些人表现出多疑、猜忌,同时对别人充满了一种批判性。
>
> 特征六,攻击行为。这是职业倦怠的外显维度。攻击行为一般来说有两种情况:一是对别人的攻击行为会增多,人际摩擦增多,会在极端的情况下出现打骂无辜者的情况。比如说,有的人在公司里受了老板的气,回家可能就会拿老婆、孩子"开刀",去找"替罪羊"。二是他的攻击并不是指向外人的,而是指向自身,出现自残行为,甚至在极端的倦怠情况下还出现自杀。

因此,无论是从教师职业道德修养的角度,还是从教育事业发展的角度出发,都应该重视教师职业倦怠这一问题,充分认识教师职业倦怠的表现、危害以及成因等,并努力寻求积极有效的干预措施。

有效预防教师职业倦怠的途径,有以下几个方面[①]:

(1) 改变思维方式。人们在长期的生活中会形成自己习惯的思维方式,这种方式一经形成便不易被改变,这也是导致我们自己看问题局限的原因。思维方式决定了我们生活、学习和工作的质量和效果。随着年龄的增长,阅历的增加,我们形成的思维方式便有了潜意识里保护自己的功能。当我们遇到一种新的方式方法时,潜意识会帮我们排斥它,来"保护"我们已有的思维。固化的思维方式往往导致我们无法从职业倦怠的循环中走出来,我们认为自己倦怠了,然后一直倦怠下去,没有思考过怎么样改善当前的状况。改变思维方式有利于消除职业倦怠。

(2) 倾诉。及时宣泄,找人倾诉。教师更容易被人际关系问题、情绪问题、感情问题、心理压力问题等所困扰。而且这些问题也不是吃药就可以解决的,最好的排解

---

① 伍新春,张军.教师职业倦怠预防[M].北京:中国轻工业出版社,2008:123—125.

方法就是宣泄。当你被悲伤、愤怒、急躁、烦恼、怨恨、忧愁、恐惧等情绪所占据时,可以大声地喊出来或哭出来,同时要勇于向亲友倾诉、唠叨,在他们的劝慰和开导下不良情绪便会慢慢消失。

(3) 放慢工作速度。如果你被紧张的工作压得喘不过气来,最好立即把工作放一下,轻松休息一下,可能你会做得更好。同时,还要注意合理地安排作息时间,比如严格执行自己制定的作息制度,使生活、学习、工作都能有规律地进行。有的医生认为,将承担的压力于一段时间后适时地放下并好好休息一下,然后再重新拿起来,如此才能走得更好。

(4) 保持一颗平常心。要永远保持一颗平常心,不要与自己过不去,把目标定得高不可攀,凡事需量力而行,随时调整目标未必是弱者的行为。职业女性尤其要注意及时自我调节,因为过于沉重的心理压力必将损害健康,出现头晕、偏头痛、失眠、痛经、月经不调等症状。

> **案例 2-9**[①]
>
> 全国优秀教师、陕西省延长县罗子山乡下西渠小学的王思明,全身心投入教育事业,在偏僻地方播撒文化种子,推进社会进步。
>
> 他深有感触地说:"要将那些缺少文化影响,缺乏纪律和行为约束的山村孩子培养成有用的人才,确实太难了。我以前有个学生,入学前常常一个人坐在地上一言不发,一动不动。有天我问他:你在看什么?他说:什么也不看。那你想什么?他说什么也不想。那你坐在这儿做什么?他翻着白眼,说不出来。这个学生在我建立的学校上学一段时间后,有一年暑期,北京来人到我校考察,在村里采访正好碰到了他,同他进行了交谈。我们从记者拍摄的那段录像中可以看到这个当年几乎是一张白纸、一片空白的学生产生了多么大的变化。"
>
> 记者:你上几年级?
> 学生:刚考上初中。
> 记者:你考了多少分?
> 学生:141 分。

---

① 杨春茂.师德启思[M].北京:人民日报出版社,2012:103—105.

记者：多少分录取？

学生：90分。

记者：你们学校最高的考多少分？

学生：189分。我是中等水平。

记者：你对王思明老师印象最深的是什么？

学生：我开始数学差，王老师教会我"溯导法"，不仅解应用题速度快，而且准确度高，现在我还能教给小弟弟小妹妹们。王老师在洛阳住院，还写信告诉我说，山里的孩子并不比城里的孩子笨，只要努力，同样是会有出息的。

记者：你将来想干什么？

学生：走出黄土地。

记者：为什么要走出黄土地？

学生：因为这里贫穷、落后。

记者：你怎样才能走出黄土地？

学生：我要好好学习，掌握更多的知识。

记者：你走出黄土地后怎么办？

学生：回到黄土地。

记者：为什么要回到黄土地？

学生：为了更好地建设黄土地。

……

王思明老师说："这不是谁教这个孩子说的，是他自己的真实想法。我相信看了这段话的人们都会很高兴。14岁的孩子能有如此高的境界，说明我针对农村孩子的特殊教育方法是科学的、有效的。这正是我从教多年来所追求的。"

王思明老师说："我在办学的同时，还充分利用学校这块文化阵地，向当地群众渗透现代文明。20世纪70年代，我用学生们勤工俭学得来的50元钱，给学校买回一口自鸣钟，全村人都跑来看稀奇，我就给大家讲自鸣挂钟的原理，激励大家对学好文化、过上富裕生活产生美好憧憬。接着，我又给学校买回了可以对讲、收音、扩音和电唱的四用机。接通各户的有线广播，把学生朗朗的读书声，传送到每户每家，既激发学生的学习兴趣，又让家长了解孩子们的学习情况，密切了学校教育与家庭教育的联系。1976年，我用学校种土豆收获的50元钱,买回高音喇叭,第一次使下西渠人听到了大山外的声音。1989年,我又从西安买回一台风力发电机,使在小煤油灯浑浊的光线下生活了多少辈的下西渠人,终于见到了电灯。后来我把20英寸彩电带回学校后,小山村更热闹了,每当夜幕降临村民们就争先恐后地聚集在学校看电视,了解山外五彩缤纷的世界。"

从1971年算起,王思明所在学校共有18届近百名学生毕业,全部升入初中;有30名毕业生取得了大中专文凭,其余的也都因为在校期间学到一门农业科学技术,成为当地经济建设的带头人。其实,每一个师德高尚的教师,其影响力不只局限于学生学业的范畴,教师的事业,应当成为推动社会发展的伟业。

点评:中国是一个农业大国,大部分中小学教师工作在农村学校。对广大农村教师而言,教师的爱岗敬业不仅表现在学校里,还表现在他们的爱岗敬业所体现出来的社会价值上。

正如王思明所说:"我认为,作为乡村教师,我的爱岗敬业,不仅要敬学校教育事业,更要敬社会发展之业。我的办学经历,也使人们看到了教育对山区经济建设和社会发展的辐射力,看到了山村学校的社会功能。"

王思明老师的爱岗敬业,不仅向社会展示了一位教师的人生价值,也让我们看到了一位教师的社会伟力。正是因为王思明老师爱岗敬业,他在山沟里办了一所学堂,通过学校把文明带进山沟沟,影响了处于麻木状态无所追求的几代人,培养了一批批人才,造福了一方水土。

三、关爱学生

没有爱就没有教育,爱是教育的灵魂。传道、授业、解惑只是教师职责的一部分,教师职责首先表现在引领学生实现源于精神内部的、具有个性色彩的社会化过程,激励他们去追求更完善、更美好的自我,这要求教师在整个教育过程中时刻关爱学生。关爱学生既是教师的职业要求,也承载着全社会的期望。更为重要的是教师的关爱使中小学生在受教育过程中获得安全感、归属感,从而形成良好的道德品质并能全身心地投入学习中去。因此,教师的关爱是学生成长的力量之源,是教育成功的根本前提,也是教师道德修养的灵魂。

（一）关爱学生的重要性

师生关系是教育过程中最主要的人际关系,关爱学生是调整教师和学生之间关系的教师职业道德规范。在我们社会主义国家,建立在社会主义公有制基础上的师生关系,是师生在根本利益一致基础上形成的民主、平等、和谐的新型道德关系。这种新型道德关系,必然使关爱学生成为社会主义教师职业道德的重要规范。所以,1984年、1991年、1997年和2008年教育部、全国教育工会联合颁发的《中小学教师职业道德规范》或《中小学教师职业道德要求》都把关爱(热爱)学生作为社会主义教师职业道德的重要规范。

1. 关爱学生是教师施教的感情基础

教与学的过程,是以情感交流为载体的教育活动。在教育工作中,教师只有对学生抱有真挚的关爱之情,才能引起学生对教师的友爱,产生对教师的尊敬、信任,进而亲近教师。在这样的感情基础上,就会形成有利于学生德、智、体全面发展的良好教育气氛。只有"亲其师",才能"信其道",讲的就是这个道理。当一个学生经过观察和体验,体会到教师对自己无微不至的关怀和谆谆教导完全是出于善意,就会对教师产生感情,尊敬亲近老师,并乐意听从和接受教师讲的道理,并努力把教师的要求转化为自己的行动。与此相反,如果教师对学生态度冷漠,缺乏感情,随意伤害学生的自尊心和自信心,就会形成"逆反心理",引起学生内心的厌恶和反抗。因此,教育学生首先要从关爱学生做起,与学生建立融洽的关系,这是教师施教的感情基础。

2. 教师热爱学生有助于学生良好思想品德的形成

列宁说:"没有人的情感,就从来没有也不可能有人对于真理的追求。"①任何一个人良好品德的培养,都离不开在一定环境条件下所获得的积极情感体验。当一个学生感受到教师的呵护和关怀,经历到良好的感情体验,他会逐步学会处理人与人之间的关系,懂得如何用高尚的道德情感对待别人,关心集体,与人为善,克己奉公等。反之,如果一个学生感受到教师不公正的对待,他获得的将是势利、褊狭、虚伪、仇恨等有害的道德体验,这会对学生的成长带来损害。正是基于此,许多教育家都强调教师只有用心关爱学生,才能培养起学生良好的情感和品德。苏联教育家赞科夫就曾说过:"没有教师对儿童的爱的阳光,学生就会混成模糊不清的一

---

① 中共中央马克思、恩格斯、列宁、斯大林著作编译局. 列宁全集(第20卷)[M].北京:人民出版社,1986:255.

团。"①19世纪英国教育家斯宾塞也说过:"野蛮产生野蛮,仁爱产生仁爱,这就是真理,待儿童没有同情,他们就没有同情,而以应有的友情对待他们就是一个培养他们友情的手段。"②

此外,教师关爱学生,形成良好的师生关系,有助于学生自尊、自信、自强,形成主人翁意识。一般说来,如果学生每天生活在师生关系民主平等,能够彼此相互尊重和信任的环境中,就会感受到做人的尊严,从而对自己充满信心,乐于参与教学过程,施展自己的才能。学生就能够成为学习的主人,进而激发起主人翁意识和责任感。这种意识如果经过不断地强化,最终就会作为一种思想品德植入学生的精神世界,成为他们未来社会生活的一种准则。

3. 教师关爱学生有利于创造积极、愉快的学习氛围,使学生保持良好的学习状态

心理学研究表明:人的情感与认知过程是紧密相连的,人的认知活动是在一定情感影响下进行的。轻松、愉悦的学习氛围,能有力地激发学生丰富的想象,活跃学生的思维,使学生全身心地投入学习。正是从这个意义上,苏联教育家赞科夫指出:"扎实地拿捏知识与其说是靠多次的重复,不如说是靠理解,靠内部的原因,靠学生的情感状态来达到的。"

如何创造一个轻松愉快的学习氛围,让学生保持良好的学习状态?人们首先想到的是良好的师生关系。因为舒适的学习氛围离不开师生双方的共同努力,其中教师对学生的态度和行为是形成良好学习氛围的关键因素,影响着学生的学习状态。教师和蔼可亲,对学生充满关爱,学生情绪就轻松愉快,有良好的学习心境。与此相反,学生就会情绪紧张,内心恐惧烦躁,此情况下就不会有高效的学习。

早在18世纪英国教育家洛克就曾指出:"儿童从导师方面受了无情的言语或鞭挞,他的心里,就充满了恐怖,恐怖立刻就占据了他的整个心理,使他再也没有容纳别种印象的空隙了。我相信读了我这段话的人一定会回忆到自己从前受了父母或教员的粗率专横的斥责,思想是何等的紊乱;当时脑筋因此变成了一个什么模样,以至对于自己说出的和听到的话都茫然无所知。"因此,他告诉教师:"你要他的心理接受你的教导,或者增加知识,你就应该使他保持一种空闲澄静的气性。你不能在一个战栗的心理上写上平正的文字,正同你不能在一张震动的纸上写上平正的文字一样。"③在此,洛克淋漓尽致地描述了教师无情的言语鞭挞和粗率专横斥责下学生的心态。在此情况下,学生们是不会有丰富的想象和活跃的思维的。

---

① [苏]赞科夫.和教师的谈话[M].杜殿坤,译.北京:教育科学出版社,1980:36.
② [英]斯宾塞.教育论[M].胡毅,译.北京:人民教育出版社,1962:107.
③ [英]洛克.教育漫画[M].傅任敢,译.北京:人民教育出版社,1986:165—166.

由以上我们可知,在教育过程中一些学习落后生和差生是如何形成的。心理学研究表明,轻松愉悦的心情使大脑形成优势的兴奋中心,这有助于暂时神经联系的形成,促进人思维、想象、记忆活动的有效进行;相反,烦恼、恐惧、抑郁的心情会扰乱、麻痹人的正常心理活动,抑制暂时神经联系的建立,使人的思维、想象、记忆等活动难以正常进行。所以,使学生保持良好的情绪状态,对于他们的学习非常重要。然而,创设有利的学习氛围和保持学生良好的学习状态,一个重要的条件就是教师要关爱学生。

(二)关爱学生的基本要求

关爱学生是一种重要的教育力量,直接关系到学生德、智、体、美、劳等的全面发展,以及整个教育事业的利益。

《中小教师职业道德规范(2008年修订)》第三条规定,教师"关爱学生"的具体内容是:"关心爱护全体学生,尊重学生人格,平等公正对待学生。对学生严慈相济,做学生良师益友。保护学生安全,关心学生健康,维护学生权益。不讽刺、挖苦、歧视学生,不体罚或变相体罚学生。"

从以下几个方面展开具体论述:

1. 尊重学生人格,公正、平等地对待全体学生

学生既是教育教学活动的对象,也是教育教学活动的主体,具有独立的人格和尊严,渴望得到教师的尊重和理解。正如爱默生所说:"教育成功的秘密在于尊重学生。"教师对学生的尊重,让学生感到自己的表现得到了承认,从而使学生的信心增强,获得学习、生活的动力,自觉地追求更高的目标。与此相反,如果学生的自尊心受到伤害,就会产生自卑感,对前途丧失信心。苏霍姆林斯基曾指出:"在影响学生的内心世界时不应挫伤他们心灵中最敏感的一个角落——自尊心。"虽然自尊心人皆有之,但是青少年儿童的自尊心则更强,因此,教师应特别注意保护学生的自尊心,绝不能使学生的自尊心受到伤害。

教师要尊重学生,必须认识到学生与教师在人格和尊严上是平等的,虽然相对于教师来说,学生的年龄较小,知识水平、生活经历等也不及教师。教师要客观地看待学生的种种表现,学会自制,不要因为自己情绪的失控而伤害学生,使他们失去对美好生活的追求,甚至毁掉一生。比如,在现实学校生活中,有些教师不能平等地对待学生,不管学生感受如何,也不论对错,不高兴就狠狠地训斥学生一番。更有甚者,有的教师讽刺、挖苦、体罚和变相体罚学生,严重伤害了学生的自尊,结果师生关系出现障碍,学生畏惧、反感教师,厌恶学校生活。

学生是一个整体概念，能否公正、平等地对待全体学生，是衡量一个教师是否真正关爱学生的重要标志。学生是由不同相貌、性格、气质和家庭背景的青少年组成的。他们之中有丑俊之分、男女之别；有听话的，也有淘气的；有健康活泼的，也有残疾病弱的；有工农子弟，也有领导干部的孩子；有的孩子家境富裕，有的孩子家境贫寒；有的学生品行端正、体健貌美、聪明伶俐，讨人喜爱；有的学生缺乏教养、顶撞教师、行为粗俗、有错不改，令人生厌。但是，他们都渴望得到关爱这一点是相同的。因此，教师应把无私的关爱奉献给全体学生，公正、平等地对待每一个学生。

　　教师要爱"金凤凰"，更要爱"丑小鸭"；要爱学习成绩突出的优等生，也要爱成绩差、智能低的后进学生。教师更要关爱那些失去父母、家境困难、身残体弱的学生，对他们施以厚爱，予以特别关心。因为每一个学生都是一粒种子，虽然他们的花期不同，但都有发芽、开花、结果的可能性。只是有的发芽早，有的发芽晚；有的开在初春，有的开在晚秋；有的枝上挂果，有的根上结实；有的可作栋梁之材，有的立志悬壶济世，还有的则是以自己的芳香和秀色美化着人们的生活。这就要求教师从不同的角度，用不同的方法，沿着不同的规律把关爱的阳光和雨露洒向每一个学生，滋润他们的心田，绝不能让任何一个学生感到失落。正如马卡连柯所说："教师的心应该充满对每一个他要与之打交道的具体的孩子的爱，尽管这个孩子的品质时常败坏，尽管他可能会给教师带来很多不愉快的事情。"

　　如果教师只爱那些智力水平高、学习成绩好、工作能力强的学生，不仅会给这些学生带来负面影响，而且会让其他学生失去对教师的信任，造成心理上的不平衡，甚至会导致他们情绪消极和理想破灭。这种偏爱是为教师职业道德所不能允许的。因为教师对学生的偏爱引发的矛盾是很大的，带来的危害也是极大的。具体表现为：

　　第一，引起被偏爱学生个性的畸形发展。教师往往对他偏爱的学生评价过高，将导致这些学生产生自满、自负、自傲情绪。由于被偏爱的学生长久处于过度关怀和爱护的圈子里，久而久之将经不起任何刺激和任何逆境的冲击。

　　第二，使不被偏爱的学生产生心理障碍。由于这部分学生被教师冷落、疏远，甚至被歧视，他们会对教师有成见，即产生对立情绪，反感教师，造成师生关系公开的或隐性的冲突。不论教师正确的要求还是错误的要求，说的好话还是坏话，他们一概听不进去。

> **案例 2-10**[①]
>
> 北京的一所国际学校,有来自 30 多个国家 100 多名学生和 10 多位美、英、法、澳等国的老师。很多来这所学校参观的老师都会问同样的问题:"校长先生,这所学校学生来自世界上好多个国家,对学生的评价标准有很大差异,你们学校好学生的标准是什么?"校长一脸茫然和诧异,想了半天才说:"啊!孩子都是可爱的,他们各有各的特长和优缺点,在我们看来,没有好学生、差学生之分,因此也就不存在好学生的标准问题。"
>
> 还有老师问:"从来不评好学生、三好学生什么的吗?"
>
> 校长的回答是:"从来不评,因为学生不是学习好就好,或者打球好就好……这样不行。每个人都有自己的特长、品质、人格,包括很多方面。有的这方面好,有的那方面好,今天他这件事好,明天他那件事好,特别是小学生,成长变化更大,怎么可以轻易断言谁就是好学生,谁就是坏学生呢?"
>
> "学习不好总是缺点吧?"有老师这样问道。
>
> 校长的回答是否定的,他果断地说:"所谓学习不好,很难有个科学的标准。例如有的孩子英语成绩不太好,可他进校的时候一点英语都不会说,他做了很多努力,有了很大进步,这不能说他学习不好,更不能叫缺点,这是优点。只有神才是完美无缺的,但尘世间没有神。"

点评:这位国际学校校长的回答看似简单,但他却正确回答了我们,如何尊重学生,公正、平等地对待全体学生的问题。关爱学生,就是要关心爱护全体学生,尊重学生人格,平等公正对待不同学习成绩、不同智商、不同特长、不同爱好、不同家庭背景的学生。

2. 严慈相济,做学生的良师益友

教育关爱的目的,是让学生得到良好的发展,这意味着教师对学生的关爱中要有一定的要求。正如苏联教育家赞科夫所说:"不能把教师对儿童的爱,仅仅设想为用慈祥的、关注的态度对待他们。这种态度当然是需要的,但是对学生的爱,首先应当表现在教师毫无保留地贡献出自己的精力、才能和知识,以便在对自己的学生的教学和教育上,在他们的精神成长上取得最好的成果。因此,教师对儿童的爱应当同合理

[①] 杨春茂. 师德启思[M]. 北京:人民日报出版社,2012:131.

的严格要求相结合。"①苏霍姆林斯基在谈到这一问题时也曾这样说过:"教师既要激发儿童的信心和自尊心,又要对学生心灵滋长的一切不好的东西采取毫不妥协的态度。真正的教育者就要把这两方面结合起来,这种结果的真谛就是对学生的关心。也只有这种关心才能如水载舟,载起我们教育界称之为严格要求的那条很难驾驭的小舟。没有这种关心,小舟就会搁浅,你用任何努力也无法使它移动。"②由以上可知,真正的教育关爱总是与对学生的严格要求结合在一起的。教师对学生的关爱,要体现严慈相济,坚持做到以下几点非常重要:

(1) 教师要对学生有慈爱之心。教师要把学生培养成为对社会有用的人才,就要对他们倾注无私的爱和真挚的情。教育家罗素认为,关爱学生能使学生智慧和道德得到很好的发展,他说:"凡是教师缺乏爱的地方,无论品格还是智慧都不能充分地或自由地发展。"③他的话提示我们,关爱学生对做好教育工作十分重要。慈母对孩子无私的爱,是因为有血缘关系。教师对学生慈母般的关爱,是一种更崇高而伟大的爱,能强烈地感化学生,使他们感悟人生,走向人生。

(2) 教师对学生的严格要求要有科学标准。教师对学生的关爱是建立在高度责任性和理性基础上的爱。正如夸美纽斯所说:"聪明人更加需要教育,因为一个活泼的心理如果不去忙着有用事情,它便会去忙着无用的、稀奇的、有害的事情。"因此,教师有责任严格教导他们,在他们的心中播下"智慧与德行的种子"。④ 同时,教师的关爱既要体现对学生有种种严格的要求,又不损害学生的生理、心理健康。这就要求教师对学生提出的一切要求要符合法律法规,要符合国家的教育方针和政策,要符合教育教学规律。

(3) 教师对学生的严格要求要掌握一定的度和方法。要掌握一定的度,是指教师对学生提出的各种要求要切合实际,符合学生的特点。如果要求过高,偏离实际,学生将无法达到,结果可能会适得其反。此外,严格要求还要因人而异。由于种种原因学生在思想水平、认识水平和知识水平等方面会存在差异,这就要求教师要实事求是,区别对待,适度地要求不同的学生,这样才能有好的教育效果。教师对学生的严格要求,要寓教于教育教学活动之中,采用耐心疏导的方法。只有方法得当,对学生的严格要求才能真正得到落实,才能取得好的教育教学效果。

---

① [苏]赞科夫.和教师的谈话[M].杜殿坤,译.北京:教育科学出版社,1980:30.
② [苏]苏霍姆林斯基.和青年校长的谈话[M].赵玮,译.上海:上海教育出版社,1983:186.
③ 华东师范大学教育系,杭州大学教育系编.现代西方资产阶级教育思想流派论著选[M].北京:人民教育出版社,1980:104.
④ [捷]夸美纽斯.大教学论[M].傅任敢,译.北京:人民教育出版社,1958:39.

> **阅读资料①**
>
> 　　怎样与学生建立良好的关系呢？按照科恩和弗雷德的观点，我们提出以下策略：
>
> 　　* 喜欢和学生在一起。抱有可以从学生身上学习的态度，表明你重视他们的观点。问问他们是怎样想的，并对他们说的话感兴趣。当学生说话的时候，避免打断他们，仔细听。
>
> 　　* 关心每一个学生，记住他们生活上每一个细节。定期问他们一些问题或者让他们作出评价来表示出你的关心。
>
> 　　* 在课堂以外与学生打招呼。在走廊或餐厅里都与学生打招呼。
>
> 　　* 随时与学生保持联系，告诉他们什么时候以及如何与你联系。尊重学生的个人空间，与学生保持密切联系是很重要的。
>
> 　　* 努力解决好课堂上出现的窘迫局面。讽刺会损害你和学生的关系。
>
> 　　* 有幽默感。能够勇于嘲笑自己。

3. 关心学生健康、安全，维护学生权益

教师对学生的关爱不能只停留在口号上，要落实到保护学生的安全，关心学生的健康，维护学生的合法权益上。

1）保护学生安全

教师面对的是成长中的孩子，是未成年人，在困难和危险面前他们不具备成人所具有的判断与处置能力。因此，不管从法律角度，还是职业道德规范角度讲，保护学生安全是教师不应回避的责任。教育职业特点决定了教师要承担更大的的责任，在面对困难、危险时，教师要冲在前面，不惜牺牲自己也要保护学生的生命安全。这要求教师在教育教学活动中，不仅要传授学科知识，还要有生命安全、生命价值教育，引导学生认识生命、尊重生命、珍惜生命，提升学生对生命意义与境界的认识，促进学生健康成长。

2）促进学生全面健康发展

学生健康包括生理健康和心理健康两个方面。从总体上看，由于我国中小学生

---

① ［美］费奥斯坦，费尔普斯.教师新概念——教师教育理论与实践[M].王建平，译.北京：中国轻工业出版社，2002：182—183.

课业负担较重,这导致他们的身体素质严重下滑,如体质较差、近视率持续走高等。此局面目前仍未得到根本性扭转,引起了社会各界的担忧。对此,教师要负起改善学生体质的责任,引导和督促学生加强锻炼,不得随意侵占学生休息、娱乐、体育锻炼的时间。

随着年龄的增长,学生成长的烦恼会伴随而来,尤其是处在青春期的中学生在社会环境、家庭教育等因素的影响下会出现心理障碍和心理缺陷。比如,由于信息网络的发达、电脑的普及,学生在纷繁复杂的网络虚拟世界中如何汲取对自身发展有益的营养,而避免不良思想的侵蚀,避免网络成瘾等,就亟须教师帮助解决。这要求教师加强与学生的沟通与交流,了解他们内心真实的感受和想法,坦诚交换意见,及时加以疏导,防微杜渐,避免学生心灵受到扭曲。

3）维护学生合法权益

学生既是国家公民,又是正在接受教育的未成年人。因此,学生不仅享有宪法所规定的公民应享有的各项权利,还享有其他公民不具有的特殊权利。中小学生大多未满18周岁,身心和社会性发展尚不充分,是无民事行为能力和限制行为能力的人,因此法律对其权利必须给予特殊保护。例如,《中华人民共和国未成年人保护法》和《中华人民共和国义务教育法》等法规都规定学生享有人身安全不受侵犯的权利、受教育的权利、民主平等的权利、发表意见的权利、隐私权等。学校既是从事教育的场所,也是保护学生权利的部门。教师要做学生权利的维护者,尊重、保护学生各项权利,让学生健康成长。此外,教师还要约束自己的情绪和行为,以防止伤害到学生。

> 案例 2-11
>
> ### 大地震中伟大而又平凡的一位校长[①]
>
> 四川省绵阳市安县桑枣中学是一所农村初中学校。就是这样一所农村学校,在"5·12"汶川大地震面前,2200 多名学生和 100 多名老师,安然无恙,无一伤亡。该学校校长名叫叶志平,他自从担任桑枣中学的校长后,对学校的安全建设极为重视。学校有一栋新建的实验教学楼,从 1997 年开始,叶校长曾三次对这栋楼进行了改造加固。对学校后来新建的教学楼,他更是严格要求,找正规的建筑公司,确保工程质量。

---

① 李彦福.落实教育规划纲要背景下的师德修养[M].南宁:广西教育出版社,2012:96—97.

> 叶校长心里明白,除了教学楼修建结实还不行,紧急情况下有序地疏散学生也至关重要。从2005年开始,他每学期都要在全校组织一次紧急疏散的演习。学校规定好每个班级固定的疏散路线,要求两个班级在疏散时合用一个楼梯,每班必须排成单行。每个班级疏散到操场上的位置也是固定的,每次各班都站在自己的地方。就连每个班级在教室里怎么疏散都做了规定。在紧急疏散时,对老师的站位也有要求,要求教师站在各层的楼梯拐弯处,维持秩序并帮助学生。叶校长还规定,每周二学校各班级要进行安全知识讲课,对学生进行安全教育。
>
> 　　地震那天,老师和学生就是按照平时的训练秩序,用练熟了的方式进行了安全疏散。地震波一来,老师喊:"所有人趴在桌子底下!"学生立即趴下去。老师们把教室的前后门都打开了,怕地震扭曲了房门。地震波一过,学生们立刻冲出了教室。由于平时的多次演练,在地震发生后,全校2300多名师生,从不同的教学楼和不同的教室中,全部冲到操场,以班级为单位站好,用时1分36秒。学校所在的安县紧临着地震最为惨烈的北川。地震发生时叶校长身在绵阳。地震发生后,叶校长从绵阳疯了似的冲回学校。当他听到老师对着他报告,学生没事,老师们也没事时,浑身都软了,55岁的他,哭了。

点评:由于教育工作的特殊性,我们习惯于把普通问题看得很严重。比如,学生吸烟当然是不好的事件,学生逃学当然是严重的事情,但这些都不能称为危机事件。对生命的淡漠使得我们习惯于忽略安全、健康这些非常重要的东西,而到了真正的危机发生时,难免认识不足、准备不够、处置方式不当,从而造成灾难。从这个意义上说,叶校长之伟大就在于他把珍爱生命作为最重要的理念,而且坚持不懈地贯彻这一理念。

学校日常教育教学活动中不安全因素亦非常之多:上游泳课,可能会发生溺水事件;上体育课,可能会发生各种运动受伤;学生和教师的自杀;大面积食物中毒事件;春(秋)游活动的失足伤亡事件;校内建筑设施的损坏或坍塌;化学药品的流失;漏电、跑水等事故。因而,建立足够的安全意识,开展相应的安全教育是中小学教师义不容辞的责任和义务。

4. 不讽刺、挖苦、歧视学生,不体罚或变相体罚学生

在学生成长过程中,有缺点和犯错误是在所难免的。面对学生的缺点和错误,教师绝不能讽刺、挖苦、歧视学生,坚决杜绝使用体罚或变相体罚等非人道的手段。因为以上这些非人道的手段既有害于学生的身心健康,也违背了教师职业道德规范。采用这些野蛮的手段,既不能使学生明白自己错在哪里,更无法引导学生向善,只会使学生养成粗暴、冷酷的性格和待人无礼的作风,破坏教育效果,激化师生矛盾。教师对学生的惩罚主要表现在以下几个方面:

(1) 心罚。即对学生心理和精神的惩罚。主要表现为教师以各种方式伤害学生的情感,侮辱学生的人格,损伤学生的自尊心。如在批评做错事的学生时,训斥、谩骂、讥讽、丑化、嘲弄、污辱等。还有公开评选"最差生",给后进生设特座等。这些都是歧视学生、侮辱学生人格的表现。

(2) 体罚。即对学生身体的惩罚。常见的体罚方式主要有:罚站、罚晒、罚跑、罚劳役、罚饿;手打、脚踢、拧耳朵、扇耳光,有甚者强迫学生自己打自己,或强迫学生排队轮流打一个学生等。这些体罚方式给学生肉体和精神带来极大痛苦,教师的这些行为不仅违背教师职业道德规范,还涉嫌触犯法律。

(3) 变相体罚。是指借助于其他形式间接地对学生进行处罚。例如,因学生作业没写对,或没完成,教师便惩罚学生再写十遍、二十遍,甚至上百遍等;学生在学校表现不好,教师就暗示或直接通知家长,通过家长之手惩罚学生。

总之,心罚、体罚和变相体罚,都是教师对待学生的非人道行为,会对学生的人格和尊严造成严重伤害,激起学生的厌学情绪以及对教师的仇恨,这是与教师职业道德背道而驰的。

第三节 教师职业道德规范的内容(下)

一、教书育人

教书育人是教师的天职,是人类社会对教师的共识。针对当前部分中小学教师"重教学""轻育人"等问题,2008年9月1日颁布的《中小教师职业道德规范》中规定了"教书育人"这一教师职业道德规范内容。

(一) 教书育人的内涵及教书育人的辩证关系

我国的教育目的是为社会主义现代化建设培养德才兼备的接班人。教师作为教育方针政策和教育目的的实施者,承担着教书和育人的双重任务。

1. 教书育人的内涵

教书育人,是指在教育教学过程中教师根据社会发展需要和学生身心发展规律,既传授科学文化知识,又进行思想品德教育,把学生培养成为德、智、体、美等全面发展的社会主义现代化建设需要的接班人。在任何时代、社会,教育工作的根本任务是为一定社会或阶级培养所需要的具有一定科学文化和思想道德的人。① 这是由教育在社会生活中的地位和根本任务决定的。

我国无产阶级教育家徐特立认为,教师应是"经师"和"人师"相统一的教育者。他指出,"教师是有两种人格的:一种是'经师',一种是'人师'。人师就是教行为,就是怎样做人的问题。经师就是教学问的,就是说,除了教学问以外,学生的品质、学生的作风、学生的生活、学生的习惯,他是不管的,人师则是这些东西他都管。我们的教学是要采取人师和经师合一的。如果只传授文化科学知识,而忽视培养的方向,这样的教育是失败的。"②德国教育家赫尔巴特提出的"教育性教学"的原则,成为论述教书育人这一教师职业道德规范内容的理论依据。他指出,"不存在'无教学的教育'这个概念,正如反过来,我不承认有任何'无教育的教学'一样……"③"教学如果没有进行道德教育,只是一种没有目的的手段,道德教育如果没有教学,只是一种失去手段的目的。"④因此,教师不仅要教好书,还要育好人,这是教师职业道德的核心所在。

2. 教书与育人的辩证关系

"教书"与"育人",作为知识教学和思想道德教育紧密结合的有机整体,相互联系,不可分割。"教书"是"育人"的主要手段,"育人"是"教书"的根本宗旨,二者相辅相成,辩证统一。"教书"与"育人"的辩证关系主要表现在以下三个方面:

1) 相互联系

教书是育人的载体,是前提和基础;育人是教书的灵魂,是指导思想。教书与育人统一于教师的教育教学实践和学生全面发展的过程中。也就是说,教不好书,育人就失去了载体,成为无源之水、无本之木,最终教学会失去其应有的教育意义,育人也就成为空中楼阁。同时,教师要教书育人就必须以国家教育方针政策和教育目标为指导思想,将传授知识技能和培养能力与培养学生良好思想品德结合起来。苏霍姆林斯基认为,"智育的目标不仅在于发展和充实智能,而且也在于形成高尚的道德和

---

① 张炳生,邓之光.教师职业道德新论[M].南京:河海大学出版社,2000:72.
② 武衡,谈天民.徐特立文存(第四卷)[M].广州:广东教育出版社,1995:248.
③ [德]赫尔巴特.普通教育学[M].李其龙,译.北京:人民教育出版社,1989:190.
④ 张焕庭.西方资产阶级教育论著选[M].北京:人民教育出版社,1979:267.

优美的品质。"①

2) 相互渗透

教书与育人相互渗透,即"教中有育,育中有教"。第一,在各学科的教学过程中渗透着道德教育。主要表现为:各学科教材内容包含丰富的德育因素,可根据各自的教学任务和特点,结合教材内容渗透德育;学习各科课程的时间约占学生在校时间的80%以上,教师通过课堂教学渗透德育是最基本、最经常的途径,所以说,教师只有把握好"课",才能有效地渗透德育,"课是点燃求知欲和道德信条火把的第一颗火星"②;在学校学生的兴趣和求知欲主要表现在对各门课程的学习上,教师把德育蕴含在学科教学过程中会改变单一道德说教的空洞性和无效性,有"随风潜入夜,润物细无声"的效果。第二,在育人的过程中渗透教书,即对学生进行道德教育时要依据教育规律和道德规律来进行。"道德目的在一切教学中(不论是什么问题的教学)普遍存在并居于主导地位。如果不能做到这一点,'一切教育的最高目的是形成性格'这句人们所熟知的话就会变成伪善的托词。"③因此,教师要认真研究、理解和转化课程,把知识转化为道德化的知识传授给学生,培养学生的道德品质。

在教育教学实践中教师把握了教书与育人的相互渗透关系,才能走出把学科教学视为"纯知识课"的误区,才能避免把学科教学演变为道德教育课。

3) 相互促进

处理好教书和育人的关系,它们不仅不会相互干扰,而且可相互促进。一位教书好的教师其教学过程具有艺术性,能把枯燥无味的知识讲解得精彩生动,学生陶醉在知识的海洋中,教师把道德教育融入此过程中,学生在学习知识的过程中接受了教师所传授的道德观念,提升自己的道德品质。同时,教师育好人又能促进教好书的顺利进行,即学生只有"亲其师"才能"信其道",提高学习知识的效率。

(二) 教书育人的要求

《中小学教师职业道德规范(2008年修订)》中,对"教书育人"这一教师职业道德规范的要求是:"遵循教育规律,实施素质教育。循循善诱,诲人不倦,因材施教。培养学生良好品行,激发学生创新精神,促进学生全面发展。不以分数作为评价学生的唯一标准。"

---

① [苏]苏霍姆林斯基.帕夫雷什中学[M].赵玮,译.北京:教育科学出版社,1983:9.
② [苏]苏霍姆林斯基.给教师的建议(修订版)[M].杜殿坤,译.北京:教育科学出版社,2010:422.
③ [美]杜威.学校与社会·明日之学校[M].赵祥麟,译.北京:教育科学出版社,2005:136.

这四个方面相互联系、内在统一，共同构成了新时期教师"教书育人"的行动指南。具体可从教书育人的理论依据、具体方法、目标指向和结果评价四个方面进行阐释。

1. 遵循教育规律，实施素质教育

"遵循教育规律，实施素质教育"是教书育人的理论依据。所谓教育规律是指教育内在的本质联系和必然趋势，是开展教育工作必须遵循的客观法则。遵循教育规律要求中小学教师必须做到了解、掌握、依据和利用教育规律。[①] 素质教育是以全面提升人的基本素质为根本目的，以开发人的智慧和潜能，弘扬人的真、善、美本性为基本内容，以促进人的积极性、主动性发展，形成人的健全个性，实现人的潜在价值为根本特征的教育。[②] 实施素质教育是一项长期任务，也是一个系统过程，必须遵循教育规律。教育规律范围很广泛，在实施素质教育的过程中要特别注意遵循以下两个规律，即社会发展规律和学生个体发展规律。

1）遵循社会发展规律，实施素质教育

实施素质教育不仅是教育改革的必然要求，也是社会经济发展的必然规律。在以全球化和知识经济为主导的当今，社会发展更快，人与人之间的竞争、合作更为密切。这些让我们认识到社会发展与人的素质休戚相关，不可分割。也就是说，社会发展有赖于各级各类教育活动的开展，有赖于人素质的提升；同时，教育活动的开展必须遵循社会发展规律。

目前，我国经济发展正从粗放型向集约型转变，从高能耗型向节约可持续发展型转变，转变的根本在于科技进步和劳动者素质提高。在此社会背景下，中小学教师应顺应社会发展潮流，转变教育观念，抓住社会转型所带来的机遇，全身心地投入教书育人的工作中，大力实施素质教育，为培养社会发展所需的高素质劳动者而努力。

2）遵循学生个体发展规律，实施素质教育

人的发展有其自身的规律，不同年龄阶段有不同的身心发展特点。因此，在实施素质教育过程中，教师必须从教育对象的实际出发，遵循学生个体发展的规律，针对不同年龄的学生，提出不同的具体任务，采取不同的教育方式和手段。具体说，教师教书育人要遵循学生生理发展、认知发展、品德及人格发展的规律。[③]

（1）生理的发展。青少年儿童时期是身体发育非常快速的阶段，其中又以脑和

[①] 王毓珣,王颖.教师新师德六项修炼[M].重庆：西南大学出版社,2009：116.
[②] 教育部师范教育司.中小学教师职业道德规范学习手册[M].北京：高等教育出版社,2008：50.
[③] 中小学教师通识培训教材编写组.中小学教师职业道德研修读本[M].北京：高等教育出版社,2012：18.

神经系统的发展最快,成熟最早。此时期,大脑重量逐渐增加,15岁时达到成人水平。同时,大脑机能和神经系统日趋完善,皮质抑制功能蓬勃发展,这些为后天教育提供了物质基础。这要求教师在设计教育教学目标时要充分考虑学生的生理发展,避免拔苗助长。

(2) 认知的发展。小学儿童逐步具备了人类思维的完整结构,以形象思维为主要思维形式,逐步过渡到以抽象思维为主;初中学生的认知结构和思维过程进一步完善,抽象思维占据主导地位,开始进行运用假设、逻辑推理及逻辑法则的认知活动;高中学生已能进行完全属于抽象符号的推导,用理论去分析、解决各种问题,形式逻辑思维处于优势,辩证逻辑思维迅速发展。认知发展的以上特点要求教师在呈现教学内容,帮助学生理解教材时做周密的准备,既要适合学生现有水平,又要促进其高效发展。

(3) 品德和人格的发展。中小学生的品德和人格处于快速发展时期。道德认知发展体现为由具体、片面和过于关注结果过渡到抽象、全面和兼顾动机,道德行为也由依附、模仿过渡到自觉和习惯。同时,中小学生的人格也在发展变化中,表现为自我意识由社会自我发展到心理自我,价值观由萌芽到初步确立,情绪情感体验更为丰富,个性品质趋于稳定和成熟等。针对中小学生这些表现,在实施素质教育过程中教师要加以特别注意,通过不同途径,如调查问卷、召开主题班会、走访座谈、分析书面资料等进行了解和关注。

案例 2-12

原始学校[①]

近年来,美国硅谷精英们大都让自己的子女上"原始学校"。所谓"原始学校",是课堂教学中只用传统的纸和笔,禁止使用电脑的学校。谷歌、苹果、雅虎和惠普等公司的高级主管们,都喜欢把自己的孩子送到当地一所只有9个教室的"原始学校"去上学。这所学校的教学工具只有笔、纸以及必须动手使用的织针、橡皮泥等传统材料或工具。

在科技高度发达的今天,很多学生父母和教育工作者认为:基础教育是为人生打基础的,为人处事、价值观、人生观、行为习惯、思维方法、学习方法

---

① 杨春茂.师德启思[M].北京:人民日报出版社,2012:165—166.

> 的培养重在由人——教师——来培养,而不能指望包括电脑在内的任何先进的设备。电脑与中小学是不能融合的,教育应该注重学生的动手操作能力及体力活动,学生应该通过具有创造性的、动手的活动来学习。电脑会束缚人的创造性思维与行动,妨碍人与人之间面对面的生动交流,使人分散注意力,教育应当回归自然和遵循其自身的规律。"原始学校"的实践证明,上"原始学校"不影响升学。作为"原始学校"的北美华德福学校联盟调查:1994至2004年间,94%的华德福中学毕业生考上了大学,不少还考上了像欧柏林学院、加州大学伯克利分校等名校。

2. 循循善诱,诲人不倦,因材施教

"循循善诱,诲人不倦,因材施教"既是我国教书育人的优良传统,也是教师实施教书育人的具体原则。说它是优良传统,因为它可追溯到孔子,后人在实践中不断加以丰富。说它是具体原则,是指它是对教书育人规律最基本的反映,是人们把客观存在的教学规律主观化的结果,体现了人的主观能动性,是从教学规律中总结出来的教书育人的行动指南。[①]

1) 循循善诱

实施素质教育要求教师具备特定的人际沟通和交往能力,在教育教学中做到循循善诱。教书目标的实现离不开教师与学生之间的有效沟通,育人成果的取得有赖于教师对学生学习的循循善诱。要做到循循善诱,教师首先要尊重学生,以平等、平和、平易的心态对待学生。

这里我们介绍情境教学创始人——全国教书育人楷模、著名儿童教育专家李吉林老师。[②]

了解李老师的人们这样评价她:"用真挚的情感和高尚的情操去拨动儿童的心弦,书写明天的诗。"李老师常常这样形容自己:"在儿童的世界里,我在爱孩子的过程中,渐渐长大了。我把这种爱升华成自己的理念,又把它细化为自己的行为。"正是秉持这样的教育理念,李老师创立了包括循循善诱在内的独特而有效的教育教学方法——情境教学。

李老师教学的最大特点,是结合教学内容,创设孩子们喜欢的情境。讲花草,讲

[①] 教育部教师工作司.为了未来——教师职业道德读本(中小学教师分册)[M].北京:高等教育出版社,2013:154.

[②] 杨春茂.师德启思[M].北京:人民日报出版社,2012:171—172.

大自然,讲梦想,李老师把孩子们带到蒲公英丛生的地方,让孩子们描述蒲公英,孩子们七嘴八舌地说:"金黄色的小花,真像野菊花""也像一颗小巧玲珑的向日葵""我觉得像小姑娘的圆脸"……李老师小心翼翼地摘下蒲公英的种子使劲一吹,轻柔的种子便乘风飞去,孩子们的心灵也随之放飞了,大自然成了生动的课堂。为讲日出,李老师半夜起床赶到日出观察点进行实地实景设计;为讲牛的奉献精神,她顶着烈日到郊外田边观察老黄牛、大水牛,让孩子们从自然界、生活里领悟哲理,写出真实的情感和思想,写出好的作文,写出美好人生。李老师说,她这样做是为了把教材教活,把课堂教活,把孩子们教活,让孩子们的心飞起来。

为了探索情境教学,李老师曾经 10 多年没有过过星期天和节假日。她把学生引入"形真、情切、意远、理蕴"的情境教学模式,激发起学生的学习兴趣,使学生主动地学习,创造性地学习。学生在快乐的氛围、生动活泼的情境中提高了学习效率。李老师教的学生小学二年级人均识字就将近 2700 个,相当于小学四年级学生的识字水平;学生的课堂阅读量达到同年级学生的 6 倍;小学升初中统考,合格率 100%,优秀率 90% 以上,全班 43 名学生有 33 名被重点中学录取。李老师说:"教师不能满足于做教书匠,要立志当教育家。教师不仅是实践者,更应该是思想者。"李老师常说:"儿童的眼睛、情感、心理构筑了我的内心世界,给了我智慧。爱会产生智慧,爱与智慧改变人生。"

2) 诲人不倦[①]

一年树谷,十年树木,百年树人。教育是一项长期的工作,不能急功近利,教师要保持高度的耐心;教育是一项复杂的工作,不可能一蹴而就,教师要有恒心。只有如此,教师才能在教书育人过程中诲人不倦,才能让学生学而不厌。

耐心是教师热爱学生的表现,是教育取得成功的重要保障。耐心建立在尊重学生的人格和理解学生的认知水平的基础上,能够使教师消除失望感和挫折感,使教师以一种宽容的心态对待学生的弱点,以一种接纳的态度对待学生的个性。耐心意味着教师愿意承认学生在努力学会做人、努力获得知识过程中的局限性,愿意给学生一种在成长过程中有人陪伴的安全感。教师对学生多一分理解,多一分期待,多一点包容,可能会带来意想不到的奇迹。

恒心是基于教师对学生成才的坚信与肯定,体现了教师对教育事业的执着与追求。在人的素质培养中,品质素质是最为关键的部分。素质的养成不是一朝一夕就能实现的,而是要循序渐进、日积月累。特别是对于在某一方面暂时落后的学生,更

[①] 中小学教师通识培训教材编写组.中小学教师职业道德研修读本[M].北京:高等教育出版社,2012:18.

需要教师坚持不懈、持之以恒地关注和指导,绝不能知难而退,半途而废。因此,素质教育的成功离不开教师的恒心。

3)因材施教

由于遗传、成长环境和所受教育的不同,学生的身心发展存在个别差异。但是,每个学生都是可造之才,都有发展潜能,只是潜能发展的类型和表现形式不同而已。如,有的学生接受新知识、新事物快,学习成绩优异;有的学生运动技能强,有灵巧的步伐,飞快的速度,矫健的身姿,精湛的球艺等;有的学生有良好的语言天赋,语言流畅,作文构思巧妙,善于言谈;有的学生动手能力强,实验操作、模型制作得心应手;有的学生具有艺术天赋,歌声嘹亮,舞姿优美,表演惟妙惟肖;有的学生有良好的人际关系,待人和善,有礼貌……总之,学生的潜能千差万别。就学生个体而言,各方面潜能都优秀的极少,但总会有某个方面的才能比较突出。

教育追求的目标不是培养"标准件",而是要尊重学生的个体差异,让学生的潜能、特长充分发挥出来。2010年颁布的《国家中长期教育改革规划纲要》对因材施教提出了明确而具体的要求:"关注学生不同特点和个性差异,发展每一个学生的优势潜能。推进分层教学、走班制、学分制、导师制等教学管理制度改革。建立学习困难学生的帮助机制。改进优异学生培养方式,在跳级、转学、转换专业以及选修更高学段课程等方面给予支持和指导……"这就需要教师在教育教学活动中做到因材施教,因势利导,扬长避短,为每个学生潜能发挥创造条件和机会。

案例 2-13

帕弗利克的故事①

刚入学不久,帕弗利克便被教师们一致认为是学习上的"低能儿"。他"思想愚钝",对周围世界麻木不仁,很少去思考和比较、对比。同样的学习内容,对他要反复教才行。哪怕是一些最简单的问题他也难以弄清,甚至要花费很大的气力才能把一个字母同另一个字母区分开来。班主任为提高他的学习成绩,花费了许多的精力,在几乎所有的课外时间里全力以赴地帮助他补习课业。同时还动员他的母亲也这样做。帕弗利克几乎是时时刻刻地伏案学习。尽管如此,他的学习成绩仍是每况愈下,不可救药。随着年级的升高,每增加一门新学科,就多了一位为学习成绩找他母亲谈话的教师。

① 刘守旗.教育的艺术——苏霍姆林斯基100教育案例评析[M].广州:中山大学出版社,2003:102—104.

帕弗利克跌跌爬爬地进入了五年级。依然是伏案苦读,依然是疲惫不堪,依然是成绩落后……不过在他的生活中,也开始有了新的变化。在一些课上,已不像过去那样,只要求听讲和记忆,还要求动手做些什么,特别是植物课。植物课教师教学时不是单纯地要求学生去"消化教材",而是用种种方法引导学生通过自己的操作去获取知识。老师让每一位学生都缝了个小口袋,把上课用的各种各样的"活教材",如枝、叶、花、茎、种子等装在里面,让学生们用放大镜观察它们,进行比较并把它们画下来。在植物课上,教师惊讶地注意到,帕弗利克一反常态,他不仅对上课表现出极大的兴趣,而且还在活动中表现出其他学生远远不及的能力,如他可以精细地、准确地切开砧木的树皮,剥出插条上的幼芽进行果树嫁接,而这种事"连一些老练的园丁都不容易做好"。最使植物课教师激动的是,帕弗利克对一些自然现象有着浓厚的兴趣和独到的认识。植物课教师向全体教师宣布(教师们也才第一次听说)帕弗利克原来是一位非常聪明好学的学生。只不过他的智慧突出的特点是在每一次的操作活动中表现出很高的技艺。用植物教师的话说:"智慧表现在手指尖上。"

　　植物课教师在温室和生物室里开辟了一个操作角,鼓励和支持帕弗利克在那里进行各种有趣的实验。在那里,帕弗利克甚至完成了技艺很高的、只有经验非常丰富的高级园艺师才能完成的植物栽培实验。实验成功后,帕弗利克完全转变了,他的"思维觉醒"了。原先的胆怯、厌学、反应迟钝的表现慢慢地消失了,取而代之的是旺盛的求知欲,对自然现象的观察细致入微,对所学习的材料理解透彻,掌握牢固,学习成绩一年比一年进步。中学毕业后,帕弗利克考上农学院,毕业后成了一名出色的农艺师。

点评:帕弗利克原先是一个"低能儿",对于这样的学生,很多教师费了很大力气,却使他愈学愈傻。但是后来的植物课教师则使他从一个"低能儿"变成了"出色的农艺师"。产生这种奇迹的原因是什么呢?或者说植物课教师成功的原因是什么,我们认为这位教师成功的原因有二:

第一,他对于帕弗利克有一个正确的看法,即他没有把帕弗利克看成是无可救药的"低能儿"。现代心理学及教育实践证明,在正常情况下,儿童绝无天才和蠢材之分,每一个孩子都是有潜能的,只不过潜能的类型、表现形式及表现时间不同而已。正是基于这种观点,这位教育者才能正确看待学生,不歧视或冷待差生,而是相信、鼓励和支持帕弗利克,从而产生一种特殊的"期望效应"。

第二,能精确地观察到帕弗利克个性上的能力特点——"智慧表现在手指尖上",并根据这一特点为其设置挖掘和展示其才能的机会与条件,尔后再帮助该生由单科才能(植物课)的展示和突破转向多学科的展示与整合,促使该生"原处于僵化状态的大脑思维"被全面激活。其结果不仅仅是"思维的觉醒",更重要的是这种"觉醒"还带来了人格的觉醒,帕弗利克在植物课上的成功以及后来的一系列成功使得他获得了自信和自尊;而这种对"自我"的积极认识及体验又反过来促使帕弗利克在教师"期望效应"的影响下,更加积极、主动地进行学习,从而最终学有所成,成为一个对社会有用的人才。

这则案例给我们的启发是多方面的,但最重要的一点是:对于差生,教育者要善于透过平庸的表象发现其个性才能上的特点,尤其是要依此特点,因材施教,扬其所长。只有当差生通过自己的长处和进步认识了自己、增强了信心的时候,他们才会更加努力地去学习,才会真正扬起个性全面发展的风帆。

3. 培养学生良好品行,激发学生创新精神,促进学生全面发展

以往教育所倡导的"好学生"标准,由于过于重视学习成绩,只能涵盖少数"精英"学生,忽视了学生的个体差异,因而受到人们的质疑。针对此现象,需要重新明确育人的目标指向。素质教育强调在尊重学生个性特征的基础上,促进全体学生全面发展。因此,"培养学生良好品行,激发学生创新精神,促进学生全面发展"成为中小学教师实施教书育人工作的具体目标指向。具体可阐释为以下两个方面:

1) 培养学生良好品行

教育主要是培养受教育者的品行。我国《教育法》规定,"国家在受教育者中进行爱国主义、集体主义、社会主义的教育,进行理想、道德、纪律、法制、国防、民族团结的教育。"具体讲,培养学生良好品行既要继承传统美德,培养学生高度的社会责任感、高尚的道德情操、强烈的爱国热情、文明的生活方式,以及良好的个人生活习惯、学习习惯及公共生活习惯,也要结合时代要求,对学生开展适时的教育,培养他们公正、诚信、感恩、合作、奉献等一系列良好的品行。①

培养学生良好的品行是每一位教师的义务。优秀的教师绝不仅仅是"教书匠"和传授知识的"工具",他们是学生生活的导师,是学生形成良好品德的领路人。培养学生良好的品行,一方面,教师要让学生在日常生活、学习中明辨是非,懂得道理,形成良好的思想观念;另一方面,教师要重视学生品行的规范化教育,将《小学生日常行为规范》和《中学生日常行为规范》的内容融入教育教学活动中,让他们从小就树立正确

---

① 教育部师范教育司.中小学教师职业道德规范学习手册[M].北京:高等教育出版社,2008:54.

的国家观、集体观、道德观、法制观、人生观、价值观等理念,养成良好的行为习惯,促进身心健康发展。教师还应自觉结合自己的教育教学内容,将品行培养落实到教育教学工作的全过程,渗透到每一门学科教学中。

培养学生良好的品行,教师的言传身教至关重要。教育无小事,事事是教育;教育无小节,节节是楷模。教师的一言一行,一举一动,会在学生精神世界里起着无声的作用,潜移默化地塑造着学生的人格和品德。教师培养学生良好品行要做到"真""严""全"三个方面:言传要真,身教要诚,以真授人,以诚待人,以情感人,以理服人,用真实的教育鼓舞学生努力学习,实现德智体美劳全面发展;用严格的要求和高尚的思想品德带领学生严于律己,乐于助人,全心全意为人民服务,多做好事和实事;教师应当尽可能地使自己得到全面发展,形成和谐的人格,从学知识,学言行,学才能,学方法上启迪和引导学生全面发展。①

2) 激发学生创新精神②

创新是国家兴旺发达的不竭动力,是民族进步的灵魂。在当今日趋激烈的国际竞争中,取胜的关键在于具有创新能力的人才,创新人才的培养关键在教育。我国在创新方面不容乐观,据科技部研究统计,自 1980 年至 2002 年获得诺贝尔奖、鲁斯卡奖、伽德纳奖、沃尔夫奖、菲尔兹奖、图灵奖、日本国际奖、京都奖这八项国际科技大奖的 497 名科学家中,没有一名中国籍科学家;自 2002 年至 2006 年,中国有 112 人入选世界一流科学家,仅占总人数的 4.2%,是美国的 1/10;在 158 个国际一级科学组织及其下属 1566 个主要二级组织中担任领导职务的 9073 名科学家中,中国籍仅有 206 人,仅占总数的 2.3%,其中在一级科学组织中担任主席的仅 1 人,在二级科学组织中担任主席的仅 24 人。原因何在?与我们的教育有很大关系。温家宝同志曾多次看望著名科学家钱学森,几乎每次钱学森都会问:"为什么我们的学校培养不出杰出人才?"这就是著名的"钱学森之问"。2009 年,教育进展国际评估组织对全球 21 个国家进行调查,其中中国孩子的计算能力排名世界第一,想象力却排名倒数第一,创造力排名第五。束缚学生创新思维和创造能力的原因是多方面的,其中一个重要原因是社会对教育、学校、教师评价标准主要是考试成绩和升学率,这导致学生应试能力强,创新能力差。从小学开始几乎对任何问题和作业都设定标准答案,学生不能在独立思考后得出"非标准答案",多数学生是在背诵标准答案而不是在创新思考中学习,最终形成一种固定的思维模式,削弱了创新思维和创造能力。

---

① 李彦福.落实教育规划纲要背景下的师德修养[M].南宁:广西教育出版社,2012:114—115.
② 杨春茂.师德启思[M].北京:人民日报出版社,2012:187—190.

因此,要充分发挥教育在培养创新人才中的作用,鼓励广大中小学教师通过教书育人,实施创新教育,激发学生的创新精神,培养学生的创新能力。教师要引导、鼓励、支持和帮助学生敢于追问、大胆想象、勇于探究,培养学生的自信心、好奇心、探索性、挑战性等创新人格品质。

4. 不以分数作为评价学生的唯一标准

"不以分数作为评价学生的唯一标准"是中小学教师对教书育人工作结果评价的指导思想。传统应试教育观认为,考高分的就是好学生,升学率高的就是好学校。这是科技不发达、生产力水平低下、信息闭塞、人的发展不受重视时代的教育观。随着科技的进步、生产力的高速发展、经济全球化的到来,现代社会对人才的要求正向多元化转变,人的全面发展受到前所未有的重视。仅仅以分数作为评价学生的标准,不仅抹杀了学生的个性、打击了学生的创新精神,而且还伤害了学生的自尊心和自信心。

反思应试教育评价学生的这一弊端,2008年修订的《中小学教师职业道德规范》提出了"不以分数作为评价学生的唯一标准",适应了素质教育全面、科学、客观、公正评价学生的要求。2010年颁布的《国家中长期教育改革和发展规划纲要》对学生评价也提出了明确要求:"改进教育教学评价,根据培养目标和人才理念,建立科学、多样的评价标准。开展由政府、学校、家长及社会各方面参与的教育质量评价活动。做好学生成长记录,完善综合素质评价。探索促进学生发展的多种评价方式,激励学生乐观向上、自主自立、努力成才。"由以上可知,《纲要》在制度层面对教育评价做出了规定。新时期的学生评价,应当既要有总结性评价,也要有过程性评价;既要有主体评价,也要有客体评价;既要有定量评价,也要有定性评价。改变把考试分数作为唯一评价标准的做法,使评价在学生全面发展中发挥应有的作用。[1]

案例 2-14

巧妙的评价促使李超同学的转化[2]

高二上学期,李超因学习成绩差而转到美术班。在班里他经常溜号,画画的时候又总是躲在角落里和同学聊天不让老师发现。原本安静的教室变得乱哄哄,正常的教学秩序也被打乱了。美术老师对他的批评收效甚微。经了解,李超在班里很有人缘,学生都听他的;他本身没有美术基础,也不爱

---

[1] 杨春茂.师德启思[M].北京:人民日报出版社,2012:199.
[2] 李彦福.落实教育规划纲要背景下的师德修养[M].南宁:广西教育出版社,2012:120—122.

好美术,是因为学习成绩不好而被家长硬逼着来学美术的。李超平时画画很不认真,每幅画都画得很慢,而且都是半途而废。

在第一次考试中,美术老师要求学生在两节课的时间里完成一幅素描石膏像。这是入学以来第一次考试,学生们很在乎这次考试,都抓紧时间画。美术老师用质疑的口气对李超说:"你画一张完整的画让我看看,我还没见过你画过一张完整的画呢,你不会只是起个稿吧?"这激怒了他,他回答:"我怎么不能画一个完整的画啊?你看看,我画一个给你看看。"两节课后,李超按时交了卷。

美术老师在评卷时发现平时画画不认真也没什么基础的李超对人物的特点抓得比较准确,在造型上有很强的能力。李超是有画画天分的,可能他自己并没有发现自己的天分。老师没有给他的作业打分。成绩公布的那天,李超问:"老师,我怎么没有成绩啊?及格不及格都是分数。老师,你不会给我打个零分吧?"老师把李超的考卷拿给全班同学看,让大家谈谈自己的看法。同学们有的说还挺像,有的说有点乱。老师说:"这是李超同学入学以来第一幅完整的作品,而且只学了两个月美术,虽然画的线条还很生硬,但画的特点却抓得很形象、很准确。"并继续说:"我之所以没给他打分,是因为他才仅仅学了两个月美术,和大家的起点是不一样的,不在一个起跑线上起跑对他来说是不公平的,你们说是不是啊?"同学们连连点头。老师接着说:"但我们的终点是一样的,都是要参加同样的高考。所以我们在相同的时间里,谁付出的越多,谁收获的机会就越大。我相信李超同学经过努力一定会有巨大的变化的。"李超在全班同学面前得到了肯定,极大地增强了自信心。

在老师的鼓励和精心指导下,李超渐渐地树立起了信心,发掘出绘画的天分,进步很快。老师还利用他人缘好、有号召力的特点,让他当美术班的班长,更激发了他的责任感和进取心。一年之后,他的美术成绩跃居班里中等偏上。同时,也激发了他学习文化课的劲头。高考时,李超美术科考试拿到了七个学校的成绩合格证,并填报了鲁迅美术学院,最后被鲁迅美术学院雕塑专业录取。

点评: 高中阶段是一个非常重要的时期,学生面对高考的压力,教师的评价是十分重要的。分数是评价学生学习成绩的标准,但不是唯一评价学生的标准。尤其是美术、体育、音乐、劳动技术等学科,对学生的评价更是有一个很大的空间,抓住学生的特点与优点加以引导,才能激发他们的兴趣,促使他们进步。每个学生都有自己的闪光点,不要轻易定论某个学生行还是不行,不能放弃一个学生,要挖掘他们的闪光点,不能因为我们的感性判断而抹杀了一个学生的前途。学生对老师的看法很在意,老师对学生的评价和平时的言谈都会潜移默化地影响学生的判断和行为。此案例中的美术老师不以分数、一次测验的成绩好坏评价一个学生,而是善于发现学生的闪光点,运用发展性评价和赏识鼓励性评价积极引导学生,帮助学生树立起学习的自信心,最终使"差生"李超圆了大学梦。教师要为每个学生的发展奠基,成为他们成功路上的指路明灯,学生才会走得更远。

二、为人师表

在研究教师职业道德规范时,尤其要重视教师"为人师表"意识和行为的价值。为人师表,就是要求教师自觉地以自身纯正品德为学生做示范和榜样,即言传身教,以身立教。为人师表作为教师职业道德规范的内容之一,其特殊价值在于它有巨大的教育功能。其教育力度正如雅斯贝尔斯所说:"教育意味着一棵树摇动另一棵树,一朵云推动另一朵云,一个灵魂唤醒另一个灵魂。"① 孔子也说:"其身正,不令而行。"

《中小教师职业道德规范(2008年修订)》中,对"教书育人"这一教师职业道德规范的要求是:"为人师表。坚守高尚情操,知荣明耻,严于律己,以身作则。衣着得体,语言规范,举止文明。关心集体,团结协作,尊重同事,尊重家长。作风正派,廉洁奉公。自觉抵制有偿家教,不利用职务之便谋取私利。"下面从四个方面对教师职业道德规范重要内容之一——为人师表,进行深入细致的解读。

(一)知荣明耻,严于律己,以身作则

知荣明耻是良心中的知耻心、自尊心、自爱心的表现。人们只有知荣明耻,才能自觉地履行道德义务,保持尊严、荣誉和人格。不做可耻、毁誉和损害人格的事。因此,作为新时代的教师必须知荣明耻,而严于律己、以身作则是教师知荣明耻的必然结果和具体的表现形式。

教师要严于律己,以身作则,这是由教师职业的示范性决定的。教师的职责在于教书育人,既要用自己的学识教人,又要用自己的品格育人。正人先正己,这要求教

---

① 雅斯贝尔斯.什么是教育[M].邹进,译.北京:生活·读书·新知三联书店,1991:104.

师要严于律己,以身作则,在思想品德、学识才能、言语习惯、生活方式和举止风度等方面树立自己的良好形象,处处做学生的表率,借此教育和感化学生。正如法国教育家卢梭所说,在敢于担当培养一个人的任务之前,自己就必须造就成一个人,自己就必须是一个值得崇拜的模范。英国教育家洛克在《教育漫话》中强调,教师应当以身作则,使儿童去做他所希望做的事情。教师的行动千万不可违反自己的教训,除非存心使儿童变坏。车尔尼雪夫斯基也说过,教师把学生造就成什么人,自己就应该是这种人。

> **案例 2-15**[①]
>
> 　　北京师范大学的林崇德教授,是闻名国内外的心理学专家和师德研究专家,更是高尚师德的实践者。他多次谈到:有什么样的老师就有什么样的学生,严格要求学生,首先要严格要求自己。为了当好导师,培养国家需要的优秀人才,我深感严于律己的重要性。律己就是以身作则、为人师表的师风。我是搞智力发展研究的,近年来深感师德问题的重要,我曾花了一年多时间于2001年主编出版了近百万字的《师德通览》。我应当首先成为高尚师德的实践者,做到言行一致,知行合一。我认为当前淡泊名利,反对学术腐败,严肃学术风气应当是大学教师师德的基本要求。我与学生一起做研究,在学术成果上署名时,学生的名字往往排在前边;我在撰写论文著作时,十分尊重原始数据,十分重视原创性;作为教育部中小学心理健康教育专家委员会主任,我拒绝编辑那些能赚钱但水平不高、误人子弟的教材;作为学科评议组负责人,在参加相关的评审时,我坚持公平公正,评审者是不是自己的学生一个样。廉洁从教是新时期师德师风的要求,作为研究生导师,我从不接受在读研究生的任何礼品;模范遵守党纪国法,主动上交个人所得税;作为国务院学位委员会学科评议组成员,我严格遵守有关规定,多次谢绝与申报博士点、硕士点有关的来访要求,更不收取他们的谢礼。有一年冬天,下着大雪,一所学校的领导和同行带着礼物来看我。我说:"你们要给我送礼,就连门也不让进了。"我们在楼下的自行车棚里谈了半个多小时的学科建设。临别前,我嘱咐他们把带来的礼物拿走。这样做似乎不通情理,但我认为,作为教师必须如此。否则上梁不正下梁歪。

[①] 杨春茂.师德启思[M].北京:人民日报出版社,2012:239—240.

> 1994年,佐治亚大学的一位教授邀请我携夫人去美国讲学,条件是提供往返机票和一笔相当可观的酬金。我表示感谢,同时提出希望把这笔经费用来资助我的博士生、现中国人民大学心理学学术带头人俞国良教授出国深造。那位美国教授临走时说了句肺腑之言:"有孔夫子思想的中国老师这样对待学生,我深为感动。我回国后必须办成此事,若办不成,也对不起这样的中国老师。"

(二) 衣着得体,语言规范,举止文明

在工作中教师要长时间地面对学生进行教育教学活动。这要求教师不仅要有高尚的品德,也要在衣着、语言和举止上表现得体、文明,有修养。只有"内外兼修"的教师才能得到学生的尊重与欢迎。

教师职业是一个讲究仪表礼仪的职业。教师只讲"穿衣戴帽,各凭所好"是远远不够的。教师的穿着打扮不仅具有示范性,而且会影响学生的学习状态。因为服饰不仅展示了教师的个性、修养、审美品位和生活情趣,也显示了教师对待教育教学的态度和认真程度。教师的衣着应简洁而庄重,明快而得体。教师穿着要遵循协调性原则(与场合协调)、整体性原则(与发型、妆容搭配协调)和育人原则(与上课内容协调)。相反,不适宜的穿着不仅不符合教师的职业身份,还会分散学生的注意力,影响学生的正常学习。教师过分地追求个性化,穿着浮华、艳丽、时髦,或者穿着邋遢、暴露等都是不适宜的。

语言和衣着一样,能反映一个人的审美修养、气质性格、情感态度和精神面貌。此外,语言还能反映一个人的思维水平、文化和道德修养。因此,语言是教师为人师表的一个重要方面。教师语言要规范,与学生交谈时应以平等、尊重、谦虚的口吻,使用礼貌用语,选择积极的词语,态度诚恳,语气亲切,语调平和,音量适中,音色清亮,音调柔和,展现教师温文尔雅的风度;讲课时口齿清楚,吐字准确,用语精炼,声音清脆,逻辑清晰,前后连贯,专业术语规范;课堂管理时语气文明、尊敬,不恶语相向,抱怨连连;使用书面语时要遵循规范清晰、简明扼要的原则,表现出专业性、权威性和严肃性。

为人师表还体现在教师举止文明上。教师举止要做到亲切、自然、庄重和文雅。教师的举止文明主要体现在,教育教学活动中与学生相处时,一方面要讲究仪态,站有站姿,坐有坐相;另一方面要用目光、微笑和手势等向学生传递关注、理解和教育的

信息。①

> **案例 2-16**②
>
> **高老师形象的积极影响**
>
> 高老师是小方同学上初二时的语文老师，高老师讲课的内容无所不包，循着课本的线索，东西方故事信手拈来，即成文章。高老师的教学超越了枯燥的中心思想、段落大意，而成为对人物、山水、思想、文学的巡礼。小方听高老师讲课的感觉是在穿越知识的屏障，感受文化的魅力。小方坐在课堂上常常激动，有时会感觉一种类似音乐的东西从心里油然升起。这时，小方觉得高老师就像一尊神。高老师的头发永远整齐，衣履永远洁净，谈吐文雅，表情恬淡，周身洋溢着学者的气韵。以前的小方生性顽皮，平时不知被多少老师骂过罚过多少次，但是，自从听了高老师的课，小方收起了玩性，努力变得文雅起来。是高老师让小方等孩子看到了完美人性所应有的光芒。
>
> 或许高老师并不知道自己对一个孩子产生了巨大的影响，小方认为是高老师决定了他一生中对心灵高尚和完美的追求。
>
> **赵老师衣着的消极影响**
>
> 这天早上第一节是赵老师的课，同学们坐得端端正正地迎接她的到来。上课铃一响，只见赵老师走上讲台，她穿着鲜红的棉袄，下面的裤子乌黑发亮，长头发烫成大波浪披在肩上。同学们瞪圆了眼睛，不约而同地"哇……"赵老师好像对同学们的反应不予理睬，内心里却感到虚荣心得到了极大的满足。然后，赵老师仍然如平常一样开始讲课。这节课同学们不知道听到了什么，也不知道赵老师讲了什么，只记得大波浪头发来回晃动，红棉袄在眼前闪动……

点评： 加里宁曾说过："教师每天仿佛都蹲在一面镜子前，外面有几百双精细的、富于敏感的、善于窥伺出教师优点和缺点的孩子的眼睛，在不断地盯视着他。"正因为

---

① 教育部教师工作司编.为了未来——教师职业道德读本(中小学教师分册)[M].北京：高等教育出版社，2013：187—190.
② 李彦福.落实教育规划纲要背景下的师德修养[M].南宁：广西教育出版社，2012：139—141.

如此,教师必须十分注意自身的外在形象,时时处处做学生的良好榜样,以大方得体的仪表、稳重端庄的举止、亲切和蔼的态度、文明礼貌的语言、严谨持重的行为等,去感召学生,启迪学生,最终达到为人师表、教书育人的目的。

同为老师的高老师和赵老师对学生的影响,简直是天壤之别。教师要为人师表、行为世范,其衣着虽是细节,却是非常重要的。高老师整齐的发型、干净得体的衣着、文雅的谈吐,以及学者的风采,展现出一位老师的光辉形象。这种形象,构成了老师的外在魅力,吸引学生,成为学生模仿的对象。高老师的言传身教,在有形和无形中,均形成了巨大的教育力量,促进学生的转变,引导学生以老师为榜样,追求心灵的高尚与完美。爱美之心,人皆有之,然而赵老师的美,出现在课堂上,却失去了对学生的教育意义。老师表现自己的美也无可厚非,但教师在课堂上的穿着或打扮过于艳丽会与教师的身份不相匹配,还会使学生分心,甚至有的学生会认为老师轻浮,从而使老师的教育效果大打折扣。所以教师在学校、课堂上,都要衣着庄重、整洁、大方,做学生的表率。

案例 2-17[①]

有位在大医院工作的医生,成天面对痛苦不堪、牢骚满腹、对医生不满的患者,自己也变得心情烦躁,甚至对医生这个救死扶伤的高尚职业也怀疑起来。一件小事彻底改变了他的生活态度和职业道德。

有一天,他正准备下班时一位患者进了诊室,表情恬淡地和他打了个招呼。这位医生看到患者的检查结果显示其病情严重,在回答了患者的问题后,他诚恳地反复强调要进一步诊治。患者表示了感谢,临走时顺手把检查用过的废纸带走,扔进了门边的垃圾桶里。这么一位面对严重的病情还不急不慢,轻手关门,不乱扔垃圾的老者,突然消解了那位医生郁积了一天的烦躁和郁闷。他仔细看了患者留下的病例,发现他是一位小学教师。这位患者细小而非刻意而为的举动,使这位工作压力巨大的医生带着这位举止文明的小学教师给他的平和心情踏上了下班路。以后他经常对人说起这件事,从此他很少烦躁和郁闷了。由此可见高尚师德的作用多么巨大。

---

① 杨春茂.师德启思[M].北京:人民日报出版社,2012:215—216.

(三) 作风正派,廉洁奉公,不利用职务之便谋取私利

廉洁既是教师从事教育这一神圣职业的道德基础,也是教师必须坚守的道德情操。廉洁从教是教师处理教育教学活动和个人利益关系之间的准则,也是教师为人师表的人格魅力所在。

目前,在社会主义市场经济快速发展这一社会环境下,教师在廉洁从教方面面临着新的情况和问题。由于就业竞争激烈,升学压力大,父母对孩子期望值过高等原因,家教市场火爆且管理无序。从制度方面看,对教师业余时间兼职缺乏具体规定。从理论方面看,对教师社会兼职存在争议,有人认为教师业余时间付出劳动获得报酬理所当然;有人认为个别教师正常教学时间不专心工作,业余时间利用办班和个别补习增加收入。据对北京市5000名13至18岁的学生进行的问卷调查,有23.9%的学生认为:"学生给老师送礼后,就会受到教师重视和善待。"[1]凡此种种,一方面反映了教师在廉洁从教方面令人担忧的现状;另一方面要求要对教师加强廉洁从教的道德教育。

鉴于教师在廉洁从教方面存在的新情况和新问题,迫切需要尽快完善制度,2008年颁布的《中小学教师职业道德规范》把"自觉抵制有偿家教"作为廉洁从教的重要内容首次写进了该规范中。只要有损教师形象,在社会上造成负面影响的,都应该有禁止规定。近年来,虽然教育主管部门三令五申"严禁教师从事有偿家教",但依然屡禁不止。当然,制度规定是外在的,关键是教师的自我认识和自省自律,要模范遵守师德规范,洁身自好,自觉抵制有偿家教的不良做法。

依据师德高尚教师在其职业生涯中的体会,教师廉洁从教要做到"四忌":[2]

一忌丧失原则,与学生家长发生不应有的经济来往。教师即使为学生付出了额外劳动,也应不求回报,保持教师固有的道德标准。

二忌利用某些家长的权利去谋取个人利益,进行不正当的危害教师形象、对学生造成不良影响的交易。

三忌盲目地向家长许愿,丧失原则,最后事与愿违,双方被动。

四忌与学生家长有吃吃喝喝的关系,影响教师在学生心目中的形象。

---

[1] 杨春茂.师德启思[M].北京:人民日报出版社,2012:234.
[2] 杨春茂.师德启思[M].北京:人民日报出版社,2012:235—236.

案例 2-18

画师人生：坚持40年免费辅导500名学子成才[①]

原福建省福州九中美术教师黄鸿恩，40多年免费辅导近500名校内外学子，不少当年的学生已成为美术界、设计领域的大家，其中仅中国美术学院就有9名教师，包括院长许江、副院长宋建明等。当记者登门采访，问他为何能坚持40年免费辅导时，黄鸿恩淡淡地说："我是一名教师，你想学，我就免费教你。"

1962年，黄鸿恩毕业于福建师范大学艺术系，成为福州九中的一名美术教师。黄鸿恩开办了美术兴趣小组，教学生画素描。从一名痴迷画画的学生到诲人不倦的教师，黄鸿恩把自己所有的热情倾注其中，乐此不疲。

1977年，全国恢复高考，校内外前来学画的人络绎不绝，最多时兴趣小组有三四十人。黄鸿恩把他们分成三个小组，对准备参加高考的学生，他都是一对一辅导。那段时间，黄鸿恩没有周末和节假日，每天晚上都要忙到八九点才能吃饭。

1978年，黄鸿恩搬进学校分配的不足50平方米的福利房，一同搬进来的还有学生们的画板。当年情景黄鸿恩至今记忆犹新，"整个房间全是人，挪动一下都要推来推去，连走廊都摆满画板。"床上也挤满学生，一不小心就掉滴粉彩、丢块油墨，黄鸿恩的床单经常五颜六色。"学生家长见了，都说要赔钱，我都谢绝了。那时学生学画已不容易，能坚持下来我就很感动。"黄鸿恩说。

黄鸿恩不仅免费教学生，有时还贴钱辅导。1987年，福州残疾女孩刘小燕拄着拐杖前来拜师学艺，黄鸿恩看她行动不便，就决定每晚八点去她家辅导，并为她购买画笔、水彩等。三年下来，黄鸿恩自己花费了上千元，刘小燕也考进中国美术学院，如今在美国开了一家服装设计公司。

黄鸿恩认真负责的态度以及出色的教学成绩，深得学生及家长们的信任和感激。1987年他获得"全国优秀中小学美术教师"称号，1989年被评为"福建省优秀教师"。

[①] 李彦福.落实教育规划纲要背景下的师德修养[M].南宁：广西教育出版社，2012：139—141.

> 2002年,黄鸿恩退休了。然而,名声在外的他即使退休,也难阻上门求教之人。不认识的人慕名前来,认识的人黄鸿恩更难以拒绝。前几年,他的学生林雪白、吴华、陈钟贵、许建明等人的孩子上初中,想找一位美术老师课外辅导。虽然黄鸿恩已退休,并决定不再收徒,但学生们软磨硬泡,请他再次出山教他们的孩子。黄鸿恩说:"一来就是9个孩子,是我学生的学生。"
>
> 回首40多年办兴趣小组、免费授徒的经历,黄鸿恩认为自己只是尽到了一个美术教师的责任,"是老师,就该好好教学生,不管校内还是校外。"对于目前社会上各种各样收费高昂、鱼目混珠的美术培训班,他认为这是当前高考机制派生出来的现象。他说自己免费辅导学生的行为,看起来与其"格格不入",却是自己内心真实的表达,希望有更多人喜欢美术、喜欢美的东西,这与物质无关。

点评:如果教师上课只是为了赚取薪酬,把教师职业仅仅当成养家糊口的方式,这样的教师不可能全身心地投入到教书育人的工作中去,更不可能为了教育事业作无私的奉献。教育是一种特殊的职业,教师应当为人师表,从各方面提高自己的素养,成为学生的表率。教师高尚的道德行为是引导和激励学生完善品德、积极向上的一种精神力量。

即使在社会主义市场经济条件下,在利益多元化的情况下,在追求个人利益成为时尚的今天,为人民多作贡献,仍然是民族和国家的需要,仍然是一位教师奋发向上、为人师表的强大动力。

黄鸿恩老师四十年如一日,不求回报,无偿家教,培养出一批批的美术人才。黄老师这种不为名利所动的恬淡气质和超然的作风,值得我们学习。他并没有豪言壮语,当别人问及为何能坚持40余年免费辅导,黄鸿恩淡淡地说:"我是一名教师。"这句最朴实、最真挚的回答,其实富含深意,"教师"一词之重,非常值得深思。而他40年免费辅导学生,难道不让那些追逐财利、热衷于有偿家教的教师汗颜吗?

三、终身学习

1965年,在联合国教科文组织召开的国际成人教育促进会议上,法国教育理论家保罗·郎格朗以《论终生教育》的报告开启了终生教育运动的序幕。1994年,在联合国教科文组织及其他有关国际机构的大力推动下,在意大利罗马举行了"首届世界终身学习会议",此后在全球,终身学习形成共识,并作为重要的教育概念广泛传播。国际

21世纪教育委员会在向联合国教科文组织提交的报告中指出:"终身学习是21世纪人的通行证。"在制定教育法律法规时,许多国家都把终身学习或者终生教育内容包括进去,把终身学习提高到了前所未有的高度。

目前普遍认可的终身学习的含义如下:"是通过一个不断的支持过程来发挥人类的潜能,它激励并使人们有权去获得他们终生所需要的全部知识、价值、技能与理解,并在任何任务、情况和环境中有信心、有创造性和愉快地应用它们。"终身学习的含义表明,学习是贯穿个人一生的自觉行动,社会各部门,包括学校、博物馆、文化宫、电视台等社会机构、设施和大众传媒都应参与教育并为社会成员的学习提供机会和条件。

终身学习的基本特征主要包括以下几个方面:①

1)连续性

终身学习主张学习的连续性和一贯性,要求把学习贯穿于人的一生,学习要从过去仅对人生早期的职前负责进步到对职后的整个人生负责。

2)开放性

终身学习的开放性表现在两个方面:一是学习社会化。社会化主要是指学校向社会开放。包括学校必须与现实社会紧密联系,实现专业、学科结构和具体教学内容的开放,以及实现对学习对象的完全开放。二是社会学习化,在影响个人成长与发展的所有因素中,学校教育仅仅是一种有限的教育力量,学校不再是唯一被认可的学习场所,公共机构和大众传媒对青少年教育及成人教育都可以发挥巨大作用和有效影响。教育应扩展到与人们实际工作、生活有关的各种环境中,满足人们走向社会、了解社会、参与社会变革的需要。

3)多样性和灵活性

终身学习是一切教育机会的有机统一,它对受教育者没有年龄、资历、职业背景的任何要求,对学习时间和地点也无任何限制。人们只要产生学习需求,就能随时在终生教育系统中获得相应的教育满足。由于不同的人在各自不同的年龄阶段以及不同的职业背景下有着不同的求学目的,因而需要不同层次的多种教育形式来满足不同的学习需求。这些学习形式不仅有正规教育学习、非正规教育学习、非正式教育学习之分,而且有初等教育学习、中等教育学习、高等教育学习之别。此外,还有面授、函授、广播、电视、计算机、多媒体、网络等多种学习手段,充分体现终身学习的多样性和灵活性。

---

① 中小学教师通识培训教材编写组.中小学教师职业道德研修读本[M].北京:高等教育出版社,2012:28—29.

4) 个性化

未来教育将是分散的、不集中的、个别化的。人的生存总是个体性的,作为人的基本生存方式的学习或教育也应是个性化的,人们可以自由选择学习的内容和方式。终身学习尊重每个人的个性和独立选择的特征,它强调每个人在其一生中随时选择最适宜自己的教育形式,以便通过自主自发的学习在最高和最真实的程度上完成全面发展的目标。

5) 整体性

终身学习提倡学习一体化,注重学习的整体性。终身学习是人一生中所遇到的学习机会与社会所提供的学习机会的统一,即一切正规教育学习、非正规教育学习、非正式教育学习的整合。现代社会中所有可以利用的教育力量应由相互独立、各不相干的关系发展成一种新型的合作关系,亦即将各种学习机会和学习条件有机整合起来,统筹安排,整体调控,使之统一在一个相互衔接的制度中,形成家庭、学校、社会学习一体化。

(一)崇尚科学精神,树立终身学习理念,拓宽知识视野,更新知识结构

1. 崇尚科学精神,树立终身学习理念

崇尚科学精神,树立终身学习理念既是提升教师自身素质的内在动力,也是教师职业的现实要求。身处 21 世纪的今天,新知识和新信息层出不穷,以前所未有的惊人速度更新。有研究表明,25 年后知识总量将是今天的 4 倍,50 年后知识总量将是今天的 32 倍。对教师而言,这既是难得的机遇,也是前所未有的挑战。教师作为知识和文明的重要传播者和创造者,必须崇尚科学精神,树立终身学习理念。只有如此,教师才能不断完善自己,更加博学多才,充分发挥潜能。

但是,目前教师工作量普遍较大,真正有效进修的时间不多,从客观上给教师拓宽眼界带来了困难。因此,教师应努力克服困难,找准自己的定位,树立终身学习的理念,掌握科技知识,开阔视野。只有如此,才能在教学中及时反映所任学科的前沿成就。与此相反,则会使教育质量大打折扣,久而久之将不能胜任教育教学工作。

2. 拓宽知识视野,更新知识结构

为了适应教育的未来发展,教师必须拓宽知识视野,更新知识结构,才能提高教育教学质量。教师拓宽知识视野,更新知识结构应包括以下三个方面:

1) 教师要有精深的专业知识

教师要成功地完成教学任务,必须精通所教学科的专业知识,教师专业化发展已是当今教育发展的趋势。教师只有经常更新专业知识,才能有厚实的知识功底和专业知识素养,在教学中才能旁征博引,深入浅出,提高教学效果。教师只有不断更新专业知识,不断探索教育教学技巧,才能赢得学生的敬佩和尊重。此外,现代科学的发展,出现了学科之间的相互影响与交叉,各学科内部的专业知识也出现了相互渗透的走向。现代各国课程改革均强调学科之间的相互联系,即综合课程。在此思想指导下,各学科教材十分注意相互之间的沟通与综合,这要求教师更新专业知识的同时,还要补充相关学科知识。

2) 教师要有广博的科学文化知识

在科学知识激增,更新速度日新月异的今天,教师不仅要具有精深的专业知识,还必须具有广博的科学文化知识,以提高和完善自身的科学文化素养。教师科学文化素养的高低,直接关系到学校的教育教学质量的高低和教育目的能否实现。教师只有具备较高的科学文化素养,才能满足现代学生对知识的需求,才能培养高智能的学生。教师应该具备的科学文化知识,包括文史哲、数理化、音体美、外语和现代信息技术等多方面知识。

3) 教师要有现代教育理论和教育技术知识

现代教育理论不仅是社会发展对教育需求的集中体现,也反映了当代教育的基本思想。如果没有教育理论作为指导,教育教学的方向就是盲目的,不能按照现代信息社会的要求来培养学生。在当代信息技术社会,教育技术已走进校园为教育服务,教育技术作为教育教学手段发挥着越来越重要的作用。网络技术和多媒体技术是现代教育技术的主要内容,而教师上课、学习和科研都离不开网络和多媒体。"一张嘴,一本书,一支粉笔"已不适应现代教育的要求,教师必须迅速适应科学技术的新发展,学习、掌握现代教育技术手段。总之,教师只有在现代教育理论指导下,运用现代教育技术手段,优化教育教学资源,才能提高教学效率,圆满完成教学任务。

案例 2-19

读书成就教师[①]

回首自己走过的 45 年人生之路,江苏省著名特级教师、苏州市首批名校长高万祥说,读书、教书、著书,不可一日无书。书籍,是学校中的学校,为新世纪培养高质量的"阅读人口"是我们基础教育义不容辞的神圣使命。一个人,只有终生保持阅读的习惯,才能不断提升自己的爱心、良心、责任心,才能让自己永葆青春。因为,与书为友,就意味着与大师为友,与文明为友,与真理为友。

[①] 转引自教育部教师工作司编.为了未来——教师职业道德读本(中小学教师分册)[M].北京高等教育出版社,2013:218—220. 来源:陈文.教师可以更优秀[M].上海:华东师范大学出版社,2012:176—183.

1973年1月,高万祥高中毕业。在那些寂寞而苦闷的日子里,文学成了高万祥唯一的精神寄托。现在他还清晰地记得当年在乡下苦读的情景。白天,他趁着劳动的间隙,经常独自坐在田埂上,扁担当凳子,膝盖当桌子。午休时,他一个人躲在屋里做读书笔记,汗水把稿纸都浸湿了。夏夜,他用棉花塞住耳朵,把屋外纳凉的谈笑声挡在心灵之外。为了对付蚊子的袭击,他不得不穿上长衣长裤、高筒雨靴。就这样,高中毕业后两年,高万祥几乎读遍了当时能找到和买到的书,床头那本《新华字典》早被他翻得破烂不堪,抽屉里塞满了读书笔记、撰写的文章和一大堆退稿信。接下来,高万祥做了三年代课教师。因为不能取得民办教师的资格,20岁出头的高万祥不得不背着简单的行装,像"游击队员"一样,辗转于全乡的十多所中小学校。从幼儿园到高中,常常是刚一站稳脚跟,又要开始"流浪"。尽管如此,这段经历竟让高万祥深深地喜欢上教书这一职业。

　　对于坚强者来说,逆境与磨难总是人生的一笔财富。1978年,高万祥凭着多年的阅读积淀,以优异的成绩考入江苏师范学院(今苏州大学)中文系。站在苏州东吴园高大的图书馆前,高万祥的心激动得怦怦直跳,他禁不住长吁一口气:告别了,无书可读的日子!告别了,疯狂而苍白的岁月!大学四年,高万祥不敢说自己是最优秀的学生,但一定可以算得上是最勤奋的学生。从宿舍到饭厅,从教室到图书馆,他每天都在同样的轨迹上与时间赛跑。对他来说,那时最大的幸福莫过于有书可读。大学时代丰富的阅读给了高万祥新的生命和新的生活。

　　四年之后,高万祥走上了百年名校张家港梁丰中学的讲台,当班主任,做语文老师,工作是非常繁忙的。但是,高万祥常常忙里偷闲,以不懈的阅读支起一片放飞心灵的蓝天。参加工作后,他订阅了十多种报纸杂志,一有时间就跑书店。他读经典,读时文,文学、教育、哲学、文史、经济无不涉猎。他说,阅读,滋润了他的教育爱心,培育了他的正义与良知,给了他诗意般的教育追求与人生追求。

　　多年来,高万祥绝不让教材、教参独霸课堂,他特别注意从广泛的阅读中汲取思想和精神的养料,让书籍为学生打开新的文化视窗。他一直记着教育家苏霍姆林斯基的话:"把每一个学生都领进书籍的世界,培养起对书的酷爱,使书籍成为智力生活中的指路明灯——这些都取决于教师,取决于书籍在教师本人的精神生活中占何种地位。"因为阅读广泛,高万祥的课堂

> 上总有不少的新鲜故事听。他给学生讲作文与做人的道理,讲《忏悔录》的作者因敞开心扉而被人誉为"欧洲的良心",讲文坛泰斗巴金"把心交给读者"的创作态度,讲李白墓地上那块书写着"真诗不死"的石碑。他无数次提醒学生:孩子的可爱在于没有矫饰和虚伪,文章的可贵在于真情的流动。为了让学生保持透明的童心,他要求学生把日记当成自己的精神家园,让真实的情感花朵在日记中绽放,让自由的生命个性在日记中挥洒。
>
> "天下第一好事,还是读书。"在高万祥身上,我们再一次感到此言妙极!平日里,坐在宽大的办公桌前,高万祥没有被频繁的电话弄昏头脑,没有在琐碎的应酬中迷失自己,他的背景永远是一壁高大的书橱。

点评:教师的主要职责是教书,但这并不等于教师就是知识的掌握者或权威,而不再需要通过读书、学习来不断提高自己。高万祥对读书的执着以及他通过读书获得的教学成就告诉我们,优秀的教师和优秀的学生一样,都是主动的学习者,教师的身后不是"标准答案",而是"一壁高大的书橱"。在教书之中和教书之余养成持续读书的习惯,通过持续读书使自己保持思考和进步的状态,是成就一位好教师的基本途径。

(二) 潜心钻研业务,勇于探索创新,不断提高专业素养和教育教学水平

教师要真正承担起教书育人这一职责,必须潜心钻研业务,勇于探索创新,不断提高专业素养和教育教学水平,这是做好教育教学工作的前提和基础。正如马卡连柯所说:"不论你是多么亲切,你的话说得多么动听,态度多么和蔼,不论你在日常生活中多么可爱,但是假如你的工作总是一事无成,总是失败,假如处处都可以看出你不通业务,假如你做出来的成绩都是废品——那么除了蔑视之外,你永不配得到什么。这种蔑视有时是宽大的,含讽刺的,有时是暴怒的,含无比的憎恨,有时是执拗的,含着侮辱。"[①]因此,教师要从师德的高度来认识业务水平和专业素养问题,严格要求自己,刻苦钻研,不断丰富和提高自己,才能真正担负起教书育人的重大责任,成为一名合格的教师。

具体来说,教师应从以下几个方面努力提高自身的业务水平和专业素养。[②]

1. 潜心钻研业务,苦练基本功

教师基本功包括语言和"三笔字"等。教学语言是教师搞好课堂教学的基本功之

---

① 朱金香.教师职业道德概论[M].北京:中央编译出版社,2002:239.
② 李彦福.落实教育规划纲要背景下的师德修养[M].南宁:广西教育出版社,2012:152—162.

一,是教师传授知识的重要工具。教师能否胜任教育教学工作主要取决于教师的语言表达能力。要想成为一名出色的教师,必须注重自己语言表达能力的锤炼。这需要教师加强语言修养,注重语言规范性,关键是努力学好普通话。教师要利用各种途径进行听说训练,如多听广播,多看电视新闻,对易错发音进行强化训练。因为词汇是语言的建筑材料,没有足够的词汇教师就无法组织语言表达思想,所以教师要积累词汇,掌握专业术语。语言表达要生动形象,具有浓厚的趣味性,这要求教师使用贴切形象的比喻、鲜明的对比等修辞手法,使语言具有启发性和感染力。教学语言在逻辑上要具有连贯性,要抑扬顿挫,把握节奏的轻重缓急。此外,除了有声语言外,教师的肢体语言也非常重要。

练好"三笔字"——毛笔字、钢笔字和粉笔字,这是教师首先应具备的教学基本功,对中、小学教师尤为重要。文字是文化传承的载体,中华博大精深的文化赋予了汉字极为丰富的内涵。历来就有"字如其人"之说,教师书写漂亮是有文化、有修养的表现,对学生有不可低估的直接影响。教师如果能把课堂板书、作业批语写得工整美观,必然对学生起到潜移默化的影响,有助于帮助他们养成良好的书写习惯。

练好"三笔字"首先要练好毛笔字。因为要想写出规范、流畅的钢笔字和粉笔字,必须以毛笔字作基础,这是由汉字的结构和书写特点决定的。毛笔字最讲究"用笔"和"结字"。钢笔笔头硬,弹性幅度小,写出的笔画粗细差别不大。写钢笔字要讲究笔画的起和收,练习时要注意基本笔画和字的形体结构。粉笔字应注意运笔和转动,要保持笔画粗细一致,大小适中,字形均匀美观。

教师"三笔字"基本功练习,并非一蹴而就之事,需要有耐心、有意志力,持之以恒地练习。这不是可有可无的小事,而是中小学教师综合素质和专业化发展的重要组成部分。

2. 积极探索教育规律,提升科研创新能力

现代社会各国对人才的要求越来越高,传统的、单一型的教师素质结构已不能适应现代多元化社会的需要。教师只有把教育活动作为自己的研究对象,反思自身的教育实践,不断探索育人规律,才能适应时代的要求,才能创造性地完成教育工作。如果作为教师仅仅教书育人而不从事探索创新活动,那么其教育教学便不会有大的进步。我国教育发展要求教师具有基本的探索创新能力。实践表明,教育要创新,就要通过提高教师的探索能力去实现。

3. 认真钻研专业知识,提高专业素养

一个受学生欢迎的教师,首先要认真钻研所教学科的专业知识。"学高为师,身

正为范。"教师只有不断提高专业素养,才能成为高师,培养合格的人才。教师钻研专业知识,提高专业素养,需要完成以下几个方面的转变:第一,由被动学习向主动探究转变。教师要善于总结教学经验,反思自己的教学实践,促使自己的专业素养得到实质性转变。第二,教师要由依赖教材、教参向关注其他教育教学资源转变。教师的教育教学行为可以依据教材,但决不能依赖教材。教师要总结经验,通过多种途径,不断丰富教育教学内容。第三,教师要由盲从权威、迷信书本向发展创新能力转变。教师在阅读书本知识时,应该用辩证的眼光取舍书本内容,积极主动思考,不被权威人物的思想限制,才能养成独立自主的思维能力,发展自身的创新能力。第四,教师要由过分关注应试知识向注重情感、态度和价值观转变。受传统教育观和应试教育的影响,许多教师十分重视学生知识的掌握,而忽视了学生情感、态度和价值观的培养。仅用专业知识教育人,培养的学生不是一个和谐发展的人。知识与情感、态度和价值观是相互作用的,使学生习得丰富的知识,并形成正确的价值取向才是我们教育的方向。

4. 加强教学反思,提高教育教学水平

人类社会是在反思中超越自我而不断进步的,教师的发展也一样。美国心理学家斯金纳提出教师的成长公式:成长＝经验＋反思。教学改革的实践证明,教学反思有利于教师深入思考教学实践,积累和提升自身教学经验,将其逐步内化为先进的教育理念,这是一条造就名师、名家的必由之路。在教学反思实践中,专家探索了多种反思方式。如,以时间为序列,有日反思、周反思、月反思、期中反思和期末反思;以主体为序列,有教师个人反思、教师集体反思、教师与学生共同反思、教师与家长沟通反思、教师与专家共同反思;以内容为序列,有个案反思、主题反思、学科反思、跨学科反思;以表现形式为序列,有反思日记、反思档案、反思报告等。

案例 2-20[①]

山东寿光市羊口镇第二实验小学特级教师韩学庆的座右铭是:"不想当名师的教师不会是好教师。"谈到自己的成长,韩学庆说:"我工作的学校条件并不好,我是通过一次偶然的机会崭露头角的。"1983年,山东潍坊市召开

[①] 杨春茂.师德启思[M].北京:人民日报出版社,2012:251—253.

第二届语文年会。当数百人赶往寿光县城要听一位老教师的公开课时,这位老教师却因偶发事故不能来了,大家焦急地等待着。我赌气地说:"非指望他一个人么,别人谁上不行?"主持人认为我是说风凉话,便冲我嚷:"有本事你上?"我憨憨一笑:"如不嫌弃,那就试试呗!"

这次公开课讲的是鲁迅的《少年闰土》。我概括课文的结构和主线,在环境、言行、姿态、心理等诸方面,通过叙述、描述、揭示、想象等各种手段,将少年闰土与成年闰土进行了适度的夸张,从而形成了强烈的对比效果。然后通过体现在闰土身上的变化揭示出深刻的社会原因。叙述,是那么紧凑,跌宕起伏;描述,是那么逼真,令人如临其境;揭示,是那么深刻。这种新颖的公开课方式,很快激起了听众的共鸣,展现了我多年钻研业务形成的极富变化、感染力极强的语文教学艺术。当下课铃声响起的时候,教室里爆发出长时间的掌声。

有人问韩学庆:"您成为名师,人们说您是自己在塑造自己。后来有很多次在示范课等场合您都是主动站出来的。这种'劲儿'是您教育行为的核心力量,您是如何树立这种自信心的?"

韩学庆说,我这个人好表现自己,但不是那种出风头的逞强。从当教师的第一天起,我就为自己设计了一条奋斗之路:要成为同行中的优秀者,学生崇拜的好老师。我就是这样长期在教育教学中刻苦自励,上下求索,扎扎实实地上好每一节课,总结点点滴滴的经验和教训。当自己有了一定的"积蓄"之后,我就瞄准机会,露它一手,目的就是试试自己到底行不行。这些让我"露一手"的机会一旦有了,我就抓住不放。就在这一个又一个的"偶然机会"中,"积蓄"发挥了作用,这当中有成功,有失败,但重要的是得到了锻炼,自我价值在实践中得到了验证。我始终认为:一个不想成为名师的教师,不会成为一名好教师。

在一个偶然的机会,代别的优秀教师上公开课获得成功,使自己产生了一种从未有过的满足感和自豪感,这种满足感和自豪感在教师工作过程中会长久地起着激励的作用。不知其他教师怎么想,对我来说,这堂成功的公开课使我很愉快,很受鼓舞。每当我接受一次讲授公开课的任务,自己想到的是:自己的课应当是这样——学生感兴趣,学后有收获;听课的老师与你在心理上产生共鸣,课后的评价是成功的。然后琢磨怎样处理教材,设计教法,在这个过程中设想出自己认为精彩的教学环节,往往在脑海中浮现学生课堂上的思考、发言的情境,自己当时应当使用的体态语言……一堂课下来,成功了,自己感到在教师中的地位忽然高了许多,谈吐也自如,举止也大方,总想人家跟你谈谈这一节课。在一两天的时间里,与同事们在一起最想谈的就是上课,好像自己又多了许多教学的资本。不知是自豪还是自满,一堂成功的公开课让你食欲大增,谈兴更浓。

教师留给学生的应当是问号,而不是句号。知识固然重要,但善于提出问题,提出解决问题的办法更为重要。教师对学生应当是"授之以渔"而不是"授之以鱼"。

钻研业务是教师在提高业务水平方面应当遵循的准则。钻研业务是教师完成教育教学任务的基本条件,是提高教育质量的前提和保证。

思考与练习

1. 简述教师职业道德规范的含义、结构与功能。
2. 简述中华人民共和国成立以来我国教师职业道德规范的沿革。
3. 查阅资料,搜集遵循和违犯教师职业道德规范的案例,并进行剖析。
4. 结合自己的实际谈谈作为教师的最起码要求应该有哪些。

第三章 教师职业道德范畴

学习目标

1. 了解我国教师职业道德范畴的内容。
2. 理解教师职业道德范畴的含义、意义。
3. 在现实生活中努力践行教师职业道德范畴的各项内容。

范畴是指最一般的概念,这些概念反映着客观现实现象的基本性质和规律性以及规定着一个时代的科学理论思维的特点。范畴是已经经过无数次实践的证明,并已经内化、积淀为人类思维成果,是人类思维成果高级形态中具有高度概括性、结构稳定的基本概念。教师职业道德范畴从广义上来讲,包括教师道德原则、规范中所有的基本概念,也包括反映教师个体道德品质的基本概念(如"谦虚""朴实""仁爱""乐观"),还包括教师道德评价、道德修养和道德教育等方面的基本概念(如"善""恶""自制""慎独")等。从狭义上来讲,教师职业道德范畴是指那些概括和反映教师道德的主要特征,体现一定社会对教师道德的根本要求,并成为教师的普遍内心信念,对教师的行为发生影响的基本道德概念,主要包括教师义务、教师良心、教师公正和教师幸福四个范畴。

第一节 教师义务

一、教师义务概述

人类为了更好地生存与发展,建立了各种各样的社会关系,而所有社会关系的核心内容都是价值关系或利益关系,即在所有的社会关系中,任何人一方面应该进行一定的价值付出,另一方面又应该得到一定的价值回报。因此,不管是否意识到,每个人客观上必然会对他人、对社会负有一定的使命和职责。从伦理学上来讲,义务是人类社会生活中普遍存在的道德关系和道德要求,也即道德义务。道德义务比一般义务要求更高,同时也是一般义务确立的道德基础。

所谓教师义务,指的是教师在自己的生活和职业领域应当承担的职责。它具有两方面的含义:一是教师要对社会、对他人承担一定的一般道德义务;二是要承担起教师的职业角色所要承担的职业道德义务。

(一) 教师义务的形态

教师义务的形态主要表现为[①]:

1. 一般道德义务与教育道德义务

教师的义务包括"一般道德义务"和"教育道德义务"两个方面。"教育道德义务"与"一般道德义务"的区别主要是前者主要存在于教育行业道德体系之中。

我们知道,教师首先是普通道德生活的主体,所以他有在日常生活中遵守诺言、偿还债务、扶贫济困等一般道德义务,同时教师作为一个特定职业生活的主体又有属于教育工作本身的一些职业道德要求,如诲人不倦、团结协作、为人师表等教育道德义务。教师工作的特性之一是教师本身是教育的中介或工具,即教师通过自己的榜样去教育自己的学生。这一劳动特点决定了教师必须正确面对上述两类义务。首先,教师必须比一般人更严格地履行一般道德义务,只有这样,他才能成为真正的道德榜样,成为真正的教育主体;其次,教师更应当严格地履行职业道德义务,努力完成教育任务本身。

2. 显见义务和实际义务

所谓显见义务,是指我们日常生活中能够看到的普遍的常识性的(理所当然的)义务,例如忠诚、赔偿、感恩、公正、仁慈、自我实现和勿作恶的义务等。而所谓实际义务,则表现着我们义务的全部本性,代表着实际趋向我们的义务。实际义务是道德"综合判断"的结果。显见义务虽然是理所当然的义务,但是在实际生活中它可能仅仅是一种"义务假象"。比如遵守诺言就是一种显见义务,在实际生活中我们可能因为道德上的原因不遵守诺言。所以只有实际义务才是真实和绝对的义务。

在教师的工作中我们常常会面临非常复杂的道德境况,一个真正懂得教育义务的教师应当具有道德"综合判断"的能力,只能具体而非抽象地履行自己的职业道德义务。

---

① 檀传宝. 教师伦理学专题——教育伦理范畴研究[M]. 北京:北京师范大学出版社,2010:103—104.

（二）教师义务的作用

1. 教师道德义务的确立有利于增强教师的教育信念

对教师来说，只有具有正确的义务观和义务意识，才能为人民教育事业作出贡献。教师的本职工作就是教书育人。在我国，教师的基本职责就是要全面执行党的教育方针，为我国社会主义现代化建设和构建和谐社会培养大批合格人才。这既是我国现代化建设对教师提出的客观要求，也是教师对国家、社会和学生应承担的责任和义务。教师要完成这一使命，就必须在教育劳动中充分认识自己的职责，确立坚定的教育信念，以极端负责的态度自觉地调整自己的行为，忠实地履行教师的各种义务，完成教书育人的任务。

2. 教师道德义务确立可以调节人际关系，有利于教育任务的顺利完成

由于教育劳动的特殊性和复杂性，在教师的日常工作中存在着复杂而特殊的人际关系，不可避免地会出现各种矛盾和冲突，如师生之间、教师之间、教师与领导之间、教师与家长之间的冲突，这些"冲突"如不尽快加以解决，不仅会影响教育工作任务的完成，还会使教师本人处于一种紧张的人际关系和内心压力之中，教师就会失去教育上的"自由"，从主观上解决这一"冲突"的根本方法只能是教师深刻认识自己的教育使命，严格承担起教师道德义务，才能建立起和谐的人际关系，顺利完成教育任务。

3. 道德义务确立有利于提高教师道德"综合判断"的能力

教师在自己的教育过程中常常会遇到义务冲突的情况，包括不同的教育义务之间的矛盾、一般道德义务与教育道德义务之间的冲突。比如：教师可能遇到家庭道德义务与教育义务之间的矛盾，也可能遇到尊重学生、保守学生的"秘密"和与家长、同事进行适当沟通以采取恰当的措施帮助解决学生面临的困难之间的矛盾等。在义务冲突明显的情况下，只有对职业使命和道德义务有深刻和全面理解的教师，才能把握大局，进行道德"综合判断"，正确地、恰当地履行教育义务。

4. 教师道德义务确立有利于培养教师高尚的道德品质

康德认为，纯粹出于自然爱好，而偶然性地履行的义务不具有道德价值。只有出于道德义务心，而且克服了"自然爱好"（或非道德冲动）的行为才具有道德价值。这是因为只有面临和经历过道德冲突考验的义务和品质才是靠得住的。教师在履行道德义务时往往会遇到考验道德意志的情况。经过教师教育活动的反复实践和认识，外在的义务要求会逐步内化为教师的"内心需要"。苏霍姆林斯基也提出："恪守义务可以使人变得更高尚。教育者的任务,就在于使义务感成为自己纪律这个极其重要品质的核心,缺少了这个品质,学校就是不可想象的。"①因此,教师道德义务的真正确立反过来有利于教师的道德动机的增强,形成高尚的品质。

5. 教师道德义务确立有利于培养学生的义务意识

教育的使命之一就在于向教育对象展示义务履行的必要。实际上教师严格履行自己的义务是对学生的最大影响,教师通过自己对道德义务的履行,能让学生确立道德上的信心以及自觉履行自己的道德义务的责任感,做一个道德上负责的人。

二、教师义务感的培养

"比起一个人怎样才被认为是该负责任的这个问题来,还有一个重要得多的问题,那就是他自己怎样才会感到自己是该负责任的。"②因此,教师义务感的培养是教师履行、承担相应义务的关键前提。

(一) 给教师自由选择的空间,培养教师的道德责任感

现代德国伦理学家石里克指出,人的"自由"有两种:一种是"意志自由",一种是"行为自由"。道德所关心的是后者,这种自由一般说来无疑是为人类所特有的。一个人的行为如果不是被迫的,他就是自由的。因为,如果没有一种外来的强制施加到某人身上的话,这个人就会被认为是完全自由的,并且要对自己的行为负责。而道德主体的行为不管属于什么性质,只要主体处于自由状态,就应该对自己的行为负责任。

关于道德责任,石里克是这样认为的:对责任的感觉是假定了像是我自己的欲望驱使我那样自由地行动。如果因为违反了这种感觉,我就情愿因为犯过错误而受到责备,或进行自责,并因此认为我可以按另外一种样子行动,那么就表明其他的行为也是同意志律相容的——当然也就承认有其他动机了。而有了这样一个心理过程,就有了使自己改恶从善的动机。因此,培养教师对道德责任的承担意识,对教师教育水平和道德水平的提升都有重要的意义。但并不是所有教育上的消极后果都要教师去承担。

除了上述石里克所认为的主体处于道德选择的自由状态(即行动自由)这一条件之外,教师应当承担的责任还应当有以下几种基本限定:

---

① [苏]苏霍姆林斯基. 和青年校长的谈话[M]. 赵玮等,译. 上海:上海教育出版社,1983:155.
② [德]石里克. 伦理学问题[M]. 张国珍等,译. 北京:商务印书馆,1997:138.

(1)某一义务是社会和教育事业、教育机构已经提出明确要求的。这一条件是说不能无限地对教师提出承担道德责任的过高要求。

(2)客观环境已经为这一义务的履行提供了起码的条件。比如在没有实验条件的贫困地区的学校,教师就不能承担起严格的实验课的责任。

(3)教师具有与履行该义务相关的教育行为能力。

小学教师不应当为回答不出大学课程的内容而惭愧;特定的教师也不能在短期内对学生的后进现状承担完全的责任。但是在具备上述三项条件之后,教师就应当对自己的行为负责。

(二)普及教育道德知识,提高教师的道德义务认知水平

道德义务的形成,与个体对客观道德责任的认知或觉悟水平是有非常密切的联系的。也正是由于这一点,个体的道德修养以及道德义务感的培养策略中,对道德义务的认知、学习就成为一个非常重要的环节。"虽然拥有关于道德义务的知识并不一定会直接导致及时或合适的道德行动,但是对义务的认知,尤其是结合了情感体验的真正认知,肯定会对教师义务感的增强和教师义务感的践行有十分积极的意义。"[1]

(三)提升教师的教育事业意识,确立教育信念

对于教育道德义务的认知存在于教师外在的知识体系中,要想使其真正发挥作用,必须将这些知识纳入到教师的信念体系中。因此,"更高一级的教育道德意识乃是教师本人的遵循教师道德要求的愿望,是形成他的意志,成为他个人兴趣的内容的需要,当教育道德的规范成为个人的要求和分内事,成为他的愿望和兴趣时,那么他就会调动起他的思想、情感和意志,按这些规范去做。教育道德的要求将成为他本人的稳固的品质……"[2]

第二节 教师良心

一、教师良心的内涵

"良心"是一个古老的伦理概念。"中国思想家长于对良心的体验,长于对良心的

---

[1] 檀传宝.教师伦理学专题——教育伦理范畴研究[M].北京:北京师范大学出版社,2010:108.
[2] 檀传宝.教师伦理学专题——教育伦理范畴研究[M].北京:北京师范大学出版社,2010:110.

总体和直接的把握,西方思想家长于对良心的分析,长于对良心的分门别类、不同角度的细致探讨。"①孟子将恻隐、羞恶、恭敬、是非之心称之为良心,主张人应当找回被流放的良心。"虽存乎人者,岂无仁义之心哉?其所以放其良心者,亦犹斧斤之于木,旦旦而伐之,可以为美乎?"②西塞罗和塞涅卡把良心解释为内心的声音,这种声音会对我们伦理性质的行为加以褒贬。卢梭则认为,良心是"显现在人身上的自然之声",是"我们内在的向导"。③ 而尼采认为,真正的良心植根于自我肯定,植根于"对自己的自我说'是'"的能力。④ 黑格尔说:"作为真实的东西,良心是希求自在自为的善和义务这种自我规定。"⑤从古圣先贤对"良心"的定义中可以发现,良心与人的内在自我密切相关。当一个人判断和确认自我的存在方式和存在价值时,良心是一个无法回避的声音,是一个无法逃避的内在的道德律令。

教师良心属于教师职业道德范畴,是指在教育实践中,教师对社会提出的一系列道德要求的自觉意识,是个人对学生、教师集体、学校和社会自觉履行职责的特殊责任感和道德自我评价能力。教师良心是隐藏在教师内心深处的一种意识活动,同时在教师的职业活动中体现出来,是教师道德觉悟的综合表现。

阅读资料

趣说良心⑥

最近,笔者偶然读到一篇有关"没良心"这句熟语起源的文章,才知道所谓"良心"一词的语义并非同某些辞典解释的那样——指人性和内心对是非、善恶的认识。原来,"良心"是"量心"的谐音。心怎么能量呢?其中,有个故事——

很早以前,有个王木匠,手艺高明,远近闻名。60多岁了还没有家小。邻村一个叫张金的后生,想把王木匠的手艺学到手,就登门拜师,愿意侍奉

---

① 何怀宏. 良心论[M]. 上海:上海三联出版社,1994:13.
② 《孟子·尽心上》
③ [加]查尔斯·泰勒. 自我的根源[M]. 韩震等,译. 南京:译林出版社,2001:550.
④ [美]弗洛姆. 为自己的人[M]. 孙依依,译. 北京:三联出版社,1988:139.
⑤ [德]黑格尔. 法哲学原理[M]. 范扬等,译. 北京:商务印书馆,1961:139.
⑥ 任新林."没良心"起源趣说[EB/OL]. http://www.qikan.com.cn/article/xywg20080713.html,2008-07-13/2016-10-21.

王木匠一辈子,做他的儿子,为他养老送终。

王木匠被张金的诚恳和言语感动,答应了。张金很听话,也很孝敬,加上心灵手巧,又很勤快,王木匠很高兴,人们都说王木匠有眼力,收了这么个好徒弟和孝敬儿子。

一年过去,张金能独立干活挣钱了,见王木匠也没有更大的能耐,就借口回家探亲,一去不复返了。王木匠又伤心又气愤,心想,幸亏留了一手绝活没有传给这个忘恩负义的东西。于是就用这绝活做了个木头人,让木头人帮自己拉锯刨木,做家务。这事很快就传开去,无人不夸王木匠的鬼斧神工。张金得知后,急忙买了许多礼物来拜见师傅。他一进门,木头人就给他端茶倒水。张金跪在师傅面前认罪,乞求师傅原谅。王木匠二话不说,就命他照木头人的模样自己动手做一个。

张金暗喜,把木头人的大小尺寸、前后左右、上下四角,仔细量了又量,不放过丝毫细节。木头人做好了,同王木匠做的一模一样,但就是不会动弹。王木匠这时开口说话了:"你量的大小尺寸虽然丝毫不差,各部分的榫头也严丝合缝,但就是没量心,没量心,木头人怎么会动弹?!"他语义双关,既是检讨自己当初没有看出对方心术不正,也是责骂张金不安好心。于是"没量心"便一传十、十传百、越传越远,后人便把"没量心"谐音为"没良心",专门用来责骂没安好心的人和行为。

据此,人们又加以引申,造出"有良心"一词同"没良心"对顶,一褒一贬,形成鲜明对比。在此基础上,经过群体智慧加工,又派生出"良心好""良心坏""良心生在胳肢窝""良心生在正当中"等语词,而"没量心"的原义却随着时间的流逝逐渐被人遗忘了。

二、教师良心的意义

(一)教师良心对教师的内在价值具有提升效能

教书育人是复杂、细致、反复的工作,需要教师持之以恒。教师教育教学工作的质量及效果在一定时间、空间之内是较难量化的,而且教育工作周期长、见效慢,因此,教师工作价值的显现具有长期性、隐蔽性和间接性的特点。教师良心能对自己起到鼓励和肯定的作用,激励自己无怨无悔地坚守信念。康德认为,良心实指善良意志,"权力、财富、荣誉,甚至健康以及通常的福利和舒适满足,这些通常称之为幸福的东西,如若没有一个善良意志去匡正它们对心灵及其行为诸原则的影响,以使其与善良意志之目的普遍相合,那么它们就会引发自负甚至骄横"①。这也就是说,凡事符合善良意志是个体获得幸福的前提,而善良意志的本质是抑恶扬善。对于教师来讲,教师良心是他们追求美好教育生活的内在动力,会促使教师在日常教育生活中按照内在的善良意志来思考和行动,使自身的观念和行为符合教育规律的要求,把促进学生身心健康成长作为教育宗旨,尽职尽责,努力提升教育效果,在认真履行自身教育责任的过程中不断提升师德境界。

(二)教师良心对教师的教育行为具有调控作用

教育是系统的社会工程。任何一个教育过程,总包含着各种各样的关系,存在着各种各样的矛盾,因此需要一个调控的机制,教师良心正是发挥着这种调控作用。教师良心支配着教师道德意识的各个方面,贯穿于其行为的各个阶段。主要表现在:

1. 在行为进行前,教师良心对教师行为的动机起着选择作用

教师在选择行为时,不仅要受到外部条件制约,而且受到自己良心的重大影响。在同样条件下,教师之所以选择某种行为,是因为这种选择受到良心的支配。这种支配作用表现在教师良心能对行为的动机进行自我检查,肯定符合道德的动机,否定不道德的动机。一个有良心的教师在履行道德义务时,心中充满了强烈的责任感,其履行义务是完全出于自己内心的要求,即使没有社会舆论的监督,也能自觉承担对他人对社会的义务。当教师确认自己的行为符合道德要求时,即使牺牲个人利益或遭到他人的非议,自己也能感到"问心无愧"。

2. 在行为进行中,教师良心对其行为能起到监督、调整和控制作用

在人们行为进行的过程中,良心对于人们的认识、情感、信念、意志以及行为的手段都起着"监控作用"。一个有良心的教师,不需要学校领导、其他教师及学生的监督,就可以自觉地按照教师职业道德的要求去行动。在行动过程中,会自觉地纠正和克服不符合教师职业道德的意识和行为手段,激励和强化各种符合教师道德的行为、情感,使自己的行为始终能够沿着正确的轨道前进,不致发生偏差,产生不良后果。

---

① [德]康德. 道德形而上学基础[M]. 孙少伟,译. 北京:九州出版社,2007:3.

3. 在行为结束后,教师良心对行为后果具有审判和评价作用

在教育实践中,教师的行为要受到两方面的评价,即社会舆论的评价和自己良心的评价。社会评价会对教师的行为起到一定的规范作用,但由于教师劳动的个人性质和自由性,教师的劳动就表现为"良心活"的特点。因此,教师自己良心的评价显得更为重要。"良心是自己同自己相处的这种最深奥的内部孤独,在其中一切外在的东西和限制都消失了,它彻头彻尾地隐遁在自身之中。"①良心不需要任何外在的约束,它本身就是一种约束,而且是唯一对其有约束力的东西。良心也具有独立的自我反思和评判的能力,它促使个体对自身的言行举止进行自觉反思,并作出评判,符合良心会使人产生愉悦感、满意感,而违背良心则使人产生羞愧感、自责感。教师的教育良心是他们内在的道德规约,在整个教育过程中都具有自我判断、评价和调控的作用。

(三)教师良心对学生发挥榜样效应

俄国教育家乌申斯基说过,教师的人格对于年轻的心灵来说,是任何东西都不能代替的有益于发展的阳光,教育者的人格是教育事业的一切。由于教育是造就人的事业,教育对象是性情、身心迥异的人,因此教师的引导和教育对学生的心灵世界有着深远的影响。教师是学生重要的影响源,在追求善的过程中,教师良心激励着教师不断净化心灵和升华道德品质,这对学生本身起着润物无声的教育作用。

三、教师良心的形成

教师良心的形成受多重因素影响。从宏观层面来说,社会整体的道德水平为教师道德修养奠定了社会基础;从中观层面来说,教师工作群体的整体职业道德水平也会影响到教师个体教育良心的形成;从微观层面来讲,教师的自我修养是关涉其教育良心生成的关键因素。对于个体教师来讲,社会道德环境和工作群体的整体职业道德水平属于客观条件,是个体难以把握和控制的,而教师的自我修养属于主观条件,是能够通过自身的努力来实现的。②

(一)对教育责任的透彻理解是教师教育良心形成的前提

教书育人是对教师教育职责最凝练的概括,也就是说,教师不仅要帮助学生增长知识、开启智慧,还要对学生心灵的健康成长负责。然而,由于受应试教育的影响,在

---

① [德]黑格尔. 法哲学原理[M]. 范扬等,译. 北京:商务印书馆,1961:139.
② 参见马多秀. 教师的教育良心:师德生成之基[J]. 中小学德育,2014(5):18—21.

教育实践中很多教师只顾教授学生知识和提高学生的学业成绩,而忽略了对学生进行心理、道德等方面的教育;还有些教师为了提高及格率、优秀率,给学生布置过重的课外作业,甚至为了提高升学率而不让学习成绩差的学生参加升学考试。这些做法不仅给学生造成了身体上的伤害,还给他们造成了心灵上的伤害。这些违背教育良心的反教育现象的频发,揭示出教师对自身所承担的教育责任的无知和遗忘。因此,对于教师来讲,在教育过程中透彻地理解和深刻地牢记自己所肩负的教育责任是完满完成教育任务和提升师德修养的基本前提。

(二) 对教育生活的深刻体验是教师教育良心形成的基础

体验是个体对生活情境或对象产生的内在感受和体悟。教师对教育生活的体验主要包括作为受教育者的教育生活体验和作为教育者的教育生活体验两部分。教师本身也曾是受教育者,在教师自己当学生的时候,处在学生的角色和地位,对教育生活都有着丰富和深刻的感受和体验,尤其是不同教师对待学生的态度和方式都会在内心产生印记,甚至影响自己的一生。作为教师,永远都不要忘记自己当学生时的经历和体验,在教育过程中,要能够设身处地站在学生的立场上,考虑自己的举动可能会让学生们产生的情感体验,从而避免不良后果。作为教育者,教师在教育过程中的情感体验会随着教育情境的变化而变化。需要指出的是,"教师的体验要以关心学生为取向,这是由教师的职责本身所决定的。如果偏离了这一取向,教师的体验本身也就失去了教育意义,这意味着,关心学生和为学生考虑是教师体验的唯一的价值目标"①。在现代社会里,生活中的不确定性因素增加,学生的生活也处于变化之中,需要教师增强敏感性,用心体察学生的各种细微变化,能够以有利于促进学生健康成长和发展的方式作出反应,从而使自己获得更多积极的情感体验。

(三) 在教育生活中践行善良意志是教师教育良心形成的关键

黑格尔把良心分为形式的良心和真实的良心两类。"当我们谈到良心的时候,由于它是抽象的内心的东西这种形式,很容易被设想为已经是自在自为的真实的东西"②了。在他看来,道德和伦理是截然不同的,在道德范畴内,只是形式的良心;只有在伦理实体范畴内,才有真实的良心,真实的良心是主观认识的客观化。良心首先是一种内在的善良意志,是对某种关涉良心的价值的确信,但是,这只是一个人成为一个有道德的人的前提。一个人是否真正有道德,取决于他的行动。一个既具有善良意志,也表现出善良行动的人,才是真正道德的人。

---

① 马多秀. 教师的道德敏感性及其生成[J]. 教育导刊,2013(2):15—18.
② [德]黑格尔. 法哲学原理[M]. 范扬等,译. 北京:商务印书馆,1961:141.

对于教师来讲,在教育生活中践行善良意志是教育良心形成的关键,也就是说,把教育良心转化为道德行动是教师教育良心形成的关键。影响教师把内在善良意愿转化为外在道德行动的因素中,除了教师自身外,还包括来自外界的制度、舆论等,当二者一致时,有助于教师道德行为的产生;当二者不一致时,则关键取决于教师自身的意志力,需要教师坚信自己所确认的价值,并始终按照自己内在的善良意志和愿望来行事,即使受到外界的批评和责备,也会从内心获得良心上的安宁和抚慰。正如阿德勒所说:"教师对学校的制度不负有责任,但如果他们能以个人的同情和理解缓和一下这个制度的非人性和苛刻的一面,那就是最好不过了。因此,教师要考虑到某个孩子的特殊情况,适当对他宽容一点;这样,会起到鼓励这个孩子的作用,而不是把他推向绝路。"[①]所以,教师只有学会克服外在环境的制约,始终以促进学生健康成长和发展为宗旨,才能够真正促进教育良心的形成和师德修养的提升。

第三节　教师公正

一、教师公正的内涵及特征

(一)教师公正的内涵

公正一直是人类社会普遍的道德法则,是人们孜孜以求的价值生活目标。而公正的概念是一个复杂的概念,它既是法学、政治学概念,又是伦理学概念。在法学中,公正与法律有关。法官的使命就是以法律为依据主持公正,为公正服务;在政治学中,公正是一个政治原则,要求公务人员不徇私情,公正无私;在伦理学中,公正是人们最基本的道德原则和道德规范,作为最可贵的道德品质,公正是指人们根据一定的道德原则和道德规范办事,坚持真理,公平正直,合乎情理,不存私心。

教师公正是在教育过程中逐步形成的。在教育过程中,教师根据平等原则处理自己和他人之间的道德关系,在内心深处逐渐形成了公正这样一种道德意识和道德信念。这种公正观,既受社会总体道德公正原则的指导,又受教育活动特点的影响。因此,所谓教师公正是指"在教育教学活动中,教师能够按社会或阶级公认的道德准

---

① [奥地利]阿德勒. 儿童的人格形成及其培养[A]. 韦启昌,译. 石家庄:河北人民出版社,2002:110.

则,公平合理地对待和评价每一位合作者,处理好与校长、教师集体、其他教师、学生、家长和社会之间的关系。其中,教师对学生的评价公正合理是教师公正的本质特征"①。

(二) 教师公正的特征

1. 教师公正的历史性

教师公正是一个历史范畴,总是相对于特定历史时期的教师评价标准而言,不同历史时期的社会发展状况、经济基础及人们的教育需求是各不相同的,人们对公正的理解和需求也是不同的。教师,作为教育行为的执行者,其公正性也必然受到一定社会的经济关系、道德风尚、文化环境的影响和制约,而具有特定历史时代的特征。

2. 教师公正的教育性

教师公正是在教师的教育教学过程中逐渐形成的,因此,教育性是教师公正区别于其他职业公正的重要特点。教师公正的教育性主要是由教师劳动的特征来决定的,教师劳动的特点之一就是教育主体与教育手段的同一性,所以教师能否公正处事、能否建立起公正的人际关系,特别是师生关系,往往对学生起到示范性和教育性的作用。

3. 教师公正的自觉性

教育是一种目的性很强的社会活动,教育总是要教人从善。因此,教育的根本目的蕴含了公正的意义,并通过教学活动、教学情境或隐或显地体现出来。所以,与其他社会职业相比较,教师不管在职前教育或是职后实践中,都会有较高的教育公正的自觉意识。

4. 教师公正的平等性②

平等是公正的核心问题,平等也是教师公正的主要特征。《中华人民共和国教育法》明确规定了受教育者和教育者的权利与义务,如:"公民不分民族、种族、性别、职业、财产状况、宗教信仰等,依法享有平等的受教育机会。"这些权利与义务的实现,不仅需要法律的保障与监督,而且也需要教师的公正品质为其保驾护航。教师平等地对待学生,主要表现为:

(1) 平等地对待不同家庭出身的学生。目前,不同职业的学生家长处理与学校、

---

① 董英,杨奉祥. 教育伦理学[M]. 武汉:湖北人民出版社,1995:126.
② 刘慧. 教师公正教育价值的现代思考[J]. 沈阳师范学院学报(社会科学版),2002(1):55—58.

教师关系的方式往往是不一样的,不同家庭出身的学生在与教师交往时的态度与行为往往也是不同的。这易于使教师对学生产生不公正对待的问题。所以,平等地对待不同家庭出身的学生,是现代教育对教师的要求。

(2) 平等对待不同类型的学生,如学习成绩好的学生与学习成绩差的学生,特长明显的学生与没有明显特长的学生,班级干部与普通学生,性格热情、开朗、外向的学生与冷淡、文静、内向的学生,表现欲强的学生与不善于表现的学生等。

(3) 平等对待自己与学生,做到"己欲立,而立人;己欲达,而达人;己所不欲,勿施于人"及"推己及人"。

5. 教师公正的开放性

信息时代,学生获得知识途径的多样性,导致他们所具有的价值观念、知识结构多元化,这可能或已经与教师形成了一定的差异。面对这种差异,教师公正的又一特征可概括为开放性。其主要表现:一是向孩子学习。从现实的师生关系状况调查中发现,教师对学生持肯定态度的比例很小,学生对教师比较满意的程度也不高。其中的一个重要原因在于教师的封闭性。教师若能够转换角度、转换思路,走进学生的世界,理解并尊重学生的天性,尊重学生的选择,就会惊喜地发现,学生有许多方面值得成人学习。二是对学生的支持。学生的健康成长是社会、学校、教师、家长和其自身所关注的焦点。在一定程度上可以说,学生的健康发展是各方面所追求的最大利益所在,教师的价值也在于此。但由于年龄、经历等的不同,对学生世界存在的一些现象,教师从个人的喜好出发可能看不惯,难以接受。这些现象以传统道德为标准来衡量,可能是不符合道德的;而以新的道德标准来衡量,则可能是道德的,或当下还难以判断是否是正确的,但只要可以肯定大方向是不错的,教师就应给予支持和鼓励。这也是教师公正开放性的主要表现形式。

二、教师公正的意义

公正犹如一面镜子,反映出教师的心灵;它又像一把尺子,衡量着教师的行为。在新形势下,公正对于教师良好职业道德的形成将日益显示它强大的制约和影响力。

(一) 教师公正有利于自身德性的完善

教师公正既能规范教师行为,又能完善教师个体德性。公正属于教师职业道德规范,是一种群体伦理道德规范,公正也是一种个体品质、一种个体德性。但是规范的公正与德性的公正并不是相冲突的。规范为德性提供了内容,而德性是规范得以实现的前提。教师公正德性是教师将公正规范内化之后形成的一种个体德性。教师将责任的"应该"转化为内在的"要求公正"的道德力量，就形成了一种践行公正的现实力量。教师公正德性首先出于教师对公正这一责任的认同与敬畏。教师在对群体规范认同的基础上不断追求公正，教育教学实践中的公正要求又激发了教师不断自我完善，不断追求更高的道德境界以获得个体德性的提升。教师公正就是教师将职业规范与个体德性合二为一，既符合社会对教师角色的期望与要求，又是内在公正德性的自觉展现。所以说，教师追求公正的过程也就是教师自身德性不断完善的过程。

（二）教师公正有利于学生的道德成长

教书育人是教师这一职业的主要职责，育人更是教师之为教师的根本使命。因此，教师不仅要增长学生的知识、提升学生的能力，更要在学生的心灵与人格上产生教育性的影响，这一影响可能关乎学生的终身发展。

教师公正直接影响学生对公正的理解和认同。学生具有"向师性"的特点，教师的德性会直接影响到学生。一名教师若是公正的，那公正的德性便会渗透在他的言行举止中，并通过与学生的交往传播到学生身上。在教师的言传身教、榜样示范下，学生对于公正的认识和理解都会发生相应的变化，学生公正的态度也会在无形中形成。

教师公正有利于学生公正德性的养成。教师公正有助于促进学生对公正的认同和追求，尤其在学生切身感受到公正之后，会更深切地体会到公正是获得尊重的前提，是人与人相处的重要原则，是值得追求的道德品质。学生在感受到公正对自己、对他人的善之后，公正也会变为学生的目标，践行公正也会成为学生的追求，并自觉在日常行为中严格要求自己，提高自己践行公正的能力。

（三）教师公正有利于良好教育环境的形成

从教育的外部环境来说，具备公正德性的教师在日常教育教学实践中能公正地待人待己。具备公正德性的教师能正确地处理与学生家长的关系及其他一些社会关系，将社会上的一些不良风气自觉地抵制在教学之外，为教育教学营造良好的外部环境。

从教育的内部环境来看，公正的教师能正确处理与学校领导和教师同侪的关系。从教师工作环境来看，教师公正有利于教师服从上级领导，与同侪相互合作，共同致力于学生的全面健康发展。教师在与领导、同侪的人际交往中以人格对等的方式相待，有利于教育集体良好氛围的形成，为教书育人功能的发挥提供强大支持。从班级建设来看,班级是学生学习、生活与成长的重要场所,教师公正有益于良好班风、学风的养成。一个充满公正氛围的班集体会对学生的学习、发展产生举足轻重的影响。因此,教师公正对营造利于学生健康成长的教育环境有着巨大的作用。

三、导致教师不公正现象的原因分析

教师公正与否直接表征着公正在教育过程中的实现程度,揭示教育实践中的教师不公正现象,解析现象背后的产生原因,对于促进教师公正,实现教育的社会功能具有重要的现实意义。

(一) 市场经济因素与教师职业道德的缺失造成的不公正

市场经济是以市场为基础,配置社会经济资源的一种方式,资源在市场经济中从来就有稀缺性和不平衡性的特点。由于生产力总体水平较低且经济发展不平衡,就我国现阶段的教育资源而言,较为严重的是教育资源紧张,而且分布不平衡,在教育供需的市场上,表现为优质学校有限、优质班额有限、班额扩充后教师的注意力有限等。一方面教育资源供不应求,另一方面教育需求不断扩大。相应地,在市场经济环境的浸染下,少数教师注重功利和实惠,不恰当地将市场经济中等价交换的原则运用到教育领域,利用教师权力谋取不正当的利益。以给予特殊学生以特殊关照的方式,因"财"施教,获取物质利益或权力的优待。

在不正当的利益驱动下,教师权力的滥用直接促成了部分学生获得不正当精神利益和不正当资格利益。获取不正当精神利益表现为在教育教学领域以权钱交易等非法手段干预教师公正对待学生的权力,以期获得教师对关系学生的特别关心、鼓励、支持、辅导,意图使关系学生获得乐观自信的心态优势。

获取不正当资格利益,是指在学校管理过程中(含班级管理),学生及其社会关系成员通过权钱交易等非法手段从学校领导、班主任等具有教育管理职权的教师手中获取的不正当荣誉或资格。[①] 表面上看,这种师生之间的利益或权力交换是双向互惠的,私人交往的结果是双赢的,但它所掩盖的是对绝大多数学生的公共利益的破坏。因为教师对待学生群体的权力偏移必将导致在部分学生受益的同时,其他学生丧失得到平等对待的权利,甚至被剥夺了宪法、教育法规所赋予学生的受教育权。

---

① 刘冰,于伟. 师生关系中影响教育公平的不正当利益因素探析[J]. 东北师范大学学报(哲学社会科学版),2004(2):127—133.

(二) 传统的精英教育观与教师评价机制不健全造成的不公正

在我国的传统教育体制中,精英教育一直占据着主导地位,在办学思想上陷入了这样一个误区:往往只注重教育的工具性价值,忽视了教育的本体性价值。精英教育最主要的表现形式就是竞争性考试,优胜劣汰。"分数面前人人平等"的形式看似公平,但其背后却隐藏着极大的不公正。首先,精英教育以分数为标尺的选择制度很少考虑来自社会和经济方面的障碍,往往将这种障碍简单归结为个人能力的欠缺;其次,几乎没有证据可以证明,这种选择的程序能够正确地预测一个人是否具有某种特殊职业所需的才能。秉承精英教育观的教师,往往深受中国人头脑中根深蒂固的重功名、官本位的思想影响,把能否培养出"当官的""出名的"人作为自我价值实现的标准;把能否培养出少数尖子学生看作教育质量高低的标准。这样就不可避免地把精力和资源向"尖子生""优生"们倾斜,倾向于关注学业水平较高的学生,在课堂上实行选择性交往,使本来应均等的课堂参与机会分配失衡。美国学者的一项调查显示,教师在一节课上与学生的目光交流有四分之三的时间集中在优秀学生身上。① 同样,一位教育科研人员在教学班连续听课后发现,该班有两名学习尖子,在两天内被各科教师提问共 12 次,另两名学习上的差生,在 12 天内却无人问津。②

教师评价机制是教师职业行为的风向标。当前社会普遍以学生考试成绩作为衡量教师工作业绩的唯一标准,且将其与教师的奖惩、利益、职称、知名度挂钩,客观上导致教师在教学目标的制定、教育内容的安排、教学方法的选择上,都以"优生"为参照,向其倾斜,有意无意地忽视相对滞后的学生。

(三) 教师专业素质不高,教育教学能力不足造成的不公正

1966 年,国际劳工组织和联合国教科文组织提出了《关于教师地位的建议》,首次以国际组织官方文件的形式确认了教师职业的专业性质,认为"应把教师工作视为专门的职业"。1994 年,我国开始实施的《教育法》规定:"教师是履行教育教学职责的专业人员",第一次从法律角度确认了教师的专业地位。2000 年,我国出版的第一部对职业进行科学分类的权威性文件《中华人民共和国职业分类大典》,首次将我国职业归并为八大类,教师归属于"专业技术人员"一类。在我国政府的积极推动下,我国专职教师学历结构总体上不断改善。截至 2013 年,全国各级各类学校专职教师 1476.82 万人,幼儿园专职教师学历合格率为 97.17%,普通小学

---

① 李方安. 班级规模到底该多大[J]. 教学与管理,2003(2):18—20.
② 马和民. 新编教育社会学[M]. 上海:华东师范大学出版社,2002:146.

专职教师学历合格率为 99.83％,普通初中专职教师学历合格率为 99.28％,普通高中专职教师学历合格率为 96.80％,中等职业学校专职教师学历合格率为 87.94％,普通高校专职教师学历合格率为 98.59％。然而,教师学历并不能与教师专业素养直接画等号,当前我国教师队伍中还存在着为数不少专业素质不高、教育能力低下的教职人员,由这些人所提供的低质量的教育资源和简单粗暴的教育管理方式,对于学生来说必然是不公正的。

(四) 师生缺乏必要的理解沟通造成的不公正

相互理解是师生关系的一种和谐状态。有研究者从 5 所学校随机抽取了 100 名教师,问:"您热爱学生吗?"90％以上的被试者回答"是";随后向这 100 名教师所教的学生进行调查:"你体会到老师对你的爱了吗?"回答"体会到"的仅占 12％。[①]

教育是以爱为基础的心理互动的过程,教师的教育行为要被学生真正认同才会体现其价值,发挥其功效。教师与学生是两个存在较大差异、相互区别的群体。在智力发展上,教师是较发达者,学生是较不发达者;在社会经验上,教师是较丰富者,学生是欠丰富者;在思维方式上,教师倾向于理性思维,学生则更多是感性思维;在信息获取上,师生之间呈现一种不对等的状态,学生有着不同于教师的语言、文化和成长背景,而教师则拥有着区别于学生的成人的价值观念、思想情感和行为标准。如果缺乏理解和沟通,师生之间这些客观存在的差异性,将会使师生之间不能相互认同,甚至产生隔阂、误解,并使学生产生强烈的不公正感。

(五) 教师的心理偏见造成的不公正

认知偏见,容易妨碍教师正确地认识和评价学生,产生不公。较为突出的有以下几种:

1. 期待效应

罗森塔尔和雅各布森对于教师"期待效应"的研究表明,教师往往对优秀学生给予正向期待,一般不做消极分析;而对那些"差学生"给予反向期待,一般不做积极分析。教师这种心理又被称为"归因偏见",将高期望的学生的成功归因为内在/稳定因素,而将其失败归因为外在/不稳定因素。相反,低期望学生的成功会被归因为外在因素,导致成功不能激起他们的自我效能感,无激励作用;而他们的失败又会被归因为内在/稳定因素,进一步挫伤其自尊,并期待其再次失败。

---

① 刘爱吉,许兴荣. 素质教育呼唤高素质的教师[N]. 中国教育报,2001-05-26(4).

2. 光环、刻板效应

光环效应,是教师根据学生某个特征形成固定印象后,泛化到这个学生其他特征的现象。"一好百好""一俊遮百丑""爱屋及乌",就是光环效应的结果。刻板效应,指的是人们头脑中常常存在的关于各种类型人的固定印象。有些教师根据自己的判断给学生贴标签,认为好的学生不会变坏,坏的学生不会变好。如一位语文教师发现一个平时作文很差的学生,写出了一篇很漂亮的习作,他可能会习惯于说:"你的作文大有进步,内容很好,文字也很通顺……不错,不错……是你自己写的吗?"存在这样认知偏见的评价,对学生显然不公。

3. 自我投射

自我投射是一种人际偏见,是把自己的认识、情感、意志等特征投射到学生身上,以己度人的心理活动。自我投射容易使教师对学生的评价主观化。

4. 情绪效应

当教师心情轻松愉快时,这种愉快的情绪也会感染学生,对待学生也较宽厚和蔼,易于发现学生的优点。反之,当教师情绪低沉郁闷时,常常会造成课堂气氛紧张压抑,知识信息难以输入。情绪效应也是影响教师公正的一个重要因素。

四、教师公正的践行

在价值判断上,人只要存在理性就会要求公正。现阶段,在人们追求教师公正这样一种教育理想的同时,必须意识到绝对的教育平等是不现实的。教育不像有固定数量和标准形状的物品那样可以平均地分配或切割给每个人,而达到绝对的量上的平等。实际上教育本身也不是追求绝对平等的工具。教师公正要求在公正的价值取向之上,根据我国社会经济发展状况、优质教育资源相对稀缺的现实,以及教育未来发展的可能性来规定教师公正的具体内涵,确立教师公正的实施原则、方法,积极地在教育实践中追求教师的教育公正。

(一)综合治理教师公正实现的教育环境

综合治理教育环境,尤其是教师职业环境,对于促进依法治教,倡导社会教育关系的公平公正,规范教师职业行为,提高教师公正的程度和水平,具有积极的现实意义。对教育环境的治理应注重以下几方面的建设:

第一,增加教育投入,扩大教育资源总量,合理配置教育资源。

第二,保障教师权利,优化职业环境。

第三，建立科学的教师评价机制。

（二）提升道德素质，实现市场经济环境下的教师角色认同

市场经济条件下分配关系、利益格局发生了很大变化，多元文化的交融、碰撞，使师德状况也出现了复杂的变化。现在从我们国家的实际情况看，教育领域里已经有了明显的市场行为，但同时市场规则却没有建立，市场行为使许多教师把自己的职业简单地看成是一个可以进行等价交换、牟取私利的平台。实际上，教师这个职业与其他职业有着天然分别，因为教育的对象是人，人需要言传身教，这一点就决定了教师这个职业永远无法完全市场化。教师不能把自己仅仅视为"经济人"而在市场经济条件下追逐利益的无限大。市场经济下个体的逐利性是由市场经济的规律和本质所决定的，但是这种逐利性是有边界的，至少应该在教师职业道德面前止步。

受中国古代"天地君亲师"并列于顶级地位的影响，当前社会对教师角色的认知存在另一极端，即将教师形象高度理想化，视教师为十全十美的模范、毫无瑕疵的"圣人"。社会包括教师自己也习惯于将教师群体视为春蚕、蜡烛、阶梯甚至殉道者的角色。这实际上是将教师的人格理想状态泛化为教师职业道德标准，而忽略了教师作为普通社会成员的个性存在。过于苛求的标准会使教师产生不同程度的压抑感，当社会给予教师较高的期待、职业评价与教师实际较低的社会地位和劳动报酬发生矛盾时，又会引发教师强烈的心理冲突，使教师产生失落感、不公正感，甚至自我否定。

实现社会主义市场经济环境下的教师角色认同，必须避免对教师职业的上述两种认知偏差。一方面，教师只有具有崇高的师德和专业标准，才能真正把满足学生的需要和利益置于教师个人需要和利益之上，在具体的教育过程中充满公正感和责任感；另一方面，教师职业也是教师实现自我价值的途径。教师的职业价值不仅体现在教书育人、传道授业的社会价值上，也体现在教师对自身的专业成长、人格完善、生命超越的个人需要的满足上。教师应将个性自我与角色自我融为一体，追求自身内在生命价值与外在社会价值的统一。自我价值的实现并非等同于自我私欲的满足。知识经济时代所需要的人才是个性独立、具有创新能力的人才，作为人才培养者的教师，理所应当地亦应是充满激情、不断成长与自我完善的人。正确认知教师角色，有利于实现市场经济环境下的教师角色认同，在职业劳动中体验教师职业生活的丰富性，避免因无法将生命价值与社会价值相互统一而出现的教师职业偏见、职业倦怠、专业理想的缺乏，减少由此而产生的教师执教不公、师德缺失现象。

(三)注重教育教学艺术,提高教师公正的实践能力

教育教学艺术,作为教育行为得以成功进行的内部机制或性能,具有双重性:科学性和艺术性,即体现教育教学规律和学生发展规律而求实的科学性和教育方式及其情意恰当运用而求活的艺术性。科学性与艺术性,决定了教育教学艺术的运用应该且必须达到教育教学效果的最优化,唯此才能促进学生最大限度地发展,实现教育教学艺术的终极目标——公正及公正所产生的教育效益。以下试从教育智慧和教育分寸两个方面,来探讨如何在教育实践中,注重教育教学艺术,追求教育实效,提高教师公正的实践能力。

1. 运用教育智慧,追求教师公正

教育智慧,是未来教师专业素养达到成熟水平的标志,是教师长期全身心地投入教育实践,不断反思、探索、创造所付出的心血的结晶。教育智慧体现在敏锐感受、准确判断教育中不断出现的新形势和新问题的能力;体现在把握教育时机,转化教育矛盾和冲突的机智;体现在根据对象实际和面临的情境及时做出决策和选择、调节教育行为的魅力。

2. 掌握教育分寸,实现教师公正

所谓教育分寸,就是教师要注意教育方法、态度的适度和恰到好处。分寸,包括教师对其教育行为的后果及其主观理解的预见,也包括对学生高度的尊重、同情和关心。教育分寸,是教师为培养学生而选择最恰当的教育行为的一种职业道德和职业能力的尺度。教师依靠对学生高度负责的态度来调节教与学、师与生之间的矛盾关系,调节已经出现的或将要出现的一系列矛盾,做到讲究分寸和行为适度。

第四节 教师幸福

除了幸福,事实上不存在其他任何被渴望的东西。无论何种事物被作为实现某种更高目的(最终为幸福)的手段而受到渴望,都是因为它本身被视为幸福的一部分而受到渴望,并且只有在它确实变成幸福的一部分后它本身才会被渴望。[①]

——约翰·斯图亚特·穆勒

---

① [英]约翰·斯图亚特·穆勒. 功利主义[M]. 叶建新,译. 北京:九州出版社 2007:89.

一、教师幸福的含义

什么是幸福？"单是罗马尼禄时代就有 200 多种关于幸福的相互矛盾的定义。"①幸福是一个多元而又模糊的概念，幸福概念的模糊性不仅表现在个体对自己奉持的幸福概念的"只可意会"，更表现在个体之间理解幸福的角度各有不同。从哲学角度讲，幸福是个体"由于感受或意识到自己预定的目标和理想的实现或接近而引起的一种内心满足"②；从物质生活的角度讲，幸福与人们物质生存与发展环境的改善密切关联，体现了个体需求与社会物质条件之间差异逐步缩小的状态；从心理感官的角度讲，幸福是一种"期望"得到"满足"，从而使心理预期与客观现实达到大致匹配的心理状态。因此，幸福是需要得到满足、潜能得到发挥、力量得到增长的持续快乐体验。对教师来说，亦是如此。只有当教师体认到其所从事的职业的崇高地位与重要价值，并拥有与之相匹配的物质环境和精神环境时，他才会感到自尊和职业生活的幸福。由此，教师职业幸福感是教师在自己的教育工作中需要获得满足、自由实现自己的职业理想、发挥自己的潜能、实现自身和谐发展，并伴随着力量增长所获得的持续快乐体验。

作为一个完整生命体的人，教师有生理的需要，即物质生活的保障；心理的需要，期待尊重和爱的浸润，渴望心灵自由的空间；社会性需要，有自我实现的梦想和追求。只有这些需要得以满足，教师才可能营构幸福的教育人生，凸显主体的生命意义。那么，目前从事教育工作的教师在自身的职业活动中是否感到幸福呢？大量的研究发现我国教师职业幸福感的总体现状是不容乐观的。据中国人民大学公共管理学院组织与人力资源研究所和新浪教育频道联合开展的"2005 年中国教师职业压力和心理健康调查"显示："有 86% 的被调查教师至少出现轻微的工作倦怠；有 58.50% 的被调查教师出现了中度的工作倦怠；有 29% 的被调查教师出现了高度的工作倦怠。"③另外，不少教师在领导管理、晋升机会、工作条件方面的满意度很低，缺乏自豪感，存在弃教改行的念头，教师职业压力过重，教师身体健康状况不容乐观，情绪衰竭现象比较严重，工作热情减退，教师的工作成就感较低，缺乏良好的自我认知。从总体上来说，以使人幸福为己任的教师生活得并不如意，并不幸福。

教师的幸福去了哪里？教师怎样才能追寻到自身的幸福？

---

① 葛晨虹. 哲学视野中的幸福理念[J]. 人民论坛，2005(1)：44—45.
② 朱贻庭. 伦理学大辞典[Z]上海：上海辞书出版社，2002：98.
③ 2005 年中国教师职业压力与心理健康调查[EB/OL]. http://edu.sina.com.cn/l/2005-09-09/1653126582.html，2005-09-09/2016-1-21.

幸福小贴士：小猪问妈妈幸福在哪里？妈妈说在你的尾巴上。小猪用嘴巴怎么也咬不到尾巴，它沮丧地告诉妈妈自己抓不到幸福。妈妈笑着说："只要你向前走，幸福就会一直跟着你。"让我们一起做那只追求幸福的小猪吧！因为，只有那些一直往前走的教师才能跟上教育幸福的脚步；只有那些勇于付出的教师才能抓住教育幸福的尾巴。

二、教师幸福的追寻

关于幸福，亚里士多德说过，幸福是通过学习和培养得到的，而不是靠运气获得的。① 教师是一个幸福的职业，但这种幸福并非自然天成，它需要教师通过无私的奉献、积极的进取和卓越的创造去追寻。所以，对于教师幸福，"去追求"和"能追求"是至关重要的。如果教师自愿放弃了对幸福的向往和追求，或是由于自身感知幸福能力有限即便幸福就在身边也不能获得幸福，幸福则不可企及。

（一）教师幸福感的来源

心在天堂，生活的感觉就在天堂；心在地狱，生活的感觉就在地狱。

——流沙．低保户的快乐[N]．解放日报，2007-07-26.

1. 教师的幸福来源于学生的成长

每个职业的人都有自己的幸福。农民以获得丰收为幸福，工人以生产出有价值的东西为幸福，医生以医治好一位病人为幸福。作为教师，也有属于自己的幸福。赠人以玫瑰则手留余香，教师这个职业是时时给予爱、收获爱的职业。将爱的种子无私地播撒于学生的心田，收获的必定是爱的果实。我国古代思想家孟子曾讲过"君子有三乐"，其中"得天下英才而教育之"即是一"乐"。桃李满天下，看到学生的成长，得到学生的尊重、认可，是教师最大的幸福。

2. 教师的幸福来源于自我价值的实现

一些心理学研究者的研究表明，"幸福不仅仅意味着因物质条件的满足而获得的快乐，而且包含了通过充分发挥自身潜能而达到完美的体验。幸福感更多地表现为一种价值感，它从深层次上体现了人们对人生的目的与价值的追问"②。对于教师来说，要得到幸福就必须实现自我价值，获得事业上的成就感。教师在完成自己教学工作的同时，体味到人生的价值并获得自身发展的精神愉悦。对教师来说，

---

① 亚里士多德．尼各马可伦理学[M]．北京：商务印书馆，2003：16.
② 曹俊军．论教师幸福的追寻[J]．教师教育研究，2006(5)：35—39.

价值的体现源于教学生活所带来的成就感与满足感——在促进学生成长与进步的同时,教师也获得教学经验的凝练,自身潜能的实现,教学境界的提升,自我实现的满足。

3. 教师的幸福来源于和谐师生关系的建立

幸福虽然是个人的,但人不是孤立的原子化的存在,而是一种关系性的存在,因此,个人幸福必然有一个人际基础。"那幸福的生活伸展于事务、处境、各种人际和各种行为之间。一个人的幸福在这些跨度范围中展开。"[①]教育教学过程本身就是一个交往的过程,教师的幸福就深植于和谐的师生关系中。

4. 教师的幸福来源于社会的认可与尊重

研究表明,社会支持与主观幸福感呈显著正相关。[②] 教师受尊重的社会地位是教师获得职业幸福感的基本条件。当教师的劳动被他人、社会认可时,教师必然会无比快乐,会被幸福紧紧"包裹"。而过高的社会期望和不健全的社会支持系统则会加重教师的精神压力,降低教师的幸福感指数。

(二)教师幸福能力的提升

幸福能力是主体发现、感受与创造幸福的能力。人人都向往和追求幸福,但并非人人都能获得幸福。幸福往往垂青于那些能凭自己的能力与努力发现、感悟并创造幸福的人。"一个幸福能力强的人,不会感叹生活的平淡无奇,反能让其变得引人入胜,并以此为乐,热爱生活;一个幸福能力强的人,具有健全的主体意识和合理的内在尺度,能自主地把握自己的人生幸福;一个幸福能力强的人,始终保持着强烈的创造欲望和旺盛的创造激情,体验创造之幸福;一个幸福能力强的人,不仅自己善于发现、创造、享受幸福,还能将这种幸福'移植'给他人,与他人共创、共享幸福,达到共生共进、和谐发展的美好境界。"[③]

教师幸福是社会环境和教师品质、能力共同作用的结果。因此,教师幸福能力的提升依赖于自我世界的精神塑造、外在世界的人文关怀;主观世界的专业追求、客观世界的尊重回报;精神世界的融合建构,物质世界的价值营造。

1. 建构合理的幸福观

所谓幸福观,即人们对什么是幸福、幸福的标准以及获取幸福的途径等问题的根本

---

① [丹麦]尼尔斯·托马森.不幸与幸福——克尔凯郭尔镜像[M].京不特,译.北京:华夏出版社,2004:543.
② 宋佳萌,范会勇.社会支持与主观幸福感关系的元分析[J].心理科学进展,2013(8):1357—1370.
③ 唐凯麟,刘铁芳主编.教师成长与师德修养[M].北京:教育科学出版社,2000:204—205.

性看法和态度,它是一个人的人生观和价值观在对待幸福问题上的集中表现,对幸福的方向和强度具有导向和驱动的作用。心理学研究表明,无论是不同人面对同样的刺激还是同一个人面对不同的刺激,是否产生幸福感,或产生什么样的幸福感,都是以人的幸福观为前提的,都要经过幸福观的过滤和指引。① 作为教师,要在自己的职业中获取幸福,首先必须树立健康的幸福观。

幸福不是索取,而在于奉献的过程中。我们追求幸福,但幸福绝非单纯地索取;我们提倡奉献,但奉献绝非纯粹的自我牺牲。教师在进行职业奉献的同时,也在升华和实现着自我。

幸福并不缥缈,而在于平凡的生活中。教师的幸福就存在于平凡的日常教育教学生活中。正如苏联教育家阿莫纳什维利所言:"谁爱儿童的叽叽喳喳,谁就愿意从事教育工作,而谁爱儿童的叽叽喳喳声已经爱得入迷,谁就能获得自己的职业幸福。"②

阅读资料

我的幸福教育故事③

我的幸福来源于课堂上那一双双渴望的明眸。课堂是我的立足之本,讲台是我的舞台。就跟演员需要观众一样,当我精心备好每一次课,我也同样渴望着学生投来欣赏的目光。它们就像一眼眼清泉,死死地盯着我的一举一动,聆听着我的一言一语。他们一双双小手在本上急速移动的时候,我的内心在澎湃,那是我激情的表现。是他们那渴望的眼神让我激情飞扬!

我的幸福来源于那一摞摞整齐的作业本和试卷上一个个醒目的分数。当一个个小课代表矫健的身影在办公室来回穿梭时,我对他们充满了信任、欣赏、感激。他们送来的不仅仅是一摞摞本子,一个个简单的分数,而是对我们辛勤付出的反馈、回报,是他们向敬爱的老师呈上的一封封感谢信,为他们付出的辛勤劳动量化!看着一个个鲜红的对钩,一个个令人愉快的三

---

① 扈中平.教育何以能关涉人的幸福[J].教育研究,2008(11):30—37.
② [苏]阿莫纳什维利.孩子们,你们好![M].朱佩荣,译.北京:教育科学出版社,2002:5.
③ 王春叶.我的幸福教育故事[EB/OL].http://www.szseblog.cn/blog/6076/29277.html,2012-06-19/2016-10-21.

> 位数,我们感到欣慰和高兴;个别差号,少数不能视为高的分数,为我们指明了接下来该怎样教育这些学生。只要用心感受,这些被多少人视为任务和负担的事原来也大大提升着我们的幸福指数。
>
> 我的幸福来源于一遍遍不厌其烦地点拨后学生的醒悟带来的惊喜。……我的幸福来源于一声声诚挚的"老师好!"作为教师,我们独享着许多的特权,何尝不是幸福?
>
> 教师职业的点点滴滴无处不是感动,无处不存在幸福的鹅卵石,只要你愿意俯下身去,就能捡到幸福。

幸福不是坐享其成,而在于教师的积极创造中。"年年岁岁花相似,岁岁年年人不同",教师的劳动对象是不断发展变化的人,教师的职业是一个富有创造性和挑战性的职业。而"人的幸福总是同人的创造紧密联系在一起的。创造是人的一种天性,也是人获得幸福、享受幸福的主要源泉"①。所以,教师的幸福在于积极的创造之中。

幸福并没有什么固定的模式,它既可以表现在对追求获得满足的愉快体验中,也可以表现在与困境、与命运抗争的过程中。不管有多难有多苦,只要心中有坚定的信念,心中有感激之心,内心深处安静与平和,人生就是幸福的。教师也是这样,平凡的岗位,默默的奉献,巨大的压力,劳累的身心,在执教过程中失去了一些东西,也收获了其他人难以拥有的幸福和快乐。

2. 拥有健康的身心

身心健康是教师提升幸福指数的前提条件。现代社会随着生活节奏的加快、压力的增加,教师的身体状况以及心理状况都是令人担忧的。

教师要提升幸福能力,首先要有一个健康的身心。常言道"身体是革命的本钱",教师的工作量巨大,并且具有延展性。即使下了班,也还要备课、批改作业和思考一些班上要解决的事情等。"两眼一睁,忙到熄灯",日复一日,年复一年,大多数教师患有颈椎病、咽炎等职业病。此外,一些教师由于精神紧张而失眠,有49.70%的被调查教师有较明显的情绪衰竭②,情绪上出现烦躁、焦虑、抑郁等症状。因此,自己解放自己,释放压

---

① 唐凯麟,刘铁芳主编.教师成长与师德修养[M].北京:教育科学出版社,2000:206.
② 2005年中国教师职业压力与心理健康调查[EB/OL]. http://edu.sina.com.cn/l/2005-09-09/1653126582.html, 2005-09-09/2016-1-21. 情绪衰竭是指个人认为自己所有的情绪资源(Emotion Resources)都已经耗尽,感觉工作特别累,对工作缺乏冲劲和动力,在工作中会有挫折感、紧张感,甚至出现害怕工作的情况。

力,增强体质是当务之急,而坚持体育锻炼无疑是最佳途径。每天锻炼一小时,健康工作数十年,幸福生活一辈子。

3. 树立积极的心态和敬业的态度

当人们寻找生命的真谛,追求人生的价值时,就会审视脚下的每一步,思考存在的每一秒。态度,决定了我们的生活是不是圆满,也决定了我们的人生是不是快乐幸福。

 阅读资料

让我们把26个英语字母从A到Z和阿拉伯数字从1到16联系起来。我们设定A等于1%,B等于2%……最后,Z等于26%,我们可以看到:辛勤工作(Hard work)=H+A+R+D+W+O+R+K=8%+1%+18%+4%+23%+15%+18%+11%=98%;知识(Knowledge)=K+N+O+W+L+E+D+G+E=11%+14%+15%+23%+12%+5%+4%+7%+5%=96%;而爱(Love)=L+O+V+E=12%+15%+22%+5%=54%;运气(Luck)=L+U+C+K=12%+21%+3%+11%=47%。人们会认为,辛勤工作、知识、爱、运气,对一个人的幸福感是至关重要的。但是,什么能够让人感觉到百分之百的幸福?一把钥匙开一把锁。或许,我们只有改变我们自己,只有百分之百地用良好的心态去感知世界,我们才能够走得更远,我们才能够获得更多的幸福感。这个良好的心态,就是态度。

态度(Attitude)=A+T+T+I+T+U+D+E=1%+20%+20%+9%+20%+21%+4%+5%=100%。只有用良好的心态去面对生活,去面对工作,我们才能够百分之百地感觉到幸福。态度就是一切。态度改变了,生活也就改变了。良好的态度(Good Attitude)等于百分之百的幸福感(Happiness)。如果要让自己感到幸福,就不要心浮气躁。

4. 营造良好的社会和工作环境

在缺乏"尊师重教"的社会环境里,奢谈教师幸福是不切实际的。因此,构筑和谐的社会环境,营造良好的工作环境,倡导亲师信道的课堂氛围,这些无疑是教师获得幸福的必要条件。除了要营造良好的工作和生活环境,国家还需从政策与法律上保护教师人格和尊严。我国近年来多次颁布法律法规并制定一系列政策规定以保障教师的合法权益、尊严和人格不受侵害,并多次以不同形式提高教师的社会地位与工作待遇,以确保教师的正当利益得到保护和教育事业的顺利进行。这些都体现了社会与人民对教师的充分认可与尊重,也成为教师幸福的来源和保障。

 阅读资料

胡萝卜、鸡蛋还是咖啡豆①

有一个女孩向她父亲抱怨她的生活,她觉得凡事都很艰难,不知该怎样挺过去,想放弃努力。她厌倦了不断地抗争和奋斗,似乎一个问题刚刚解决,另一个问题就马上呈现。

她的父亲是个厨师,把她带到了厨房,他在三个壶里分别装满了水,然后放到高温的火上烧。很快,壶里的水被煮开了。他往第一壶里放了些胡萝卜,往第二个壶里放了几个鸡蛋,在最后一个壶里放了些磨碎的咖啡豆,然后,一句话也没说,他由着水把它们煮沸。

女儿咂巴着牙齿发出声响,不耐烦地等着,对父亲的行为感到很纳闷。大约二十分钟后,父亲关掉了火炉,把胡萝卜捞出来,放到一个碗里;又把鸡蛋拣出来放进另一个碗里;接着把咖啡用勺子舀出来倒进一个杯子里。然后转过头来,对她说:"亲爱的,你看到的是什么?"

父亲让她接近这些东西。要她去摸胡萝卜,她摸了之后,注意到,它们变柔软了。然后,他又要她去拿一个鸡蛋并把它敲破,在把壳剥掉之后,她观察了这个煮熟的鸡蛋。最后,父亲要她饮一口咖啡。尝着芳香四溢的咖啡,她微笑起来。

父亲解释说,这三样东西面临着同样的逆境——煮沸的水。但它们的反应却各不相同。胡萝卜本是硬的,坚固而且强度大,但受到煮沸的水的影响后,它变得柔软而脆弱。鸡蛋本来易碎,薄薄的外壳保护着内部的液体,但是在经历过煮沸的水以后,它的内部却变得坚硬。不过,最独特的却是磨碎的咖啡豆,当它们被放入煮沸的水之后,它们却改变了水。

当逆境找上你时,你该如何应对呢?

---

① [土耳其]谢布内姆·蒂尔凯希.胡萝卜、鸡蛋还是咖啡豆[EB/OL].梁军,译. http://article.yeeyan.org/view/PopinJay/147697,2010-11-02/2016.10-21.

思考与练习

1. 如何培养教师的义务感？
2. 在教育实践中，为何要强调教师良心？
3. 何谓教师公正？在现实生活中如何践行教师公正？
4. 如何才能提升教师的幸福感？

第四章 教师职业道德教育

学习目标

1. 了解我国教师职业道德教育模式的沿革。
2. 理解教师职业道德教育的规划与实施。
3. 了解教师职业道德教育的形式及存在的问题。
4. 掌握教师职业道德教育问题的解决策略。

第一节 教师职业道德教育概述

教师职业道德建设是教师队伍建设的根本性问题,随着社会的转型和教师队伍的不断更替,教师职业道德教育越来越受到重视。2012年8月国务院颁布了《国务院关于加强教师队伍建设的意见》(国发[2012]41号),明确提出要建立师德建设的长效机制。为落实这一要求,教育部于2013年8月颁布了《教育部关于建立健全中小学师德建设长效机制的意见》,明确提出"将师德教育纳入教师教育课程体系。师范生培养必须开设师德教育课程,新任教师岗前培训开设师德教育专题,在职教师培训把师德教育作为重要内容,记入培训学分"。2013年的各类"国培"项目中,明确规定必须设立师德教育板块。

一、我国教师职业道德教育模式的演进[①]

(一)对教师职业道德内涵的认识逐步清晰

1. 从强调政治性到凸显专业性

在我国,为师者具有很强的政治意识传统,以教至治是古代社会教师的神圣责任,教育与政治的贯通是教师不可推卸的义务。中华人民共和国成立后,我国的人民

[①] 郅庭瑾,吴慧蕾. 我国教师职业道德教育的发展与评价[J]. 中国教育学刊,2009(8):27—29.

教师被赋予培养社会主义事业建设者和接班人、提高全民族素质的神圣使命。教师一度被认为是执行党和国家方针政策的"传递者",政治色彩浓厚。相应地,师德规范、师德教育偏重于从政治上、思想上对教师提出要求,而不仅是从教育这一特殊而又相对独立的专业领域来看待师德教育。然而,教师职业道德的专业性随着教师专业化越来越凸显。"在教师专业化的运动之中,教师的职业道德向专业道德的转换始终是一个重要的线索。教师质量与专业精神不能分离,因此由抽象、模糊、未分化的师德走向具体、明确和专业化的伦理规范是理所当然的事情。"[①]教师越来越被认为是专业人员,其道德建设逐步与国家政治相剥离,教师职业道德被认为是其专业领域内的事。

2. 从强调德行到关注人性

教师曾经一度被推向神坛,人们期望教师应"燃烧自己,照亮他人",而忽视了教师首先也是一个"人",有其合理的物质和精神需求。新世纪以来,一个明显的变化是,人们开始更多地关注教师的心理健康、职业倦怠等问题。如,有的学者从"为人师表"的时空范畴和行为范畴切入,认为"为人师表"作为教师的一种道德规范和行为要求,应限制在教师从事职业活动的特殊时空范围内,而不应当把它扩展到一切时空范围,也不能泛化到教师的一切言行中去。[②] 有的学者从法治的视角认为,多年来社会领域存在着以"灵魂的工程师、蜡烛"等赞誉性、感情色彩浓重的描述代替对教师切切实实的社会地位现状加以理性分析的倾向;呼吁用理性的、法治的精神改造我们的教育管理思想和行为,既不把教师妖魔化,也不把教师神圣化,还教师在不同时间和空间上的不同身份。[③] 从这些观点可以发现,教师的身份不再被泛化,教师的角色不再被"神化"。只有给予教师最大的尊重与爱护,才能挖掘教师人性中的德行。

(二)师德教育方法趋于务实

由于受各种主客观条件的制约,传统教师教育体系下的师德课程教学一般只限于课堂理论讲授,而缺乏其他教学渠道和形式,所以只能讲解关于师德原则、师德规范、师德范畴等理论知识,与此相应,在教学方法上仍然是陈旧落后的灌输方法。当前,随着我国对师德教育实效性的关注,教师职业道德教育的方法和途径也不断趋于多元和务实。

---

① 檀传宝. 论教师"职业道德"向"专业道德"的观念转移[J]. 教育研究,2005(1):48—51.
② 刘惠. "为人师表"的合理范畴论析[J]. 教师教育研究,2005(1):47—50.
③ 尹力. 教师身份泛化:法治视野下亟待消解的问题[J]. 教师教育研究,2007(1):45—48.

1. 根据教师职业道德发展的不同阶段,采取有针对性的师德教育策略

不同的教师表现出不同的职业道德认识和发展阶段,处于不同发展阶段的教师,其师德水平与需求并不相同,需要采取不同的策略。所以,在师德教育中,将师德水平与教师需求进行分类,对促进师德教育的实效性具有现实意义。

2. 采用榜样学习与反面事例作用相结合的方法进行师德教育

运用榜样示范、教师故事、视频电影、真实人物现身说法等方式,在师德教育中取得了明显的教育效果。比如,历年举办的"全国十杰教师"评选活动及"十杰教师"在全国范围内的巡回演讲,都引起了强烈的反响,得到教师的共鸣。利用反面事例对教师进行教育,可以起到一定的警示作用,深化正面教育的效果。

3. 加强教师自身道德修养,注重反思学习

通过反思培训模式,教师对自己的师德进行评价与思考,是师德培训的有效方式之一。教师职业道德教育不仅要使教师遵从既有的道德规范,更重要的是教会教师如何应对多元道德价值观的冲击,教会教师作出选择,避免理论上的高调和实践中的迷茫。

(三)师德培训职前职后一体化

教师职业道德教育作为教师教育重要的一环,其发展与教师教育系统密切相关。我国自第一次全国师范教育会议以后,逐步确立了定向型、封闭型的教师教育体系,新师资的师德培养主要靠师范院校在职前教育阶段进行。但是教师职业道德教育应该贯彻教师职业生涯的始终。虽然职前师德教育能培养师范生对教育工作的理性认识和一般的工作情感,但教师职业道德成长的土壤在于职场,在教育教学的生动、丰富而复杂的情境中。因此,以各级各类教育学院和教师进修学校培训为主要渠道的职后师德培训得到迅速发展。

二、我国教师职业道德教育发展的新趋势

我国教师职业道德教育经过三十余年的发展,不断走向专业化和实践领域,真实的教育职场越来越成为教师职业道德成长的重要场所,教师职业道德教育方面零散的经验也逐步被更为系统规范、更具操作性的制度所代替。

(一)从"职业"走向"专业"

教师职业道德从传统的职业道德向专业道德转化是教师队伍专业化的内在构成和重要标志。在我国,教师职业道德建设在很长一段时期内,往往是一般道德规范在

教育行业里的简单演绎与应用,而没有从专业特点出发讨论教师职业道德规范的建立,导致教师职业道德建设经常停留在口头上,没有得到真正的贯彻和实施。"专业性"实质上是指某一行业行为主体和主体行为的"不可替代性"。① 教师职业道德向专业道德的转换首先意味着教师应被当作特殊的专业人员来对待,要有其特定的行业道德。其次,我们应当从专业生活的角度理解教师专业道德建设,将教师的职业道德理解为专业生活的必需。当然,教师职业道德向专业道德或专业伦理的转换不是一蹴而就的。但是教师职业道德从"职业"走向"专业"是我国教师职业道德发展业已出现的新趋势。从"职业"走向"专业"预示着"通用"的教师职业道德规范即将落幕,"不可替代"的教师专业道德逐步建立。

(二) 从课本走向实践

多年来,我国教师职业道德教育主要是在职前培训的课堂上完成的,主要教育方式是对教师职业道德规范及相关的师德知识进行集中说教和灌输。"道德教育具有的实践性是与知识教育的本质区别,关注教育实践是重塑师德教育的必然选择。"② 教师职业道德教育从课本走向实践,首先是因为教师的职业道德是在教育教学工作中提升与养成的。在教育教学实践中,教师产生职业道德需要,并逐渐地转化为道德观念,外化为道德行为。其次,教师职业道德教育从课本走向实践意味着教师要勇于接受新的理念,通过教育实践,反思自己的教育行为,形成"实践+反思"的教师职业道德成长模式。再次,教师最重要的道德实践表现为与学生的交往。教师作为大众预期的道德楷模,对学生的道德成长有深远的影响。要培养良好的师德品质,教师与学生交往的过程是最好的道德实践。

(三) 从经验走向制度

"经验型教师向专业型教师的转变是人类教育生活历史性进步的一个重要表征。"③同样,将零散的教师职业道德教育经验上升为制度,是克服教师职业道德缺失的有效途径,也是今后教师职业道德建设要努力达成的目标之一。合乎伦理的教师职业道德教育制度是加强道德他律的重要措施。教师职业道德规范的确立为教师职业道德教育从经验走向制度迈出了重要的一步,但仍有不少制度急需建立。从美国等西方国家教师伦理建设的经验来看,我国在教师职业道德建设方面,操作性强的制裁和惩罚制度一直比较缺失。一些教师职业道德规范,由于缺少奖惩制

---

① 黎琼锋. 从规约到自律:教师专业道德的构建[J]. 教育发展研究,2007(1):35—38.
② 刘文华. 关注教育实践是重塑师德教育的必然选择[J]. 高教研究,2004(11):91—92.
③ 檀传宝. 论教师"职业道德"向"专业道德"的观念转移[J]. 教育研究,2005(1):48—51.

度的保障,在实践中难以落到实处。以教师职业道德规范为例,其条例主要以提高教师道德水准为着眼点,属劝诫性的训条,充其量可以对有德行的教师起作用,而缺乏对"缺德"教师的鞭策力量。同时,科学的师德评价制度也需要建立和完善。

三、我国教师职业道德教育的规划与实施

当代教师的职业生存状况呼唤教师教育理念和方式的伦理变革,这需要从教师自身的职业生活事实及职业道德、专业道德的视域统筹规划,合理实施。①

(一) 将师德培育纳入教师教育体系建设与完善的全过程

基于教师教育实践中技能主义流行的弊病,目前的教师教育必须切实改变重能轻德的倾向,通过富有启发与反思意义的师德培育项目与活动,使教师学会在提高教学技能的同时自觉地从道德的维度思忖自身活动的智慧品质与精神内涵,以不断获得一种在恰当的时间、地点,以恰当的方式做正当的事的能力。应树立一种师德为先的教师教育观念,既在专业发展中融入师德建设的内涵,又在师德建设中结合专业发展,从而使教师的道德成长与专业发展实现相互支持、互为支撑的良性循环。

将师德培育纳入教师教育的全过程,不应囿于师德规范的政策诠释与理论阐释,而应结合教师自身的职业生活状态或道德生态,采取体验、互动、反思、叙事、讨论等多种形式调动其主动参与、亲身感受、自我体认的积极性,从而使其学会分析日常教育生活中诸如对待学生、家长、同事以及教学活动等的不道德行为及其危害,自觉地恪守教师职业的底线道德,并在创造性的教育活动中追寻更高的道德境界。这里的关键,是如何通过有组织的师德教育活动来激发教师自我道德教育与自我修养的自觉性,引导其通过对象教育的感悟与理解发展成为自觉自律的教师。

无论是在教师专业发展过程中增加有效的师德培育环节,还是专门性地促进教师的德育专业化,都应将道德成长纳入教师教育的目标规划与实践活动中。以此为目标,国家应在教师教育的链条上建立符合教师发展规律与教育改革实际的相互衔接的职前、在职师德培养的课程与教学体系及评价标准,并以此标准作为教师入职、履职与解职的行业依据之一,从而使教师的职业道德建设和师德素养的提高获得制

---

① 参见唐爱民.道德成长:道德教育不能遗失的伦理维度[J].课程·教材·教法,2010(2):39—40.

度上的保障。

（二）增强教师教育活动之道德审视的自觉性

对教师而言，熟知并遵循现行的师德规范无疑是必需的，但要真正将师德规范融入日常的生活世界并成为统摄教育活动的价值指南，则需要对师德规范的实践性体认与反思性理解。否则，师德规范就成为外在于人的虚饰或外部的强制，因而也无法内化为教师真正的德行习惯。道德所要求的规范终究要靠个人把握并主动遵守，道德应当归属于个人。属人的道德首先需要人的自我审视、确证与批判。这既源于教师职业的道德根基性，也是教师作为社会良心代表的职责所系。

道德性或价值性是教师劳动的第一特性，离开这一点，教师的专业发展与职业成长就无从谈起。教师的教学与教育活动既是专业知识与技能的创造性展现，又是道德智慧的自然流溢，既是一种能力的体现，也是一种德行的展现。同样，教师的职业成长既是其专业能力的循序发展，亦应是职业品质与道德人格的自然生成。教师的职业成长历程不应是学科知识、课程理解、教学技艺的单方面拓展，而应是学识与学养、能力与品行的和谐共生。理想的教师发展的路径应是：既要从技能方面促进其活动的实效性与创造性，又要从伦理的维度促使其理解教育目的与过程的道德意义，有助于他们实现公正、平等和合作的生活方式。教师要想在日常的教育实践中创造性地展现其智慧才能，就必须学会从道德的维度对自身的知识结构、教育方式、教学技能、评价方式作出批判性、建构性的省思。这样，既可以防止未经省思的跟风或盲从，又能在与同行的横向比较及与自身发展的纵向比照中，获得道德发展的反观与启迪。

（三）在新课程改革的实践中融入道德批判与道德反思

教师的道德成长需要组织化、制度化的教师教育活动的外在保障，但更需要立足于复杂而具体的教育活动之中的自我教育与反思的内在促进。这就需要教师自觉地从道德的维度增强对现行教育制度、教育理念、改革实践与教师职业的理解与反思。当下，在新课程改革已成为中国基础教育发展基本生态的历史境遇下，教师教育及教师素质的全面提升业已提到重要日程上来，教师德性发展与道德完善的任务愈益紧迫。这同样需要教师在理解新课程改革的基本理念、掌握教育实践的新策略与新技能的基础上，通过自觉反思与道德审视来发现并解决课程实施中的道德困惑与问题，以达到对教师职业与劳动的较为全面的理解，从而以主体性的姿态投入到新课程改革的实践中，做一个有道德智慧、自主成长型的教师。如若在教师教育与师资培训中继续偏重精巧的教学技术与策略的应用而忽视与新课程改革相契合的、不断变化的教师职业道德意识与能力的提高,那么,教师就因囿于技能型、实用性、便利性的考量而丢弃了更为根本的道德成长与人格完善的责任,因而也就不会获得实质性的专业发展。

新课改所秉持的从重教到重学、从重知识到重能力转向的新理念,决定了无论是教师的发展还是学生的成长,教与学的活动都不限于知识的授受,而在于能否寻觅知识表象背后的价值依托及知识授受方式是否符合道德与智慧的维度。知识的传授与习得只有获得道德的价值指向与归约,才能产生对师生双方的精神意义。因为,仅凭知识和技巧并不能给人类的生活带来幸福和尊严。人类完全有理由把高尚的道德标准和价值观的宣道士置于客观真理的发现者之上。教师职业的道德特性决定了他所传递的任何知识都负载着某种价值意义、道德意蕴;而摒弃了道德发展的教师教育则必定使这种意义变为虚妄。

(四) 引导教师在专业发展与道德完善的融合中实现对职业人生的理解

教师的专业发展与道德成长既需要制度、政策、培训等外部环境的支持,更需要教师在职业活动中的自主建构。二者并非相互排斥而是互为支撑的关系,正所谓德以导能,能以表德。教师要实现对职业的完整理解与体会,要使自身的劳动充满魅力从而促进学生的全面发展,既需要教育专业技能的提高,亦需要对教师职业的道德理解,而后者对臻于幸福人生的意义更为显著。只有在合乎德性的具体的实践活动中,才能把握并创造美好生活。教师应当在师德修养中凸显关注生命、关爱生命、追求幸福人生、追求职业之美的浓烈的生命情怀。这不仅源于教师职业从根本上来说是一种道德职业,也源于教师对自身劳动的道德态度直接决定着人生的意义。只有走上道德所铺设的成人之道,偶然的人才可能转化为必然的人。

脱离教师发展之完整结构与系统谋划的单向度的技能培训,剔除师德成长与反思的技能操练,或仅仅将师德培育视为规范的知识授受或榜样事例的机械比附,都无一例外地疏离了教师职业的价值与意义。其结果是:教师没有实现自身职业的完满发展,学生也不可能得到素质的全面发展。因为,教师道德成长的方式也必定影响学生的道德成长。教师若以被动接受、例行公事的方式参与师德教育,则他必定习惯性地对学生采取同样的规训式的道德教育策略,其效果可想而知。唯有引导教师在对自身教育活动的反思中实现专业发展与道德成长的融合,才能使得教师的职业人生充满尊严与意义。

第二节 教师职业道德教育的形式

一、职前教师职业道德教育

(一) 我国职前教师职业道德教育的现状

职前教师职业道德教育,是师范院校教育者依据社会对教师职业道德的要求,有目的、有计划地,将教师职业道德规范转化为师范生自身职业道德品质的教育活动。师范生是未来的教师或在成人师范院校进修的现职教师,其素质状况如何直接关系到我国教育的质量。在师范生的素质中,思想道德素质具有导向作用,决定师范生在未来教育、教学活动中的方向、态度和行为表现。因此,加强师范生的职业道德教育和为人师表的养成教育,培养其为教育事业奉献终生的职业理想、高度负责的敬业精神和高尚的师德品质是培养造就德才兼备的教师的极为重要的方面。

然而,当前我国在对师范生进行教师职业道德教育上还存在很多问题,比如教师职业道德教育的课程设置不够科学,教育理念较为陈旧,教育方法较为枯燥,教育阶段缺乏连续性,教育评价方式欠妥等。

1. 教育理念陈旧

教育理念其实就是一种教育思想,对人们的教育活动有一定的指导作用。一直以来,对师范生进行职业道德教育的观念一直比较传统,主要表现在两个方面:第一,将教师职业道德知识化;第二,把对师范生的职业道德教育完全推到职后去。目前随着教育精英化向教育大众化的转变,就业形势越来越严峻。高校比较重视加强师范生的职业技能培训,比如培养师范生的讲课、说课能力,以及加强专业理论知识的教育,而往往忽视师范生的教师职业道德教育,认为职业道德会在工作后自然而然地形成,这样就把对师范生的职业道德教育完全推到职后去。师范生作为未来的人民教师,承担着培养祖国建设者和接班人的重任,其道德素质一定要硬,不然将会贻害无穷。教师的职业道德素质的形成并非是一朝一夕的事,而是需要一个长期的过程。既需要个人在生活中感悟,也离不开学校的教育。想当然地认为仅仅通过职后的几次培训就能使教师的道德素质突飞猛进,显然是不可能的,也是不正确的。

2. 教育方法枯燥

对师范生开展教师职业道德教育,只有采取行之有效的方式方法才能取得可喜的成绩。方法得当,就能够收到预期的效果,达到预期的目的;方法不当,则可能收效甚微,甚至会使结果走向目标的反面。因此,选择正确的方法是一个十分重要的问题。当前对师范生进行的教师职业道德教育,主要采用的方式是传统的灌输式教育,这种传统的灌输式教育方式无论是形式还是方法都比较单一枯燥。高师院校的一些教师把教师职业道德教育当成一般理论,习惯于把教师职业道德的内容分解为一个个知识点,通过课堂和会议的形式,集中灌输给学生。这种空洞说教的方式,使学生上课埋头记笔记,考前记忆笔记,考后忘笔记,完全处于被动接受的地位。教师是主导、学生是主体的双主体教育理念在这种灌输式的教育方式下,完全没有得到体现。同时这种灌输式的教育方式,只能使学生机械地记住一些教师职业道德规范的内容,显然远未达到教育效果。

或许有人会认为,师范生就是未来的教师,自己就是去教育别人的,所以对师范生进行教师职业道德教育,只要把职业道德的规范和要求列出来就够了,不需要特定的方式方法,师范生自己就会明白了,就将对自己进行教育。但并非所有人都是那样自觉的,空洞的理论不会这么容易就变成师范生的实际道德行为。这种缺乏师范生自身的自主参与和切实情感体验的传统灌输方式,使生动形象的教师职业道德教育变得枯燥无味,很难取得实效。教师职业道德教育本身应该是一种情感课,不单单是记住教师职业道德规范的几个条目就够了,而应该通过情感的体验,产生切身的感悟,自发进行反思,使心灵得到觉醒,把教师职业道德的规范和要求内化为自己为人处事应该坚持的原则和规范,并将其落实到具体的学习、工作、生活中去。

3. 教育过程缺乏情感体验

教师职业道德教育并非只依靠简单的理论传授,学生接受就可以了。对师范生进行教师职业道德教育,其目的是要让师范生提高教师职业道德认识,陶冶教师职业道德情操,锻炼教师职业道德意志,确立教师职业道德信念,培养教师职业道德习惯。把教师职业道德作为一种理论知识传授给学生只能提高师范生对教师职业道德原则、教师职业道德规范等的认识。如果师范生缺乏教师职业道德的情感体验,他们对教师职业道德的认识只能停留于低级的认识层面,他们将很难达到向教师职业道德行为的转化阶段,教师职业道德教育也就很难取得实际的成效。列宁说:"没有人的感情,就从来没有也不可能有人对于真理的追求。"教师职业道德并非纯理论的东西,从教师职业道德认识到教师职业道德行为的转变,中间需要有一个纽带和桥梁,那就是教师职业道德情感。这种情感是一种积极的情绪体验,是在衡量人们的思想和言行是否符合教师职业道德要求时产生的。只有具有了丰富的教师职业道德情感的体验,才会产生对高尚道德的追求。在师范生教师职业道德教育过程中,应该让师范生发挥主观能动性,比如假设处于某种情境下,让师范生想办法该如何摆脱难题,或者针对一些社会上有争议的热点话题进行辩论和讨论等,以便让师范生有实实在在的情感体验。

4. 教育评价方式欠妥

教师职业道德评价对教师的行为起着调节和推动作用。如今的高师院校对师范生职业道德素质高低的考核存在如下两个问题:

第一,在学校评价方面,用成绩决定教师职业道德素质的高低。仅仅是通过对一些理论知识的掌握程度来考核职业道德水平,采取的方式一般还是传统的试卷考试方式。倘若学生在考前花了一点苦功夫多复习课本知识,对于这种考试方式,他们理所当然会取得可观的成绩。那么,这样就能证明一个师范生具备了合格的教师职业道德素质吗?显然,这只能说明这类学生的学习能力较强而已,而不能说明他们的教师职业道德素质取得了实质上的进步和飞跃。这种偏重对学生理论知识的考察方式,缺乏对师范生行为的观察和判断,这种评价方式将导致评价结果与实际情况有出入,或许还会出现相互背离的情况。因此,这种评价方式是不合理的。

第二,在社会方面,忽视对师范生教师职业道德的评价。社会在选拔录用人才时,用人单位考查的主要是应聘者的学历状况和能力高低,而对于师范生的教师职业道德素养的考查由于时间和精力有限,一般不会过多考核。

(二)解决师范生教师职业道德教育问题的对策

1. 通过课堂教学加强直接道德教育的有效性

在教学过程中培养教师职业道德。课程是理论知识的主要体现,课程是学生学习理论知识和技能的重要载体和主要方式,而课程内容并非可以直接被师范生所内化,必须通过课堂的教学活动,才能被师范生学习和习得,成为师范生知识体系的一部分内容。应该说,任何理论知识的传授都必须依托于课堂教学活动。加强师范生教师职业道德教育,也离不开课堂教育教学活动。各个师范院校设置的通识课程、专业课程和教师教育课程是使准教师们养成教师职业道德素质的主渠道。

首先,大学通修课程中的思想政治理论课,是对准教师们进行思想道德教育和职业道德教育的一个主要途径,这些课程的学习将在一定程度上提升师范生的教师职业道德素养,帮助师范生树立热爱教育和终身从事教育事业的信念。同时,也对于培养未来教育家正确的世界观和人生观发挥着重要作用。

其次,专业课程主要是让师范生学习专业理论知识,使师范生的专业理论知识在宽度和深度上得到提升,为师范生走上工作岗位奠定坚实的基础,是师范生成为合格教师的首要前提。师范生作为未来的教育家,肩负着培养社会主义合格建设者和可靠接班人的重任,必须以雄厚的专业理论知识为依托。在专业过程的教学中,也应该渗透教师职业道德教育。

再次,教师教育课程是教导师范生应该如何去传道授业解惑,让师范生掌握教育教学的技能和技巧,同时,也使师范生产生教师职业认同感。如"教师职业道德"课程,就是直接帮助师范生探讨教师职业道德学理的课程,在其中融汇了教师职业道德规范的所有要求。学习这门课程在一定程度上,可以大大提升师范生的教师职业道德素养。

2. 通过各种活动增强间接道德教育的影响力

通过非教学活动或课外活动对师范生进行间接道德教育,是教师职业道德教育过程中不可或缺的一部分。其内容包括一切被称之为"隐性课程"的教育环境和教育活动,包括对准教师们间接地起着影响作用的那些因素,比如像有特色的校园文化、教师角色体验等。

首先,建设特有的校园文化。师范生教师职业道德素养的高低,既与师范生自身的知识、能力等有关,同时也与所处环境有着密切的关系。俗语说"近朱者赤,近墨者黑",这句话强调了环境对一个人潜移默化的影响。"孟母三迁"的故事,也表明了环境对人的重大影响。其实所谓的环境也就是一种文化氛围。大学校园是师范生经常活动和学习的地方,其文化氛围的优良与否深深地影响着师范生的教师职业道德的高低。校园文化属于一种隐性教育,师范生的道德水平以及情感意志会受到校园文化潜移默化的影响。师范生只有置身于学习氛围浓郁和校风纯正的校园环境中,才会努力拼搏、积极进取,道德境界才会高。故校园文化氛围的塑造不可忽视,应该努力优化育人环境。比如,校园中传承已久的醇厚校风、富有时代气息的建筑群落、独具匠心的雕塑艺术,以及振奋人心的宣传标语等都是宝贵的教育资源和财富。再如,组织有教师职业特色的活动。通过组织这类活动,可以强化师范生对教师的职业认同,培养热爱教育的强烈情感。

其次,强化师范生的教师角色体验。每个人在特定时间和地点都扮演着不同的社会角色。师范生是未来的教育家。要想在社会舞台上扮演好自己的角色,最好先行进行角色体验。师范生进行教师角色体验的最佳方式就是参加教学见习和教学实习。师范生进行教师角色体验是师范生产生教师角色意识的前提和基础。教师角色意识其实指的就是个人对于自己所从事教师职业的认同和认可。应该说,师范生只有通过教师角色认同和教师角色体验,才能扮演好自己的社会角色。教学见习和教学实习是师范生进行教师角色体验的主要途径,通过这种途径不但可以提高师范生的教育教学能力、组织管理班级能力,同时也会强化师范生的教师职业认同。或许在教育见习和教育实习之前,一部分学生对于是否终生从事教育事业还是心猿意马的,而在一段时间的教师角色体验之后,会认识到教师职业的崇高,改变自己的择业观念。

二、职后教师职业道德培训

教师职业道德培训是教师职业道德教育的重要组成部分。目前我国的教师职业道德培训仍然处在职业技能训练范式之内,呈现出培训目标空泛化、培训内容"伪圣化"、培训方式灌输化和培训效果虚无化等弊端。20 世纪 80 年代后,国外教师培训已经开始转向交往范式,教师职业道德培训必然要适应世界潮流,由"培训范式"转向"交往范式"。以交往范式理念为指导,可以采取培养新的道德主体、拓展更新师德培训内容、创新师德培训模式三种策略提高培训效率。①

(一)师德培训问题检讨

教师职业道德培训是职后师德教育的重要组成部分,目前我国的教师职业道德培训仍然处在职业技能训练范式之内。从 17 世纪中后期欧洲的教会组织创办教师培训机构以来,一直到 20 世纪中后期,教师培训基本上都具有职业技能训练的性质,Thomas R. Guskey 把这种培训方式命名为"培训范式"。"培训范式"的哲学基础是技术理性主义(technical-rationality),强调职业的技术性和技术的价值中立性,排斥非技术性的专业境界以及职业情感等方面的人性需求。具体到教师职业道德培训表现出明显的"知性"特点,属人的特性较为薄弱,具有去生命化的特征。它背后的基本假设是教师队伍的德性水平是需要提高的,并且也是能够提高的,提高的基本方法就是灌输,从而形成了"不足—培训—掌握"的基本模式。这种模式中,教师因教师职业道德师德水平不高而接受培训,培训的内容为师德知识和师德故事,培训的基本方式是灌输,培训者与教师形成"我—它"的主客体关系。"培训范式"下的教师职业道德

---

① 参见于进,于源溟. 从灌输到交往:师德培训问题的对策[J]. 当代教育科学,2014(10):42—46.

培训可以用以下隐喻进行描述：培训者是驾驶员，而且经常都是驾驶别人的车子；而教师则是乘客，更确切地讲是被运载的物体。行驶的路线和停靠的站点都是事先固定好的，他们都无暇、也无心顾及沿途的风景和有意维护惬意的心境。"培训范式"下的教师职业道德培训呈现出如下的弊端。

1. 培训目标空泛化

教育部对教师职业道德高度重视，地方教育行政当局也认为教师职业道德非常重要。教育部要求各级各类教师培训必须包括教师职业道德培训板块，各级培训组织者也坚决贯彻教育部的要求。教师职业道德建设是教师队伍建设的根本问题，同时也是一个非常复杂的问题。我国学术界对教师职业道德问题的研究并不充分，《中小学教师职业规范》所提的又大多是原则性的要求，教师的教师职业道德形象到底是什么？教师道德行为究竟应该是什么？其实是模糊的。受训需求调研中关于教师职业道德培训需求的调研也往往是蜻蜓点水，并不深入。一方面是国家要求每次培训都要有师德培训板块，另一方面则是培训组织者很难了解受训需求。盲人瞎马，在两难的选择中，培训组织者往往会选择《中小学教师职业道德规范》解读或其中的某个方面的解读为培训内容，对于到底要达到什么目标、能不能达到目标则浑然不知。这种空泛化的教师职业道德培训目标，远离受训者的教师职业道德实际，解决不了教师面临的道德困境，满足不了教师职业道德境界提升的需求。

2. 培训内容"伪圣化"

培训内容"伪圣化"，是指用一套政治性、思想性的话语对各种教师职业道德规范进行过度解释，无限拔高；用伪神圣、假崇高对教师日常或紧急情况下的高尚道德行为进行圣化和升华，把一个鲜活的、真实的高尚教师职业道德形象变成一种圣人形象。培训内容的"伪圣化"使受训教师对高尚教师职业道德形象望而生畏，其结果往往是教师的教师职业道德水平提高不了，而道德焦虑水平却不断提升。培训内容"伪圣化"具体表现为如下几个方面：

（1）培训内容的狭窄化。《教师职业职业道德规范》（以下简称《规范》）《教育部关于建立健全中小学师德建设长效机制的意见(2012)》（以下简称《意见》）等政府文件对师德内容的规定是比较宽泛的。《规范》对中小学教师职业道德从爱国守法、爱岗敬业、关爱学生、教书育人、为人师表、终身学习六个方面进行了规定。《意见》进一步强调"引导教师立德树人，为人师表，不断提升人格修养和学识修养"。通过研究各种师德培训方案和授课内容我们可以发现，目前的师德培训内容主要集中在对各种规定的解读和先进典型的经验介绍两个方面，师德培训内容被严重窄化了。

(2) 培训内容的陈旧化。培训内容的狭窄化会导致培训内容的过度重复,教师参加一次培训学习的是这个内容,到下一次培训学习的还是相似的内容。长此以往,心理怠倦,根本激不起情感的波澜,受训时姑且听之,下课后姑且忘之。理想的教师职业道德培训对教师的职业生涯来说应该是一种"遭遇",所谓遭遇是指少数重大的特定的经验闯入个人的生活,突然地、往往令人痛苦地中断人们的活动,使之转向一个新方向。① "遭遇"的效果并不取决于对象是否"宏大"和"崇高",而是取决于对个人的"特殊"和"新颖"。教师职业道德培训内容应该是新鲜的、真实的、个人化的。

(3) 培训内容的虚假化。过度的教师职业道德模范事迹报告的内容往往是假话连篇。那些只关注学生成长而漠视自己孩子发展的故事,那些置自己孩子的生命于不顾而坚持上课的故事,那些只顾教书育人而来不及孝敬父母的故事……我们不能说都是虚假的,但至少是过度拔高了。教师对这些经过了文学加工的事迹和故事,即使不嗤之以鼻也会心存隔膜,敬而远之。有涵养者微微一笑,直率者往往会当场提出质疑,培训效果可想而知。

3. 培训者选择随意化

目前教师职业道德培训者主要由高校的德育研究者、中小学师德标兵和教育部门的行政领导组成。德育研究是我国教育研究中比较发达的领域,拥有一批高水平的专家,但真正研究教师职业道德教育的专家并不多,作为培训者的高校德育专家所提供的课程往往理论性较强。高理论性的课程具有高的学术价值,对"思品"课教师的教学可能会起到一定指导作用,但对提高教师职业道德水平的作用却往往不大,受训教师对德育专家的课往往不感兴趣。德育专家课程的"曲高和寡",使培训组织者更倾向于选择中小学师德标兵作为培训者。师德标兵作为培训者也有一定的弊端。这些来自一线的培训者能够讲出感人的故事,博得一些眼泪,但其对自己事迹过度升华而产生的"伪圣化"效应,往往使他们的故事缺少真正的感召力。

教育部门的领导是师德培训的主力军。他们一般会做第一场报告,这一场报告既是对培训的动员,也是进行教师职业道德教育。很多教育部门领导们的教师职业道德培训课程,稿子由秘书起草,内容充斥着政治性的话语;授课的方式就是读讲稿,既没有PPT,也不会根据受训教师的反应进行调整。但这些教育部门领导的课堂上,学员往往是"聚精会神"不时还会响起"热烈"的掌声,这些领导们也会在这样的课堂氛围中信心倍增,从此霸占教师职业道德培训课程。岂不知这些所谓的"聚精会神"

---

① [德]O. F. 博尔诺夫. 教育人类学[M]. 李其龙等, 译. 上海:华东师范大学出版社, 1999:58.

"热烈掌声"都来源于"权力"。讲课者本身就是掌权者,并且是能够掌管培训组织者命运的掌权者。凡是领导讲课,主席台下面又会多出一大批掌握受训教师命运的掌权者。权力叠加,受训教师只能"聚精会神"。培训者的水平决定着培训的水平,成功的培训项目都会根据培训主题精心选择培训者,教师职业道德教育培训者选择的随意性必然导致教师职业道德培训的低效甚至无效。

4. 培训方式灌输化

我国的教师职业道德培训主要有两种形式:一种是集中培训。集中培训又分为专题性师德培训和其他专题中加入师德培训板块两种方式。另一种是教师自学。这种培训方式以有关文件精神和师德先进典型案例为内容,以自学为基本方式,以自学报告和书面考试为基本考核办法,自学成绩列为教师考核内容。

师德培训方式表面看起来形式丰富,具有多样化的特征,但实质仍然是灌输。道德知识的传授并不等同道德教育,如果说对在校学生进行适当的灌输是必要的,但在职教师已经受过多年的灌输式德育教育,他们对教师职业道德规范已经有比较全面的理解和掌握。教师职业道德培训不顾在职教师的实际状况强行灌输,不但不能取得理想的效果,反而会使教师产生抵触情绪。

5. 培训效果虚无化

培训目标的空泛化,使目前的教师职业道德培训远离教师的道德生活情境,培训方向虚指。培训内容的"伪圣化",使受训者与培训内容处于情感隔膜状态,培训内容很难内化为受训教师的道德意识。培训者选择的随意化,严重地耗损了教师职业道德培训的严肃性,从而降低受训者的重视程度,情绪低落,情感冷漠。培训方式的灌输化,往往会使已经具有反思精神和批判意识的受训教师产生逆反,不但不会接受培训者的观点,甚至会对培训者提出的每一项道德戒律提出相反的观点,教师职业道德培训会成为教师职业道德批判会。目标空泛、内容伪圣、培训者随意、培训方法陈旧,结果只能导致培训无效,培训效果虚化。

(二)师德培训问题的解决策略

20世纪80年代以来,在后现代主义思想的影响下,学术界开始质疑和批判"培训范式",教师培训开始转向"交往范式"。美国教师培训的福利配套模式、英国教师培训的权利保障模式、新加坡教师培训的自由选择模式和法国教师培训的自我设计模式就是"交往范式"下教师培训模式的代表。随着教师培训模式的范式转换,教师职业道德培训范式也必然从"培训范式"转向"交往范式"。教师职业道德培训"交往范式背后的假设是,教师是教师伦理精神的主动学习者和反思的行动者,而不是被动的需要改变的对象"①。这种范式的转换,从价值目标上看,是从社会本位为主转向社会需要与生命意义兼顾;从教师职业道德培训过程中对生命的处置方式上看,是要从规训与抑制生命转向对生命的尊重和激发;从教师职业道德培训方法上看,是要从独白转向对话。以"交往范式"的基本理念为指导,可采用以下的策略解决目前教师职业道德培训的诸多问题。

1. 价值取向上要把教师培养成新道德主体

"道德主体是指将社会道德规范转化为个体的道德需要、道德信念、道德行为习惯,并具备相应道德实践能力的人。"②教师的师德教育就是引导教师进行道德认识、道德判断、道德选择,并使其对自己、学生和社会负责。教师培训中仅仅靠几位道德模范人物的报告、仅仅靠各种师德戒律的宣讲是解决不了师德问题的。在价值取向上,教师职业道德培训应该转向"道德主体"的培养,通过内容的拓展和方法的创新把受训教师培养成新的师德主体。经过教师职业道德培训后的新师德主体应该具有三个特征:

(1) 具有自觉性。他们必须自觉接受和遵守教师职业道德规范,同时敢于对自己的道德行为负责。

(2) 具有选择性。随着社会的转型,社会道德也必然随之转型,社会道德的多元化对教师的道德选择能力提出了严峻的挑战。教师职业道德培训必须培养教师学会在面对多元化、复杂化的道德体系时进行正确判断、分析选择的能力。

(3) 具有创造性。作为师德主体的教师不仅是现行教师职业道德体系的遵守者,同时也是新师德形象的创造者。为了学生的发展,为了中华民族的伟大复兴,他们应该有勇气突破旧师德的束缚,为新教师职业道德体系的建立贡献自己的力量。

2. 拓展更新师德培训内容

教师职业道德培训必须以内容为载体,内容的质量往往决定着培训的质量。为了提高教师职业道德培训的质量,必须拓展和更新培训内容。拓展和更新师德培训内容要遵循以下四个原则:

(1) "必需性"原则。这是借鉴我国职业教育课程"必需、够用"原则而提出的。按《现代汉语规范词典》的解释,"必需"表示一定得有,不可缺少。从词义上看,"必需"的核心是"需"。教师职业道德培训内容选择的"必需性"原则有两层含义。一是

---

① 蒋天绍. 基于价值思维的师德教育范式的转变[J]. 江苏高教,2009(6):118—120.
② 陶军. 道德主体的构建与学校德育模式的改革[J]. 广西教育学院学报,1998(7):48—51.

那些教师必须遵循的师德规范"必需"要纳入教师职业道德培训体系并且要严格地进行考核。如《中小学教师职业道德规范》《中小学教师违反职业道德行为处理办法(征求意见稿)》等内容,不但要纳入教师职业道德培训体系,而且要进行严格的考试,要求教师记住、理解,同时运用到自己的教学活动中。二是指那些"必需"内容的教育要在教师需要的时候进行。不要在所有培训中都加上《中小学教师职业道德规范》解读,大会小会都谈《中小学教师违反职业道德行为处理办法》,过度的重复应该用"奥卡姆剃刀"予以剔除,以使师德培训主题更加简明、集中。

(2)"适用性"原则。所谓适用性原则,就是必须从学以致用的角度来选择教师职业道德培训内容。淡化理论,适用为度,突出实践。教师职业道德培训的目的不是把受训教师培养成道德教育家,主要目的是提高教师的德性修为。内容的选择要紧密联系受训教师的道德生活实际,针对其道德行为过程表现出的问题进行讲解、讨论和反思。

(3)"激发性"原则。激发性原则就是要保持教师职业道德培训内容的新鲜度,给受训教师以强烈刺激,形成他们教师职业道德修行中的"遭遇",从而使他们的师德修行转入新方向,拓展他们师德的修行域,升华其师德境界。为此,教师职业道德培训机构应该对师德培训内容进行全方位、多层次的深入研究,开拓教师职业道德培训内容的新领域。

(4)"发展性"原则。所谓发展性原则,是指当下的培训活动要能够帮助受训教师在未来继续进行师德修炼。从一定意义上讲,师德的修行就是自我修炼。教师职业道德培训要教会受训教师自我修炼的方式,特别是那些融德性升华、专业发展、人格提升、修身养性于一体的方法,引导教师把师德修炼与自我专业发展、人生幸福融为一体,全面提升自己的教学境界。

3. 创新师德培训模式

当下对于师德培训,社会严重不满,教育部门高度重视,但师德培训的效果远远不能令人满意,究其原因当然与转型期价值观混乱、"师德"难以独善其身的社会大背景有关。从内部审视,师德培养模式陈旧也是一个重要的原因。要提升师德培训效果,必须创新师德培训模式。目前我国师德培训模式主要是道德戒律宣讲式和道德榜样感召式两种。此两种师德培训方式在社会价值一元化的背景下曾为我国的师德建设作出过重要贡献,并且未来仍将作出贡献。但面对已经价值取向多元化的教师群体,道德戒律宣讲和道德榜样感召的师德培训模式已经不能满足师德培训的需求,创新师德培训模式已是时代所需。面对新的教师主体,可以借鉴商业培训的经验,把案例教学和工作坊模式引入师德培训中,形成案例式师德培训模式和体验式师德培训模式。

1) 案例式师德培训模式

案例式师德培训模式是指在对师德案例进行充分研究的基础上,根据培训的目标和受训教师的需求,选择典型案例作为基本素材,在特定的教学情境中,通过对典型案例的引入、分析讨论、交流总结,强化教师的道德情感,提升教师的师德能力。如果说道德戒律宣讲式师德培训模式着力于教师师德知识的掌握,道德榜样感召式师德培训模式着力于教师师德态度的培养,那么案例式师德培训模式则是着力于教师师德能力的培养。案例教学之所以能够达到提高教师师德能力的目标,是由案例式教学的性质决定的。案例教学的基本素材是案例,"案例是包含有问题或者说疑难情境在内的真实发生的典型性事件。一个案例就是一个实际情境的描述,在这个情境中,包含一个或多个疑难问题,同时也可能包含有解决这些问题的方法"[①]。理论具有抽象性和内隐性,实践具有形象性和外显性,案例兼有两者的特点,是理论与实践的综合体现。案例式师德培训是一种"做中学"的师德培训。在培训者的引导下,受训教师分析、讨论、分享、交流,运用已有的师德理论来认识案例,或从案例中总结理论,或理论到实践、实践到理论双向进行。在案例的分析过程中,既获得了师德知识,又提高了分析师德行为的能力;既加深了对师德的理性认识,也获得了如何控制自己师德行为的能力;既进行过往师德行为的反思,又找到未来行动的方向。案例式师德培训虽然不能像道德戒律宣讲式培训那样"迅速"地向教师传授师德知识,也不能像道德榜样感召式那样令人"感动",同时它还存在着案例写作成本较高、对主讲教师要求较高、教学过程较长的缺点,但它对教师师德能力的提升却是实实在在的,它的运用可以克服师德培训"水过地皮湿"的现象,使培训更深入、更长效。

2) 体验式师德培训模式

体验式培训起源于1941年建立的海上训练学校。1941年流亡到苏格兰的德国犹太人科翰和英国人劳化斯·豪尔特在陆地上建立了一所海上训练学校(Gordonstoun School),培训年轻海员在海上的生存能力和船触礁后的生存技巧,明显提高了海员的生存率。"二战"结束后,体验式培训的理论被进一步发扬光大,训练对象由海员扩大到学生、军人、工商业人员和管理者。训练目标也由单纯的体能、生存训练扩展到人格训练、团队合作精神培养、心理训练等多个方面,训练的方法和流程也进一步多样化和精细化,形成了现代意义上的体验式培训。体验式培训以应用为目的,以

[①] 郑金洲. 案例教学:教师专业发展的新途径[J]. 教育理论与实践,2002(7):36—41.

学员为中心,以具体活动为背景,以学员亲身体验为手段,强调回顾与反思。培训的具体过程为:"学习者通过参与真实或模拟环境中的具体活动,获得亲身体验和感受,并通过与团队成员之间的充分交流和相互启发来实现信息的共享,然后通过反思、总结提升为理论或成果,最后提高知识、技能,改变态度和行为。"①

体验式师德培训就是根据一定的师德培训目标,创设相应的情境,设置相应的活动,在培训者的引导下,进入情境,参与活动,产生情感体验,通过分享和交流,掌握实践性道德知识,提升道德境界。为什么要进行体验式师德培训?它的机制是什么呢?道德是"人们为了自身的生存和社会发展而形成的和谐身心的生活准则和协调人际关系的社会规范。它的基础是人类生存发展的需要;目标追求是社会安定和生活幸福;其内容是:对己是调节身心和谐的准则,对自然和社会是规范"②。从知识学的角度看,道德知识可以分为三种,即理性道德知识、规范性道德知识和实践性道德知识。体验式培训对实践性道德知识的形成,即道德能力的形成比较有利。体验式师德培训的基本流程就是把师德培训的内容分解为一个一个的体验主题,然后围绕着这些主题开展体验式教学。主题之间相互连接形成一个个专题,专题与专题相连则形成系列师德体验课程。体验式师德培训以体验主题为教学单元,每个单元基本由创设情境、参与体验、分享交流、总结升华四个阶段构成。其中创设情境和参与体验是体验式的独有阶段,也是最能体现体验式师德培训独特功能的阶段。情境的作用主要是感染情绪,参与体验的作用主要是体验感悟产生情感体验,而这些情感体验对心灵已经逐渐变硬的在职教师的师德形成作用巨大。因为"道德的知识原本就不是靠道德推理获取和证成,而是靠人们的道德生活体验和体认,也就是通过亲切可心的情感和心灵感应来传递和生成"③。

思考与练习

1. 简述我国教师职业道德教育模式的发展历程。
2. 如何对我国教师职业道德教育进行有效的规划与实施?
3. 我国教师职业道德培训存在哪些问题?如何解决?

---

① 姜子习.体验式培训的内涵分析[J].青年记者,2007(12):142—143.
② 朱小蔓,梅仲苏.道德情感教育初论[J].思想·理论·教育,2001(10):28—32.
③ 万俊人.重续美德的故事[J].读书,2001(6):22—27.

第五章　教师职业道德修养

学习目标

1. 了解教师职业道德修养的含义。
2. 理解教师职业道德修养的内容。
3. 掌握教师职业道德修养的途径和方法。

教师职业道德的形成和发展一方面是通过制度化的职业道德教育，另外一方面则源于教师的自我修养。"教育"和"修养"是促进教师职业道德形成和发展不可缺少的两种途径，制度化教育是养成基本教师职业道德要求的必要条件，而自我修养则是丰富、完善和提升教师职业道德境界的内在保障。基于内在道德发展需要的修养比制度化的教育有着更高的要求，因为制度化的教师职业道德教育，不管是职前教育还是职后培训，发生影响的时间和空间总是有限的，只有教师的自我修养才能全面和长久地渗入到教师的生活之中。正是从这个意义上，我们可以说，教师的职业道德教育能否真正影响教师，主要在于它最终是否能转化为教师自觉的道德修养。

第一节　教师职业道德修养概述

一、教师职业道德修养的含义

"修"是修身的意思，指凭借自己的意志力去支配自己的整个身心，不因自己的各种欲念而心烦意乱，以心为主，去确定自己身体的动作和志向，井然有序地前进；"养"是养心之意，人如果没有善的引领，就容易迷失方向，就容易被恶所诱惑和影响。"修养"一词本身的意义包括反省自新、修身养性、涵养道德、陶冶性情。从广义上来说，是指人在道德、学术、政治和艺术等方面的涵养和学习行为，以及经过长期的锻炼和丰富的阅历而达到的一种思想境界、能力水平。

中国先秦时期的儒家十分重视道德修养，《大学》开篇就提出："古之欲明明德于天下者,先治其国,欲治其国者,先齐其家;欲齐其家者,先修其身;欲修其身者,先正其心;欲正其心者,先诚其意;欲诚其意者,先致其知,致知在格物。"根据修身、齐家、治国的排序来看,修身是根本,修身的基础是正心、诚意、致知、格物,而修身的目的是齐家、治国、平天下。正心、诚意、致知、格物和修身都是修养的范畴。在西方,从古希腊的赫拉克利特开始,就十分强调道德上的自我教育。赫拉克利特认为"与心作斗争是很难的",并说"教养是有教养的人的第二个太阳"。德谟克利特进一步提出,一个人能在与自己思想的斗争中取得胜利,即意味着他在道德上的进步。亚里士多德更是把教育和修养看作是人们能否具有美德的重要条件。中世纪的基督教神学家们,则把道德修养理解为在上帝面前对自己的罪行所作的忏悔。由此可见,道德修养是修养的重要内容,是指人的道德情操、为人处世的正确态度,以及其在各个领域的水平造诣,是个体自觉地按照一定社会或阶级的道德要求所进行的自我审度、自我教育、自我锻炼、自我改造和自我完善的活动,是一个人在长期的道德锻炼中形成的综合素质和能力的表现,也是其个人魅力的基础。

教师职业道德修养,是指教师依据社会主义道德原则和教师职业道德原则、规范所进行的自我锻炼、自我教育、自我陶冶所形成的教师道德品质和所达到的精神境界。从内涵上来看,教师职业道德修养包括两个方面[①]:一是教师在仪表、谈吐、礼仪、气质等方面的学习、体验和反省等心理活动和实践活动,这是外在意义上的修养;二是教师经过长期的努力之后,在思想、品德、情操、知识、技能等方面所达到的教师职业道德水平和教师职业道德境界,这是内在意义上的修养。

二、教师职业道德修养的内容

一个人的道德修养,具体体现在他的日常学习、工作、生活和人际关系中,与他的人生观、世界观、道德观、文化修养、心理素质等是密不可分的,是诸多因素的综合反映。道德修养的内容很丰富,当前教师主要应从以下五个方面加强职业道德修养。

(一)提高教师职业道德认识

教师职业道德认识是指教师对教育劳动中客观存在的道德关系以及处理这些关系的原则、规范的认识。古人云:"知之深,爱之切,行之坚。"具有正确的认识,是进行道德意志锻炼的内在动力,是决定行为倾向的思想基础。只有具备深刻的

---

① 钱焕琦.教师职业道德[M].上海:华东师范大学出版社,2008:180.

职业道德认识,才能产生强烈的职业道德情感,形成良好的职业道德行为,增强履行职业道德的自觉性。因此,提高教师职业道德认识是加强教师职业道德修养的首要环节。

在教师职业道德修养的过程中,首先,要提高对教师职业道德价值的认识。教师的职业道德高低不仅关系到教育教学工作的成败,还关系到学生是否能全面发展,更关系到民族和国家的未来。一个教师只有充分认识到教师提高职业道德的价值,才有可能将外在的教师道德要求转变为自己内在的需要和自觉的道德行为。教师职业道德修养的关键在于具有自觉性,对教师职业道德价值形成正确的认识是教师自觉加强师德修养的前提。其次,要提高对教师职业道德规范原理的认识。教师职业道德修养不是一个盲目的、自发的过程,而是一个有目的的、自觉的过程。加强教师职业道德修养,必须引导教师学习和理解教师职业道德的内涵和基本原则,熟悉和掌握教师的基本道德规范,了解教师在工作中要面临的各种基本关系以及处理这些关系时面临的基本问题和基本矛盾。再次,要提高对教师职业道德的判断能力。对教师职业道德的判断能力,是教师运用师德规范对自己和其他教师的行为进行是非、对错、善恶判断的能力。教师提高对职业道德的判断能力,有利于教师在复杂多变的环境下作出符合师德规范要求的正确道德判断和行为选择,有利于增强教师道德自律和自我提高的意识和能力。

(二)陶冶教师职业道德情感

教师职业道德情感是指教师在教育活动中,对于他人和自己的行为举止是否符合教师职业道德要求所产生的内在体验。这种职业道德情感紧紧同教师的职业劳动联系在一起,一方面,它建立在对教师职业道德规范认识的基础上,教师只有对自己职业的社会道德价值有了正确认识,才能产生高尚的职业道德情感,认识和理解愈深,热爱本职工作的自豪感和责任感也就愈加强烈;另一方面,教师职业道德情感是教育实践的产物,是在长期的教育活动中逐步形成的,这种情感形成之后,便成为推动教师献身教育事业的一股强大动力,促使教师兢兢业业,诲人不倦。

(三)坚定教师职业道德信念

道德信念,是人们对于某种人生观、道德理想和行为准则的正确性和正义性的有根据的笃信,以及由此产生的对于践行某种道德义务的强烈责任感,它是深刻的道德认识和炽热的道德情感的有机统一,具有稳定性、持久性和一贯性的特点。有了坚定的道德信念,也就有了精神支柱,人们不仅能够按照自己所信仰的道德要求去评价他人行为和自己行为的是非善恶,而且能够坚定不移地按照自己所信仰的道德要求去自觉履行各种道德义务，完成各种道德使命。

教师职业道德信念是教师对职业规范和要求的正当性、合理性等发自内心的坚定信心。教师作为一种独立的社会职业，是人类不断走向更高层次文明的重要桥梁，教师职业无论对于同时代人的进步，还是对于教师个人的完善而言，都是重要而光荣的职业。作为一名教师，只有认识到、体验到自己所从事的工作的重要和高尚，意识到自己肩上担负着祖国和民族的未来，才能树立献身教育事业的坚定信念，从而做到不论遇到多么大的困难，都能始终不渝，为培养一代新人而默默地奉献自己的一生。

（四）磨炼教师职业道德意志

教师职业道德意志是教师在履行职业道德义务的过程中，自觉地克服困难并作出行为抉择的毅力和坚持的精神。教师的职业道德意志是在职业道德认识、职业道德情感和职业道德正确的基础上产生并发展起来的，是职业道德信念的体现。它使教师能够时刻对自己提出严格的要求，作出正确的抉择，并最终完成职业道德行为。教师的职业道德意志是作用于道德行为的一种坚强的精神力量，是克服教师职业行为中各种困难的内部动力。职业道德意志使教师果断地确定职业道德行为的方向和方式，并排除来自外部和内部的障碍和干扰，对于教师钻研业务、克服困难等具有重要的调节作用。

（五）养成良好的教师职业道德行为习惯

教师职业道德行为，是指教师在职业道德认识、情感、信念的支配下，在教育活动中对他人、集体、社会做出的可以观察到的客观反应以及所采取的实际行动，即在职业道德意识支配下表现出来的有利或有害于教育事业及他人、集体和社会方面的行为。一个人的道德品质是否高尚，不在于他的言论是否动听，而在于他的行为是否得体。如果知而不行，只有意愿和情感的体验而无实际行动，那么教师职业道德就只是一种道德说教，甚至会变成虚伪的道德。只有在实践中贯彻道德原则和规范，并且始终坚持下去，经过长期的锤炼，使其成为个人的行为习惯，道德品质才算达到了比较完善的程度。

总之，在教师职业道德修养过程中，教师职业道德认识、情感、信念、意志、行为等基本要素并非孤立存在和发展，而是相互联系、相互渗透、相互制约、相互促进，构成整体发展。

第二节　教师职业道德修养的途径和方法

一、教师职业道德修养的途径

教师职业修养的提升"是理论问题,更是一个实践问题,它需要我们在创新与固守之间,寻找新的定位和表现形态"①。当下如何立足于当代中国的发展实际,探索适应社会发展需要的教师职业道德修养的新路径,已经成了亟待解决的问题。

(一)学习科学理论,明确修养方向

修养离开了学习是盲目的,盲目的修养缺乏自觉性,也达不到较高的道德境界。因此,要提升教师职业道德修养水平,必须认真学习理论,以科学理论作为指导。马列主义、毛泽东思想和邓小平理论、道德科学的理论、教育科学的理论,是教师理论学习的重要内容。教师必须认真学习这些理论,才能树立正确的世界观和人生观,才能深刻理解教师道德规范和要求,明辨道德是非,提高遵守师德规范和要求的自觉性。有的教师违背师德要求,常常不是有意的,而是对遵守师德规范和要求的必要性、重要性缺乏了解和认识导致的。因而,教师学习和掌握师德的基本知识是非常重要的,只有认真学习教育科学理论和丰富的科学文化知识,掌握教书育人的本领,才能按教育规律办事,更好地完成教书育人的职责。同时,教师还要学习和借鉴国外教育改革的经验,不断更新自己的教育观念 以适应教育改革的要求。

(二)投身道德实践,坚持知行统一

投身于实践,能够使教师加深对教师职业道德修养理论的认识,在长期、持久的道德修养过程中,教师必须在教育教学的实践活动中寻找道德修养的根本动力。因此,教师要投身于教育教学实践,用道德来调节实践中发生的教师与学生、教师与同事、教师与家长、教师与领导等各种现实关系。在道德实践中积累情感体验,提高自身的道德认识水平,并形成相应的道德行为和习惯。投身于教育教学实践,是坚持知行统一的根本途径。教师的道德修养应特别注意知与行的统一,既要避免把道德修养理解成脱离实践的"闭门思过"或"修身养性",更要反对"内外不一"或"知行脱节"的现象。教师只有将教师道德的原则规范运用到教育教学实践中,运用到教书育人

---

① 朱小蔓.教育职场:教师的道德成长[M].北京:教育科学出版社,2005:1.

的过程中,才能逐渐变成自己的思想和行为。因此,教师只能在教育教学实践中坚持身体力行,用道德理论来指导教育教学实践,才能真正做到知行统一。

(三)自觉坚持"慎独",加强道德自律

道德自律是指道德主体在自主认同社会规范的同时,将道德规范自觉内化为道德法则并自愿约束自己的行为,使之符合社会道德规范的要求。道德自律是主体的自我立法和约束。强化道德自律,是教师职业道德修养的又一要求。惧怕受到惩罚或是期待获得奖励,为了得到他人的赞誉或者羞于受到他人的指责,这些是属于"他律"的道德水平。在自律道德水平上,则是靠良心来调节自己的行为,个体的道德选择和决定不再被动地受制于外在的道德评价,而能够自觉内化外在的道德规范,并自觉主动地评判和选择道德行为,从而达到人的外部道德行为和内化道德的理想境界。因此,教师应该加强道德自律,追求这种最高尚、最理想的道德境界。

"慎独"是加强道德自律的重要途径。"慎独"一词源自《礼记·中庸》:"天命之谓性,率性之谓道,修道之谓教。道也者,不可须臾离也;可离,非道也。是故君子戒慎乎其所不睹,恐惧乎其所不闻。莫见乎隐,莫显乎微,故君子慎其独也。"意思是说,一个人独处,在无人看见的地方要警惕谨慎,在无人听到的时候要格外恐惧,因为不正当的情欲容易在隐晦之处表现出来,不好的意念在细微之时容易显露出来,所以君子更应严格要求自己,防微杜渐,把不正当的欲望、意念在萌芽状态克制住。因此,"慎独"对于加强教师的道德自律,提升自身的道德修养水平具有特殊的意义。

(四)虚心向他人学习,完善师德品质

虚心向他人学习,首先要注意从老一辈教育家那里吸取思想营养。如徐特立、陶行知、吴玉章等人,他们为人民教师留下了宝贵的精神财富,通过了解他们的事迹,学习他们的优秀品质,能够升华自己的师德境界。

虚心向他人学习,还要向优秀的教师同行学习。如于漪、魏书生等,他们的教育实践和先进事迹,生动地体现了新时代教师道德的特点,是教师职业道德理论的具体化,是十分宝贵的精神财富。学习他们的先进思想,了解他们的感人事迹,既能帮助我们提高师德认识,又能激发我们的师德情感。

虚心向他人学习,还包括向教育对象——学生学习。古人云,弟子不必不如师,师不必贤于弟子。教师要善于发现学生身上闪光的品质,诚心诚意地向学生学习,在师生互勉中汲取精神营养。

阅读资料

只是一名教师[①]

你握住的不仅仅是学生的手,你握住的是他的未来,

在他的脑海里,你并不仅仅是一名教师,你还触碰了他的心灵,

你不仅仅拭干他的泪水,抚慰他的心灵,

你,已经成为他的一部分了。

你并不是与学生分享短暂的一刻,而是成为一种记忆,

当你不在的时候,你已经深入了他们的内心,

你并不知道你的力量有多么强大,

你影响了一代人,而他们又将影响下一代人。

所以,"做一名教师"并不是简单的事情,

除了语言,你还有很多要做的,

你要在那一刻感到自己是了解学生的,

或者他今天也同样对你微笑了。

你握住的不仅仅是学生的手,你牵起的是他的未来,

你并不仅仅是教给他知识,更深入了他的内心,

你并不仅仅拭干他的泪水,更抚慰了他的心灵,

你已经成为他的一部分了。

二、教师职业道德修养的方法

(一)读书

读书对教师的成长是非常重要的。教师通过读书,可以不受时间和空间的限制,以最小的生活成本获取宝贵的生活经验。苏霍姆林斯基曾经说过:"真正的教师必是读书爱好者:这是我校集体生活的一条金科玉律,而且已成为传统。一种热爱书、尊重书、崇拜书的气氛,乃是学校和教育工作的实质所在。"[②]作为人类文明薪火相传

---

① [美]安奈特·布鲁肖,托德·威特克尔. 改善学生课堂表现的50个方法[M].于涵,译.北京:中国青年出版社,2010:174—175.

② [苏]苏霍姆林斯基.帕夫雷什中学[M].赵玮等,译.北京:教育科学出版社,1983:28.

的接力手,教师就是要终生与书为伴,应是书籍的天然爱好者和自觉阅读者。要成为具有一定深度、广度和高度的教师,除了有悟性、勤于思考和勤于实践体验外,就要靠前人、他人的熏陶和护持,只有站在巨人的肩膀上,才能有更开阔的视野。所以,无论是什么学科、什么专业的老师,都需要人类精神的滋养、人性光芒的映照,都需要和古今中外睿智的精英对话、沟通,以获得灵气、锐气、志气、勇气和正气,获取灵感和理智之光。这种文化底蕴和精神气质主要靠读书来培养,诚如古人说的"腹有诗书气自华"。没有书香之气的教师,其形象就会黯然失色,就是一个低级乏味的"教书匠"。"教书匠"只能重复机械地教人以程序性、技术性的知识和技能,永远难以引领人攀登真正的象牙之塔,探索神圣的人性和理性的殿堂。没有书香的熏陶,教师就如断了翅膀的鸟儿一样,永远难以翱翔于人类文明的蓝天白云之中。许多优秀教师的成长得益于书香之气的熏染,如我国著名语文教育改革家魏书生老师只念过初中,却知识丰富,思维敏锐,见解超群,他能成为一个有智慧的教师,靠的就是潜心读书。所以说,读书是教师专业生命活力的天然滋养品,是教师专业发展的源头活水。

 阅读资料

让读书支撑我们的生命①

读书是快乐的,这种快乐是指情绪色调的积极意义上的,但它的表征可能是多种多样的情感,有好奇、如饥似渴,有兴奋、一见如故的感觉,有心领神会的愉悦、亲切可人的温馨,有努力工作着的神情专注的意志(其实读书的时候,也常常需要意志,大脑需要努力地、活跃地工作着),有释疑解惑,有如走进愈渐宽广、敞亮的大道,这些都是有助于人的精神成长的积极的情感。当然有时也相当沉重,甚或是悲凉、无奈……林林总总。我常常想,人若没有这五彩缤纷、波澜起伏的情感体验,生命是那样干枯,生活是那样暗淡,而有着这些充盈情感的生命和生活是那样让人感到满足、享受和向往。

所幸和可以自我告慰的是,我每天还保持着读书的习惯,那是早晨七点半到八点的半个小时以及晚上11点以后,至多也不过半个小时或许有一个小时。我从读书中获得的快慰,尤其是让我可以从心理上满足和平衡的是(这里为什么要用平衡,就是说这一年我会有心理和情感上的不平衡),这一

---

① 朱小蔓.让读书支撑我们的生命[N].中国教育报,2003-08-07(05).(引用时有删减)

年我在一个新的工作岗位上由于工作的需要而读了不少书,其中相当一部分是我们自己的教育科学出版社出版的书。对于教育科学出版社出版的书,我后悔以前知道和读得太少了,现在才发现这里有这么多的好书。也许,这也是我奉调到中央教科所来工作感到有精神补偿的主要理由之一。每过一段时间,教科社的人都会给我送一些书,我真的是充满感激,可总也读不完,好多书或者大部分书我根本没有办法读完,哪怕是大略地读。我在大学里的办法是,让学生帮我读。我们的博士生教学早已不再是老师讲,学生听了。我也在两三年前就不再采用这种教学方式了,我们每次都是在一起进行专题式研讨,围绕一些议题谈读书体会。八个、十个或者是十来个学生,其实他们是在帮我、促进并推动我读书。当然他们也是在为自己读书。读书是博士生课程中最主要的课程内容与方式之一。那么,到这里来之后,谁又能帮我和推动我读书呢?缺少了这些帮我和与我一起读书并分享读书心得的年轻人,我常常觉得找不到感觉。所以,我特别希望中央教科所有个青年读书会,我希望有人帮年纪大的、已经跟不上"读图时代"而属于"书虫时代"的这一代人读书,帮帮我们这些在岗位上负荷很重、来不及读更多书的人。

　　写到这里,我想再次回到一个命题,即人为什么要读书?知识分子为什么渴求读学术精品,究其主要原因,我认为,是因为学术精品中具有强大的文化的力量。什么是文化的力量,文化从器物层面到制度层面再到其深层的内核部分是精神的东西,这是什么东西呢?我认为是发自人性本身的、真诚地追求美好、追求团结在一起,追求人的比原有自然、自在的更理想的环境的一种冲动(有学者简略地说文化即人化、人文化)。不久前知道一位做科学型研究的美国学者对人这一高级生命为什么与生俱来地有社会本性的解释有新的发现。人是希望过社会生活的,人都希望团结在一起,这是人的本性。人与人之间的无谓的纷争和相互的争斗,其实不是人的本性,它是坏的制度、习惯和秩序的结果。

　　我们为什么需要学术中文化的力量,是因为(以下这些意思的大略精神,李小兵已说过,但我是真正感受到这个意思,并且加以我自己的一些扩展认识)人活着太需要支撑我们生命的东西,太需要为我们每一天的生活得到鼓励和依据的东西,所以我们需要寻找自己为人做事的原则、信念乃至方式。因为一个人太渺小,没有那么聪明;一个人的精力太有限,没有那样充

> 沛。这些东西从哪里去寻找呢？不外两个途径：一是从前人、从他人的经验中来；二是从人类的理性积淀——优秀的著述——中来。我以为，真正的会读书在于使两者在不断连接、转化、往返互动和螺旋上升中永恒地保持着对读书的挚爱，所以，我认为读书的方法很多，因人而异；读无定法，挚爱为本。保持着每每读书时不断被激起的冲动、想象、思考和希冀，它们慢慢地、渐渐地便会在你的精神和人格上留下深深的、难以磨灭的印记。

教师所读之书既可以是与自己教学内容直接相关的专业书，也可以是修身养性的书。但读书要有一定的方法[①]，否则只会死抱书本，为书所困，成为面目可怜的书呆子。

1. 虔诚静心、潜心思考

首先，要能沉下来，静下心，安心读书，淡泊名利，心无旁骛，才能收读书之效；不然的话，是很难进入佳境的。诸葛亮说："非淡泊无以明志，非宁静无以致远。夫学须静也，才须学也。"[②]《大学》也说："静而后能安，安而后能虑，虑而后能得。"禅宗讲究"由静入定，由定生慧"。其次，要虔诚，对所读之书要有敬畏之心。我国古代思想家朱熹主张读书要"居敬持志"，曾国藩主张读书要"主敬"，都是主张以纯粹谨敬之心来读书。再次，要去浮躁。心浮气躁，心猿意马，急功近利，东一榔头西一棒槌，见异思迁，肯定难有所得。所以，读书一定要有淡定从容的心态，细心琢磨，反复品味。读书要与思考同步。不理解的东西，肯定不属于你所有，哪怕记忆得再多，也是两张皮。古人说："学而不思则罔，思而不学则殆。"[③]读书不思考，就是两脚书橱，非徒无益，反而有害，读得越多，贻害越大，这叫作"食书不化"。宋朝大儒周敦颐说过："思则睿，睿则圣。"读书时会不会思考，是区别平庸教师与优秀教师的分水岭，平庸教师其实就是不愿、不敢、不会思考的教师。思考时需要去除杂念，方能有所得。暂时不理解的也不要紧，可以放过去，待到你的阅历与积累多了，思考多了，自然能从初步理解到深入理解，进而能举一反三、触类旁通乃至融会贯通、书我一体了。虽然读书不能靠死记硬背、机械记忆，但也要趁年轻记忆力好时多记忆一些经典、有用的东西，这就像牛

[①] 参见邱德乐.读书教师专业自主发展的永恒核心课程[J].信阳师范学院学报(哲学社会科学版),2010(2):56—59.
[②] 诸葛亮.诫子书[M].北京：中华书局,1975:57.
[③] 杨伯峻.论语译注[M].北京：中华书局,1980:18.

吃草一样,先吃进肚里,然后慢慢"反刍"。这种"反刍"犹如吃饭,有一个嚼碎、消化、吸收、转化的过程。

2. 精读与略读、反复读与浏览相结合

所谓精读,就是细读、深思、深挖、慎取,把书"吃"进去,融化到思想精神中去,以达到书我一体的境界;略读就是观其大略,记其旨要与梗概。有些书要反复阅读,以便深入理解;有些书可以浏览,以博闻强识。需要反复阅读的书,一是因为"好书不厌百回读",二是有些书需要反复阅读甚至终身咀嚼,才能得其奥妙。

3. 能够"钻得进、记得下、走得出"

"钻得进",即钻进知识、理论中,专心致志,结合实践经验潜心体悟书中的道理,实现主客体的融合,进而达到"精骛八极,心游万仞"。"记得下"即不动笔墨不读书。记什么呢? 一是对书中的主要观点、核心思想和主要内容,要善于"提要钩玄",概括总览,这样就可以博观约取,囊全卷于数语之中;二是书中的重要材料和重要文献书目出处等要随手记下来备用和备查;三是在读书过程中,自己有什么想法,要立即记录下来,尤其是不同于作者的新看法、新事实、新材料等立即加以记录。人的灵感、直觉往往产生于情境和"书境"的诱导、触发和碰撞之中。这种碰撞、摩擦所产生的火花,是创造性思维的火花,往往是倏忽而来、飘忽而去,稍纵即逝,"情境一失永难摹"。读书的即时感觉和理解,也往往是最真实和可贵的,所以必须立即记下来。要是自己的书,就立即记在书上;不是自己的书,也要记在相应的地方。积累多了,自然就会形成自己的思想链或知识库。"走得出"是指最终必须从书本理论中、从别人的经验中、从自己原有的知识与认识水平中超脱出来,审时度势,反观自照,通过理性思考、经验体悟来判断、选择和扬弃。

读书无定法,可依各人的习惯、特长和经验而有所不同。古往今来,许多大家的读书心得值得我们借鉴。文学家茅盾认为,读一本书至少读三遍:第一遍鸟瞰,即通读;第二遍精读,即细嚼;第三遍消化,即弄通。毛泽东提出,读书要四多:多读,多写,多问,多想。宋代思想家朱熹有读书"三到"之说(口到、眼到、心到),胡适加上"手到",鲁迅再加上"脑到",是为"五到"。北宋苏轼自称读书采用"八面受敌"法:一本书分做几次读,每一次探究一个方面,深挖下去,获得独到体会,才算是收到读书之效。把一本书的方方面面都掌握了,就等于把书变成了自己的东西,说话、写文章就能多角度运用和联想发挥。

(二) 写教育日记

教师的自我修养与一般人的自我修养的不同之处在于,教师不只是为了自己,他还要为了他的教育工作,为了对学生的教育而修养自己,所以,与学生交往,通过对教育实践的反思来进行道德修养显得格外重要。写教育日记是教师反思教育实践、促进自我专业成长的重要方式。教师专业成长离不开学习、积累和反思,教育日记在这三个方面都可以起到作用:

(1) 帮助教师的专业学习。教育日记中记载的教育理论、读书心得、名家经验、名言警句等都能作为教师学习的工具。

(2) 帮助教师积累资料。俗话说:好记性不如烂笔头。我们每天都要做很多的事情,也都有值得记忆的东西。只有勤于动笔,我们才能战胜遗忘,才能为自己留下更多的有价值的回忆。为什么有的人提笔无话,就是因为平时没有积累。

(3) 帮助教师自我反思。一个人对教育的理解水平决定了他的教育工作的质量,而一个人理解一件事物需要思考,思考可以帮助一个人形成思想。写教育日记,给自己一个思考的时间。一个人在工作中有成功也有失败,有时失败和挫折经过反思更能变成财富。"问渠哪得清如水,为有源头活水来",我们每天看似平凡、单调、重复的工作中就蕴藏着某些重要的教育现象或教育规律,如果善于积累和反思,那就可以成为我们工作创新之源泉,成为推动工作的加速器。此外,我们也可以在教育日记中倾诉自己的苦闷和彷徨,缓解工作中的压力,以更轻松的心态开始新的一天。

苏霍姆林斯基早年就建议教师写教育日记,并且亲身实践,坚持记了几十年的日记。全国十杰教师、南京市浦口区行知小学校长杨瑞清给自己设计了 20 字的个人成长要诀:躬于实践,勤于读书,善于交友,精于思考,乐于动笔。从来到行知小学那天起,杨瑞清就开始写教育日记,把所做、所读和所得都记录下来。20 年来,他写下了 120 多本共计 500 多万字的日记。近年来,在朱永新教授的推动下,越来越多的中小学教师热情参与到写教育日记的队伍中来。

阅读资料

让师生拥有智慧——朱永新和他的新教育实验①

为了激发教师内在的潜力,朱永新教授于 2002 年 6 月 26 日 "教育在线"网站发表了《朱永新成功保险公司开业启事》,明确投保条件:"每日三省自身,写千字文一篇。一天所见、所闻、所感、所思,皆可入文。十年后持 3650 篇千字文(计 360 万字)来本公司。"理赔办法也写得一清二楚:"如投保方自

---

① 节选自陶继新. 让师生拥有智慧——朱永新和他的"新教育实验"[J]. 当代教育科学,2004(4):9—13.

感十年后未能跻身成功者之列,本公司愿以一赔百,即现投万元者可成百万富翁或富婆。"

这是我所看到的最具特色的一个"保险公司",它在相信人的巨大潜力的同时,又内含了一个"持之以恒,十年不止"这样一个必备的条件。两者结合,才能使人到达成功的彼岸。

江苏盐城数学老师张向阳是朱永新成功保险公司的最早投保者。心存困惑的他,于2002年8月份向朱教授求教。朱教授送给他六个字:"读书,看网,写作。"张向阳老师心领神会,每天笔耕不辍。此前从未发表过作品的他,仅在6个月的时间内,就在"教育在线"上发表了数十万字的作品,并在《人民教育》等报刊上发表了50多篇文章。在过去的十个月间,他用200多个夜晚写出了近30万字的教育日记。他在"教育在线"论坛上的签名是:"用我的生命,擦亮新教育之梦的火花。"他找到了自我成长的途径,获得了持续发展的源源不断的动力。

江苏吴江市第一小学费建妹老师曾因打扑克而在当地小有名气。2003年参加新教育实验后,投保于朱永新成功保险公司,开始尝试写点东西。渐渐地,她对写作发生了兴趣。四个月的时间里,发表了十多篇文章。因其文富有激情,所以被人称为"激情费小妹"。这种激情是潜能开发之后的自然迸射,是获取自信之后的精神收获。

读书与写作应该是人的一种根本性的精神享受,在这种精神享受中人获得全面的发展。热爱学习应该是人的生命本性,个体通过学习掌握人类的本质力量,由此体验人生的自由境界。所以教育大家们在强调读书的同时,几乎无一例外地对写作给予了肯定性的评价。苏霍姆林斯基坚持写教育随笔,叶圣陶力倡教师写"下水文",朱永新教授让教师写教育日记。这期间似乎有一种本质的联系。因为没有读书与实践,就不可能产生好的作品。教师自己写不出好的作品,要求学生写作就失去了说服力量。没有教师的潜能开发这一生动的"教材",也很难激发起学生内蕴的潜能。师生同写日记,无疑创造了一个共同发展的文化环境。只有为个体发展创建一个完美的、高质量的发展环境,并确保这种环境的持续性和稳定性,才能最终实现个体的全面理想发展。这种"环境商数"一旦成为个体发展的重要商数,就会产生一种始料不及的飞跃。

写教育日记并没有固定的格式,其内容主要源于对日常教育实践的记录和反思。关于教育日记的写作方法,可以注意以下几个方面①:

1. 格式:叙议结合

教育日记是自由文体与个性表达的完美结合,具有"短(短小精悍)、平(随意平和)、快(及时反映)"的特点。一般以借事抒情、夹叙夹议、意蕴隽永为其特色。核心是"随",也就是自由地抒写心灵、描摹生活、表达情感,只求真实记录自己的所见所闻、所思所想。

教育日记主要用来表达作者对某一教育事件的各种思考(本人是"当事者",而非"观察者"),所涉及的往往是一些正在发生的或大家比较关心的事情,包括自己在这件事上的所言所行,事后是以怎样的态度来审视的,从这件事中获得怎样的触动、震撼、启示等。所以,"事件+思考"是教育日记的基本构成要素。对事件的表述里带着自己的真实体验;由事件而引发的个性化思考体现感悟。对这些事件可从大处着手、旁征博引,对一些理念进行生动的阐述;也可从细小处寻找突破口,通过将自己认为在教育教学中有价值的细枝末节娓娓道来,引人入胜,给人以启迪。

如管目荣老师的教育日记《"锅"要趁热"刷"》:

"锅"要趁热"刷",意思是刷锅的时候一定要趁着锅还热的时候刷,即把炒好的菜倒到盘子里后就快刷。刷锅、洗碗是每天必须干的家务活。每次刷锅的时候,我发现刚炒完菜,把水倒入锅中轻轻一摇晃,油腻污渍便荡然无存。如果吃完饭后再去刷,需要用炊帚来回擦好几遍才能刷干净。

由此我联想到对孩子的表扬。表扬一定要及时,就像刷锅一样,趁热刷效果明显:当孩子表现出了教师所期待的行为,就要马上表扬,及时地表扬才能使激励更有效,越小的孩子越应如此。孩子的每一个闪光点、孩子点点滴滴的进步都应该是进行表扬的理由。不要吝啬自己的一句话,哪怕是一个眼神,对孩子来说,都会带来春风般的温暖。不要等着学生的进步转化成大大的成绩时再进行表扬,因为到那时怕是锅已凉了,无论你怎样真诚都不能打动学生了。

同样,批评学生也是这个道理。尽管学生违犯了一点小小的错误,教师也要立即进行批评教育,指出错误的原因,让他吃一堑,长一智。否则等酿成大错,悔之晚矣。

教育日记一般取材广泛,一切和教育有关的话题都可作为素材,形式活泼,有一种"我手写我心"的随意性。相对于论文而言,日记更富有思想,可以有更多"大胆猜测"的内容。虽然日记与案例都有"叙"(讲述真实的事件)和"议"(有感而发)的类似

---

① 参见张智青. 教育随笔:让思考成为习惯[J]. 上海教育科研,2008(12):54—55.

结构,但是日记的议论成分更多一些,并且所展示的事件可以是不完整的,有时甚至可以是一个很小的故事的情景片段。

2. 内容:反躬自问

每一位教师都能从教育生活中获得丰富的感受,有时是一点感动、一丝酸楚、一阵狂喜,有时是一片失落,若及时地提炼,这些都有可能是珍珠。面对纷纭的教育现象,即使别人习以为常,也要问问自己:"为什么会这样?我和别人有什么不一样的看法?我的观点是否轻易地被别人左右了?在这个问题或现象的背后还隐藏着什么?"要让思考伴随着教育的整个过程,在思考的过程中发现问题。教师在听课或赏析课例时不能失去自我,应带着自己的理念、观点、思想去扬弃别人的教育教学理念、方式,做到扬长补短。

教育日记的撰写在很大程度上反映了教师对某个活动的整个过程的总体性反思,或对其中的一个环节、一个问题进行局部性反思。可以是总结成功的经验,有利于自己"百尺竿头,更进一步",也可以是查找存在的不足或失误,这是一种促进教师自我发展的宝贵资源。总之,及时地撰写记录能促进教师不断走向成熟。

例如,沈志媚老师在《我这样记教学随笔》中所写的"教学古诗《秋夜将晓出篱门迎凉有感》后的随笔":

在学习"南望王师又一年"时,学生甲说:"沦陷区的老百姓眼巴巴地向南张望……"学生乙说:"沦陷区的老百姓天天盼望……"学生丙说"这里的望是'绝望'!因为陷在水深火热中的老百姓盼了无数年,却始终没有盼到。"虽然已经下课了,但沦陷区老百姓由"张望"到"盼望"及至"绝望"的形象依然在我脑中浮现,孩子们一张张悲愤交加的脸庞依然如此清晰。虽然我明知道参考书上对于"望"字的解释是"盼望",但是学生甲分明用"眼巴巴地张望",为我们描绘了沦陷区百姓焦灼不安的神情;而学生丙则用"绝望"一词,刻画了沦陷区百姓由"急切盼望"到"彻底绝望"的心路历程。对于学生的"别解",我除了震撼还有由衷的赞赏!

除了有成功的喜悦、失败的痛苦外,我们还有对许多问题的困惑。在发现的问题中加进自己的思考与研究,就问题的出现谈自己的感想或提出相应的解决措施,就是一篇很实用的日记。

在平时的教育教学实践中,教师与学生之间会发生许多令人难忘的故事。只要肯积累,选取典型事例记录下来,如成功的主题班队会、典型的教育片段、对独生子女的学习指导和农村留守儿童的心理健康教育、单亲家庭中孩子的健康成长等,挖掘其中的价值,加一点自己画龙点睛的思考与评点,就是一篇鲜活的教育日记。

3. 习作：业精于勤

(1) 写不出,怎么办?

随时随地写下灵感笔记。灵感像一阵风,稍纵即逝。时过境迁再提起笔,往往只是一个美好的回忆。当灵感来临时,哪怕用一张废纸,也要及时地把它记下来。如我们对课题研究文本中常见术语"结果、讨论、结论"的通俗化理解,就是在与教师的不断沟通交流与观念碰撞中逐步形成的。如把"果树生长"比作教育科研过程,则"长出的果实"是研究"结果"(客观事实,是直接得到的),而对"这种果实的各种成分及其作用"的问题交换意见或进行辩论就是"讨论"(一种理性的分析与认识)。基于"讨论"基础上形成的"这种果实的价值"则是"结论"(总体判断或总结性见解)。

不妨来一点"抄写"。大凡写作之人,都有借鉴、模仿、独立创作的过程。教师应经常浏览教育报刊,多读儿童读物、教育经典著作,对好文章要细心揣摩作者的写作意图。摘抄一点理性化的内容,结合自己的实践谈一点感想。这样的"摘抄",不仅对自己的日记写作有所帮助,而且有利于更好地指导自己的教学,深化自己对理论的认识。

(2) 写不好,怎么办?

想到什么,就写什么。置身于鲜活的教育、教学第一线,每一个偶发的事例都可能触动教师的心弦。步步留心,时时在意,把"思考"作为一种好习惯,可以使大脑长时间处于研究状态。读、思、写三项功课循序渐进,先不要贪多求大,起初可从几句话写起,只要把观点阐释清楚即可;之后一二百字,慢慢地积少成多,最终会形成自己的风格,而且可以多一份"随"意,先把想到的写出来。在量的积累和保障下,质的提升只是时间问题。除了传统的纸笔,还可借助于电子文档、博客平台等媒介来表达自己的心声。

文章不厌百回改。初步记录下来的文字还是一块很粗糙的玉石,需要再三品味、推敲,发现其中的亮点,只有这样,才能使之更有价值。修改本身就是一个加工、提炼、提升的过程,要先从大的方向着手,删繁就简,让文字能真实地表达自己的意图。随笔写好后,可以请身边的同事指点一二,此法最为直接、也是非常行之有效的。哪怕是改动一个字、更换一个小标题,也是一个不小的收获,经常探讨,收获会更多。

学习借鉴,不断充实自己。教师首先要了解国家的教育方针政策。只有教育大方向找准了,写起日记来才能深入浅出、不离左右。其次要学习教育学、心理学的基本理论。只有理论素养宽厚扎实,才能在分析教育现象时见微知著,解决教学难题时得心应手,从而使文章平实中闪现出智慧的火花。另外,还要了解课程改革的新动向,学习古今中外教育家的思想精髓等。

 **思考与练习**

1. 试述教师职业道德修养的内容。
2. 简述教师职业道德修养的途径和方法。

第六章　教师职业道德评价

学习目标

1. 了解教师职业道德评价的含义与意义。
2. 理解教师职业道德评价的功能。
3. 掌握教师职业道德评价的方法。

随着时代的发展和社会的进步，人们越来越清楚地认识到加强教师职业道德素养的必要性，教师职业道德的好与坏直接关系着人才培育的质量高低，直接影响着人才强国和科技兴国战略的实施效果。在教师的道德建设中，教师职业道德评价发挥着至关重要的作用，正确的师德评价是推动教师道德规范和原则向道德意识和活动转化的重要力量，对协调人际关系，形成良好的社会道德风尚都具有重要的作用。

第一节　教师职业道德评价概述

一、教师职业道德评价的含义与内容

教师职业道德评价是指人们在社会生活中，根据一定社会或阶级的教师道德原则和规范，运用社会舆论、传统习惯、内心信念等方式，对教师的职业道德认知、道德情感、道德意志和道德行为所作的考查和判断。教师职业道德评价的目的是在对教师的道德进行全面考查、判断和论证的基础上，探索教师职业道德形成和发展的客观规律，以便更加有效地指导广大教师提高自身的职业道德素质，完善自身的职业道德品质。

教师职业道德评价的内容应该纳入多方面的因素，一般而言，教师职业道德评价的内容主要涉及以下几个方面：

其一是政治思想水平。教师要忠于党和人民的教育事业，坚持正确的政治方向，

牢固树立科学的世界观、人生观、价值观。做学习,宣传,研究马列主义、毛泽东思想、邓小平理论等重要思想的传播者和实践者。教师的政治思想水平可以通过政治学习等思想表现以及日常政治言论的水平和内容来评价。

其二是科学态度。要培养学生的认知能力、创新精神和进取精神,需要教师有严谨的科学态度和认真踏实的工作作风,严谨治学,遵循教学规律,讲究教学方法,努力提高教学质量。

其三是奉献精神。表现为热爱教育事业,勤奋工作,精心施教,责任心强,认真批改作业与答疑等方面。

其四是尊重学生,诲人不倦。高校教师要坚持教学中渗透德育,尊重、爱护学生,培养有理想、有道德、有文化、有纪律的社会主义建设者和接班人。可以用关心学生身心健康,努力进行思想教育;热爱学生,培养其优良品德和创新能力的程度为标准进行衡量。

其五是以身作则、为人师表。教师要坚持教育公正,平等对待学生,模范地遵纪守法,起到学为人师、行为人范的作用。可以用注重自身修养,廉洁自律,作风正派;诚实守信,办事公道;谦虚谨慎,礼貌待人,奉献社会来测度该指标。

其六是团队精神。教育是一项复杂的社会活动,教师合作将实现单靠个体所无法实现的效益。弗莱尔指出:"藐视团队合作而独自行动无疑是自杀的最好方式。"[1]不同的教师之间在知识结构、智慧水平、思维方式、认知风格等诸多方面存在着差异。这种差异就是合作学习的动力和源泉。群体动力学的创始人代表勒温专门研究过共同目标下群体成员的互动合作,他得出结论说,在合作性的群体中,个体具有较强的工作动机,往往能够相互激励,相互理解,个体间的信息交流频繁,工作效率明显高于非合作性群体。由此可见,在教师合作学习的共同体中,心与心的对话、手拉手的互助、思想与思想的碰撞,最终促进了教师的认知、动机和情感在合作学习中的整合和全面发展。在谈到教师的合作学习时,加拿大学者迈克·富兰曾引用过山雀与红鸥鸲的故事:

早在19世纪的时候,英国家庭使用的瓶装牛奶是不盖盖子的,这样红鸥鸲就经常来啄食封在瓶口的奶油。人们发现了这个问题之后就在瓶口封一层锡箔纸。没有多长时间山雀又学会了如何啄穿上面的这层锡箔纸,继续享用纸下面新鲜的奶油;相反,红鸥鸲却没有学会。即使个别的红鸥鸲偶然啄破了锡箔纸而又吃到新鲜的奶油的时候,它也保守秘密而不告诉自己的同伴。这是一种有趣的动物文化现象。山雀

---

[1] [美]S. D. 布鲁克菲德. 批判性反思性教师ABC[M]. 张伟,译. 北京:中国轻工业出版社,2002:303.

是群居性动物,常常结伴行动;而红鸥鸲往往是割地而居,一只雄性红鸥鸲常常和其他的雄性对手相互争斗,势不两立。结果,红鸥鸲在数量上比山雀少得多。在大自然中,群居的鸟类学习能力比较强,这不仅增加了生存的机会,同时也加快了进化的步伐。①

二、教师职业道德评价的功能

教师职业道德评价目的的实现需要相应的功能来保证。"功能"与"作用"既有联系又有区别:功能是指事物或方法本身固有的效用,是一种相对独立的和潜在的东西;而作用则是事物或方法的功能在具体展开或操作过程中的发挥与表现,它要受到事物发展和方法运用实践中各种具体因素的影响。功能是作用的内部根据,而环境因素是作用产生的外部条件;作用是功能与环境因素相结合而产生的实际效用。②教师职业道德评价具有以下几个方面的功能:

(一)诊断与反馈功能

无论是在搜集教师职业道德表现信息的过程中,还是在进行教师职业道德评价的时候,都要涉及教师职业道德活动的方方面面。经过评价,评价者会对教师的职业道德品质及表现有一个全面而细致的了解,能有效地发现问题,从而进行教育诊断和实践反思。同时,教师职业道德评价还可以给教师职业道德建设提供有效的反馈信息,从而有利于教师职业道德的提升和完善。

(二)评定与管理功能

首先,通过教师职业道德评价,将教师个体的职业道德表现与某种标准进行比较,从而评定其职业道德水平的高低。其次,教师职业道德评价中对教师的鉴定或评分,可以使管理部门更好地了解各环节工作的情况和质量,作为对相关人员工作业绩衡量的重要依据,促进教师管理水平不断提高。

三、教师职业道德评价的意义

教师职业道德评价是一种无形的精神力量,它不仅对促进教师自身的道德修养起重大作用,而且对形成学校和社会的良好道德风尚,促进精神文明建设,

---

① [加]迈克·富兰.变革的力量:透视教育改革[M].中央教育科学研究所,加拿大多伦多国际学院,译.北京:教育科学出版社,2000:204—205.
② 杨燕钧主编.教师伦理学[M].上海:华东师范大学出版社,1997:152—153.

促进学校的可持续发展具有重大意义。因此,一个教师不仅要经常对自己,而且还要要求别人对其进行师德评价,这就要求进一步领会教师职业道德评价的作用和意义。

(一)教师职业道德评价是维护教师职业道德原则和规范的重要保障

在教师的职业道德活动中,我们如果把职业道德比喻为职业道德规范准则的外在表现的话,那么可以认为职业道德评价是对这一外在表现的一种社会监督。教师职业道德,作为调整教育过程中教师行为的准则或规范,它不像有关法律法令和教育行政手段那样具有强制性。其作用的发挥,是依靠人们以一定的教师职业道德标准进行道德评价来实现的。教师职业道德的基本原则和规范被教师所接受的程度、所发挥作用的大小,都直接取决于人们的道德评价能力和评价活动的广度和深度。没有评价,教师职业道德规范就不起作用。因为:第一,教师职业道德是得到认同还是遭到践踏,在很大程度上标志着教师职业道德的传播水平的高低,标志着教师职业道德是得到了弘扬还是走向了沉沦。道德评价不断指出教师行为在道德上的得失,从而激励教师再接再厉选择良好的行为,消除不健康的违反教师职业道德的行为倾向。第二,道德评价,是改善道德氛围的有力武器。通过评价-反馈系统,教师个体的职业道德行为不断得到调整,同时周围的职业道德氛围也得到改变,从而促进形成积极向上的职业道德氛围。

(二)教师职业道德评价是使教师职业道德原则和规范转化为教师内心信念并体现于行动的重要机制

教师职业道德,只是向教师提供了行为的外在准则,要把这种客观准则转化为教师的内心信念,并见之于行动,必须通过道德评价。道德评价,不仅可以使教师深刻地理解职业道德准则和规范,而且教师职业准则和规范可以深入教师的内心世界,作用于教师的道德情感和职业良心。不道德的事情一旦受到谴责,就会使行为者在舆论的压力下,在精神上产生不安、羞愧,以至于长时间地痛苦;高尚的行为,一旦受到褒奖,就会使行为者在舆论的支持下,内心感到安慰、喜悦,并一如既往地把高尚行为坚持下去。这种谴责和褒奖,可以极大地激发教师的职业责任心和道德荣誉感,有效地提高教师的道德觉悟,唤起教师践行职业道德规范的主动性和积极性,使道德意识和道德行为统一起来。

(三)教师职业道德评价是促使教师个人职业道德品质形成和发展的重要途径

教师职业道德品质的形成和其他品质的形成一样,要在长期的职业生涯的学习和训练中逐步形成并以习惯的形式稳定下来。在这个过程中,教师职业道德评价所发挥的影响是十分重要的。其一,教师职业道德评价具有广泛性。教师的言论和行动不仅在自己和所对学生的评价范围之内,而且会扩展到学校、学生家庭和社会有关方面。这种广泛的评价网络,使教师时时处处都要受到各方面的监督,使教师时时处处注意自己的言行。其二,教师职业道德评价的效应是直接的。这种直接效应,主要表现在学生对教师的职业道德评价之中。在教育过程中,教师直接的对象是学生,教师的一言一行,会直接引起学生的评价和议论。教师不得体的言行,会招致学生的直接反感从而波及学习情绪,甚至会中断教育过程。其三,教师职业道德评价的影响是持久的。一方面对某个教师的某种评价一经形成,便不会在短期内消失;另一方面,教师与大多数学生的关系不是一事一时的关系,而是一种比较长期的、稳定的关系。这就会使学生及有关方面对教师的评价不会局限于一事一时,而会持续于较长的教学和来往过程中,甚至会终生保持下去。正是教师职业道德评价的这种广泛性、直接效应性和持久性,使教师要时时处处注意自己言行的正确性或正当性。

(四) 教师职业道德评价是改善校风校纪、调节教育内外人际关系的有效手段

教师职业道德评价,不仅关系着某一个教师的品质和名声,同时也影响着整个学校校风校纪的建设。一所学校,如果重视教师职业道德评价,对评价中的价值导向经常作正确的引导,并通过各种渠道建立良性循环的评价-反馈机制,使好的及时得到表扬和鼓励,坏的及时得到批评和纠正,就可以使正气压住邪气,在教师队伍中建立起良好的职业风尚,形成一种有纪必遵、有规必循、心情舒畅、积极工作的局面,并由此影响、带动学生养成有德遵纪的好习惯,从而在全校范围内形成一种井然有序、积极向上的校风校纪。

另外,教育本身是一个开放系统,在教育活动之外,教师还要处理好与学生家长的关系,与社会其他成员的关系;作为一个社会主体,教师还要处理好家庭关系、亲友关系。在这一系列复杂的人际关系中,道德评价发挥着很大的影响。

四、教师职业道德评价的原则

教师职业道德评价的原则是评价的理论依据,也是教师职业道德评价指导思想的体现。在教师职业道德评价过程中,建立和贯彻科学的评价原则,不仅有利于端正主评、被评人员的态度,克服主观性、片面性、随意性,提高评价的信度和效度,而且有利于评价过程的规范化、科学化和有序化,确保评价结果的客观性和准确性。一般来讲,教师职业道

德评价应该遵循以下原则[①]：

（一）评价指标的包容性与独立性相统一

教师职业道德评价指标应该具有全面性，不仅要有思想、政治等方面的要求，而且要有世界观、人生观、价值观、职业观等方面的考核。同时，还要注意同一层次之间评价指标的相互独立性，要求每项指标都要有明确的独特含义，内涵明确，外延清楚，每项指标之间尽可能不重复，逻辑上并列，避免交叉或因果关系，以期全面、整体地反映师德状况。

（二）评价标准的继承性与创新性相结合

儒家师德体系中的不耻下问、知过即改、学而不厌、诲人不倦、以身作则、言传身教、热爱学生、有教无类、因材施教、循循善诱、师生互动、教学相长等，经过中国历代思想家、教育家的继承与发展，逐渐形成了比较系统的师德评价标准，直到今天仍有重要价值。新时期，教师职业道德评价标准既要适应时代发展的需要，与社会主义市场经济体制相结合，与落实科学发展观、实施科教兴国战略相匹配，与时俱进，也要注意挖掘古代传统道德教育资源，借鉴、吸收人们在相关学科如伦理学、教育学、心理学、哲学、系统科学等方面的最新研究成果，同时接纳国外教师职业道德评价标准中先进合理的内容，力求在继承与创新上找到最佳结合点。

（三）评价方式上"他评"与"自评"兼顾

他评与自评是反映教师职业道德他律与自律的两个基本特征，他律与自律是社会规范约束主体行为的两种基本方式，二者的区别在于前者凭借外部力量，后者依靠主体自身的力量。任何事物的外因都要通过内因才能起作用，教师职业道德也是一个由外部他律逐渐转化为内在自律的过程。教师只有严格坚持自律，才能使道德信念、道德思想内化为本色与角色相统一的主体性精神财富。因此教师职业道德评价不仅要充分发挥社会舆论、传统习俗，以及教师职业道德规范制度的作用，同时也要注重挖掘教师个人的评价力量。在具体实施评价时，既要采取专家评价、同行评价、学生评价、领导评价，也要充分发挥教师的自主性、主观能动性、创造性，积极实施教师自我评价。

（四）评价目的应以教师发展为旨归

高校师德评价工作最终应以促进教师的发展为目的，实现由侧重评价的甄别和

[①] 参见吉贻祥.高校师德评价的理论探讨[J].西南民族大学学报（人文社科版），2006(11)：222—225.

选拔功能向侧重促进教师的发展功能转变。因此,开展师德评价时,不应过分关注评价结果,而要更多地关注评价过程;不应过分强调将师德评价结果与教师奖惩挂钩,而要体现以人为本的师德评价取向;不仅要关注教师当前的行为和工作表现,更要注重教师长远的发展。通过实施师德评价,全面了解教师现有的师德表现,分析教师师德失范的现象和原因,有针对性地对教师进行指导和帮助,规范教师的言行,提高教师的师德修养,增强教师履行本职工作的能力,完善教师的个人发展,促进学校的未来发展,实现教师的个人发展与学校整体发展的融合。

第二节 教师职业道德评价的标准、形式与方法

一、教师职业道德评价的标准

古人云:"故绳墨诚陈矣,则不可欺以曲直;衡诚县矣,则不可欺以轻重;规矩诚设矣,则不可欺以方圆;君子审於礼,则不可欺以诈伪。故绳者,直之至;衡者,平之至;规矩者,方圆之至。"[1]同样道理,对人的行为进行判断和评价,若没有一定的标准,也是无法进行的。在现实生活中,人们对人的行为和事件进行道德评价时所使用的最一般概念就是"善"和"恶"。

教师在接受道德评价的过程中,往往会遇到一些不可避免的矛盾,解决这些实际矛盾的唯一途径,就是要准确地认识和牢固地坚持科学的教师职业道德评价规范和标准。教师职业道德评价标准是衡量、判断教师在教育教学实践中道德行为善恶的准绳和标尺。从伦理学意义上来讲,评价教师职业道德行为与品质的最一般标准应该是善和恶。"善与恶是人类历史上形成的具有最一般意义的普遍的道德法则。"但这并不意味着教师职业道德评价的评价标准是永恒的、抽象的;相反,它是具体的、随着时代和历史的变化而不断变化的。教师职业道德的善恶标准也是具有历史性和社会性、相对性和绝对性的,但是,教师职业道德毕竟不同于社会的道德,在评价标准问题上,也不会简单地等同于一般社会的标准。它在体现其社会性的同时,还有其明显的职业性,即要结合教师职业特点,把社会性的道德要求,具体落实在教师的职业行为当中。因此,教师教育行为善恶评价的标准,可以具体地分为两方面内容:一是教师道德评价的社会行为标准,即社会标准;二是教师所从事的教育职业的要求,即职业道德标准。

---

[1] 《荀子·礼论篇第十九》.

教师道德评价的社会行为标准强调善恶标准的社会性,教师道德只是整个社会道德的一部分,它必须充分反映社会对教师的道德要求。任何一个社会的上层建筑都是从属于并服务于其经济基础的,这是马克思主义学说的一个基本观点。毫无疑问,在一定社会中,教师总是要对一定的社会和事业负责,为所属的社会培养和提供人才,这是教育活动的社会目的。这种社会目的要求教师的行为必须符合一定社会的道德要求,不仅要符合教育规律、最大限度地提高教育效果、极力促进教育事业的发展。凡是与一定社会的道德原则相符合的教育行为就是善的;反之,与其相悖的教师职业行为就是恶的。总之,在评价教师职业行为善恶时,既要以教育道德原则和规范为道德行为标准,又要以从社会利益中引申出来的社会道德原则和规范为道德行为准则。

教师职业道德评价标准仅仅考虑一般的社会标准是不够的,还必须考虑教育活动自身的特点和要求,要体现教育活动的特殊性,即教师的职业道德行为应符合自身的职业道德规范和原则。教育伦理中的"至善",即人的全面和自由的发展,也是教师职业道德评价的最高标准。这一师德评价的根本标准要求教师的道德行为和品质应有利于促进学生的身心全面和谐发展,与之相悖的就是恶的、不道德的职业行为。教师道德评价的最高标准具有抽象性、概括性,而教师在教育过程中的行为又总是具体的,因此,在最高标准的基础上必须有与具体行为相适应的具体标准。其一,教师职业道德评价的善恶标准要求教师行为应符合学生的个性心理特征,并有利于学生的心理健康发展和良好心理品质的形成。其二,师德评价的善恶标准要求教师的道德行为应促进学生的德、智、体、美、劳等方面全面发展。其三,教师道德评价的善恶标准要求教师的职业行为应有助于教育事业的发展,有利于在全社会形成良好的道德氛围。教师道德善恶评价的最高标准和具体标准,既有所区别又紧密联系,二者构成了衡量教育行为善恶内在尺度的两个方面。在具体的教师道德评价实践中需要把教师职业道德标准与教师职业道德评价的外在尺度,即社会性标准密切结合起来,只有这样才能对教师的职业道德行为做出科学的评价和判断。

二、教师职业道德评价的形式

教师职业道德评价主要有两种形式:一是教师之外的个人或组织对其行为进行的评价,即社会评价;二是教师对自己的行为进行的评价,即自我评价。其中,社会评价以社会舆论、传统习惯为基本形式,自我评价主要依靠教师个人的内心信念。社会评价和自我评价从客观与主观、外在与内在的不同角度,共同对教师的道德行为起着制约和调节的作用,因此我们主张在教师道德评价中将这两种方式相结合,以充分有效地发挥师德评价的作用。

(一)教师职业道德的社会评价

教师职业道德的社会评价,主要是指社会有机体借助社会舆论和传统习惯等外部力量,对教师教育行为的善恶性质作出判断。社会评价作为一种相对持久的精神调节,对教师道德的内化所起的作用是其他手段无法比拟的,它可以唤起教师内心的道德信念,促使其道德人格升华。社会评价的典型形式是社会舆论和传统习惯。

1. 社会舆论

社会舆论是人与人之间、人与社会之间道德关系的反映,它不仅是影响人们的道德意识和行为的强大精神力量,而且其广泛性、强制性的特点也使之成为道德行为评价的重要手段。社会舆论是指"某一社会、阶级、阶层、社会集团或集体中的人们用语言或文字对人的行为和社会组织的活动发表的某种倾向性、具有约束力的较为一致的意见"①。简单讲,社会舆论就是众人的议论和评论,它通常分为两种形式:一是依托于国家、组织和新闻媒介,有领导、有目的地以网络、报纸、广播、电视等手段传播的正式社会舆论,这种舆论与统治阶级的社会舆论是一致的,因而它是社会舆论的主体,在道德评价中具有权威性;二是在小范围内的人们遵循生活实践经验和已有的道德观念而自发形成的,借助于口头等形式传播的非正式社会舆论,它往往是零散的、不成体系的,但其产生的直接影响力却不容小觑。

社会舆论是人们对教师进行道德评价时运用得最广泛、最普遍的一种形式。教师职业道德评价中所应用的社会舆论,主要是指"学校以及社会人员或组织,依据社会所提倡的师德规范和道德标准,对教师在教育教学活动中的道德行为所发表的带有某种倾向性的共同观点"②。有关师德评价的社会舆论不但可以因其产生的组织程度不同而分为正式与非正式两种,还可以据舆论主体的不同分为校内舆论和校外舆论。校内舆论是学校内部成员,如学生、教师集体、管理人员等对于教师在教育过程中的行为所持有的评价和态度;校外舆论则是学校外部的人员和组织,如学生家长、社会团体、新闻单位等对教育者的道德行为所发表的共同意见。现实社会中的校内外舆论并非一致,人们对于同一教育行为往往会表现出不同的看法,这其中既有正确的、也有错误的,特别是自发形成的非正式舆论,比较容易产生落后或是错误的观点。对于教育行为者来说,既要注意广泛听取针对自己行为的各种舆论,又要严格区分和正确对待社会舆论,做到顺应先进、正确的舆论,抵制落后、错误的舆论,只有这

---

① 钱焕琦,刘云林. 中国教育伦理学[M]. 徐州:中国矿业大学出版社,2000:293.
② 转引自蔡冬云. 新形势下中学教师师德建设探讨[D]. 苏州大学,2009:21.

样才能使社会舆论发挥其矫正教师道德行为的作用。

2. 传统习惯

传统习惯是指"一定社会、一定民族在长期的共同生活中所形成并积累起来的比较稳定的、习以为常的行为倾向和行为规范"[①]。它作为一种重要的社会因素和精神力量,具有群众性、稳定性以及历史继承性等特点,在道德评价中具有特殊的作用。传统习惯的内容是广泛而又复杂的,遍布在社会生活的每个角落。对于从事教师职业的人们来说,除了要受社会中普遍的传统习惯的影响外,还要受适用于本职业要求、本职业心理特征的教育传统习惯的影响。教育传统习惯是被人们普遍熟悉和承认的教育道德经验和道德行为模式,它是在长期的教育教学过程中逐渐形成的。这种传统习惯往往与教师的职业心理、职业观念、职业理想和职业行为方式交织在一起,是评价教师职业道德行为的一种稳定且简易有效的方式。我国现存的教育传统习惯,存在着新与旧、积极与落后的种种差别和对立。为了正确地发挥传统习惯在教师职业道德评价中的作用,我们必须从旧的教师职业传统和习惯中取其精华、去其糟粕,努力把精华纳入社会主义师德的轨道,同时要充分肯定和传播那些同社会主义师德的要求相一致、有利于社会主义教育事业发展、有利于学生健康成长的新传统、新习惯。

(二)教师职业道德的自我评价

教师道德行为的自我评价,是指"教师依据一定的职业道德原则和规范对自身的教育行为所进行的一种道德上的自我认识、自我衡量和自我判断"[②]。以教育良心为核心的内在信念是教师能否搞好自我道德评价的关键。内在信念是人们在道德生活中对自己的善恶行为进行评价的唯一力量,这种评价形式具有自我激励、自我导向、自主转换等功能,它可以随时帮助教师辨别师德的各种是非现象,判明自身教育活动的善恶价值,这种约束、指导和调节教师道德行为的作用是其他任何力量所不能代替的。教师的内在信念是师德评价中的直接准绳,在其支配下,教师往往会由于自己的外在行为与内在的道德认知标准相吻合而感到心安理得、问心无愧,得到道德上的满意感和愉悦感,形成一种力量和自信心,并勇于继续坚持这种行为;反之,教师对于自己所做的违背道德原则、规范的行为,则会从内心产生内疚自责和羞愧不安,促使自己作出自我反省与自我批判,进而及时采取有效的纠正措施,以捍卫教师职业道德规范,逐步养成崇高的道德人格。

---

① 钱焕琦,刘云林. 中国教育伦理学[M]. 徐州:中国矿业大学出版社,2000:294.
② 钱焕琦. 教师职业道德[M]. 上海:华东师范大学出版社,2008:245.

在教师行为的道德评价中,社会舆论、传统习惯和内在信念三种形式是互相关联、互相补充、互相影响的。一方面,良好的社会舆论和传统习惯两者相互促进,并且共同担当着培养和树立优秀内在信念的重任;另一方面,正确的教师内在信念是形成校内外舆论、教育传统习惯的思想基础,也是社会舆论、传统习惯对行为当事人施加影响的基本前提。只有综合运用社会舆论、传统习惯、内在信念这三种因素,形成内力和外力作用的良性循环,才能充分发挥社会评价、自我评价的优势,消除这两种评价形式各自的缺点,才会建立起有效的师德评价机制,使道德评价得以充分、有效地发挥作用,进而促使教师职业道德水平的提高,推动教师职业道德的发展。

三、教师职业道德评价的方法

教师职业道德评价方法是指在教师职业道德评价的过程中所采用的各种方式和手段的总称。教师职业道德评价方法是实现教师职业道德评价的任务、保证教师职业道德评价的顺利进行、取得教师道德评价良好效果的关键性因素。概括起来,教师职业道德评价的方法有自我评价法、学生评价法和社会评价法。

(一)自我评价法

自我评价是指教师个人根据教师职业道德规范和教师职业道德评价的标准、原则等一系列评价体系,对自己的道德所进行的一种自我认识、自我判断、自我评价。简言之,自我评价是教师自己对自己的道德进行评价,在这个过程中教师既是评价的主体,又是被评价的客体。

教师职业道德的自我评价是提高教师职业水平不可缺少的重要环节。在运用自我评价法时,教师需要不断提高自我评价能力:一方面教师要形成强烈的内在信念;另一方面教师要端正态度,提高认识,认真对待评价工作。只有这样,教师才能有效地运用自我评价方法,随时判断自己行为的是与非、善与恶;才能持续地受到道德情感的冲击,培养丰富、积极的道德情感,形成坚定的道德意志,使自己的职业道德发展到一个新水平。

(二)学生评价法

教师职业道德评价中的学生评价是指教师和学生在教与学的相互作用中,学生依据教师职业道德的原则和规范对教师的行为予以判断的一种道德评价方式。学生评价实际上也是一种社会评价,但它是一种特殊的社会评价,这是由教师与学生的特殊关系所决定的。一方面,教师与学生是一种朝夕相处、长久共事的关系。学生最有条件对教师的职业道德进行评价。另一方面,社会主义社会的师生关系是一种相互尊重、相互关心、彼此平等的关系。正是这种平等、民主、互爱的师生关系使得学生能够对教师的职业道德进行评价。所以,学生评价法是教师职业道德评价中不可或缺的一种评价方法。

(三) 社会评价法

社会评价法是指行为当事人之外的个人或组织如学校或其他社会方面的人员,根据教师职业道德规范,对教师的道德状况做出评价的一种方法。社会评价法主要是通过社会舆论对教师的道德进行评判。社会舆论是指众人的议论和评判。它是人们用语言或文字对其所关心的社会生活中的某种现象、事件或行为所发表的某种带有倾向性的意见。社会舆论评价的内容多样,如政治舆论、经济舆论、道德舆论等。运用社会舆论的方法对教师职业道德评价是必要的。一方面,我们每一个人都生活在一定的社会当中,每个人的思想和行为都受到社会舆论的监督,教师也不例外。另一方面,社会舆论的评价,可以使学校和教师及时获得来自各方面的信息,为学校和教师认清自己的优缺点,提供可靠的依据。在运用社会舆论对教师职业道德进行评价的过程中,首先要广泛收集来自各方面的舆论,充分占有大量的信息;其次,要正确地分析、处理和评价这些社会舆论;最后要重视有组织地、自觉地运用社会舆论对教师职业道德进行评价。

(四) 加减评分法

加减评分法是根据国家对教师职业道德的日常行为要求,找出一系列评语式的测评项目,对每一测评项目作一些具体规定,指明达到什么程度加多少分或减多少分,最后计算分数以表明其等级。我们应当根据《教师职业道德规范》《教师法》《教育法》等法律文件中对教师职业道德的要求,定出一些应予提倡的良好思想行为(如爱岗敬业、教书育人、为人师表、廉洁从教等)项目为加分项目,依据其表现程度,确定应该加分的分值;列出一些应予取缔的不良行为(如追求拜金主义、体罚学生、以罚代教、以权谋私等)项目为减分项目,依据其危害程度确定扣分的分值,然后计算总分数。这种方法的优点是:其一,把教师职业道德的质量评判转化为数量评判,对每一行为的评判都有统一的、具体的标准,评价结果比较客观、精确;其二,有利于教师树立明确的职业道德观念,使他们认识到自己的好坏、得失;其三,便于领导及时获得反馈信息,采取有效手段进行教学管理调控。这种方法的缺点是考核量标和加减分值的确定难以做到科学、合理;对教师行为限制较多,不利于发挥教师的主动创造精神;偏重行为评价,容易忽视道德意识和思想动机等。科学地确定各项指标及其所占分值是运用这种方法的一个前提条件,也是这种方法能够取得成效的一个基础。因此,在具体评价工作中,首先要根据《教师职业道德规范》的要求,运用科学的手段确定各项指标及其分值。其次,要注意评价过程中的思想教育。最后,评价时要特别注意考查教师的行为动机,提高他们的道德认识。

(五)模糊综合评判法

模糊综合评判法是在教师职业道德评价中吸取与应用模糊数学综合评判的思想,全面合理地考虑到所有影响教师职业道德的因素,采取模糊计量法,通过计算的形式,得出评价结果。具体来讲,教师职业道德的模糊综合评判法是把整个教师职业道德评价看成一个集合,各个评价项目和评语等级都包含有许多因素,可以各看成一个模糊子集,这些模糊子集,可用其隶属度所构成的一个矩阵来表示。为了进行综合评判,还要确定各个项目的权重。这些权重因素与整个集合,也存在一种模糊关系,可用一个模糊矩阵来表示。最后,将两个模糊矩阵相乘,把其乘积加以归一化,就可得出教师职业道德的综合评判成绩。在教师职业道德评价中运用这种方法,首先,要求评价者要有一定的模糊数学的知识。其次,各个评价项目的确定必须合理,等级不能过多,权重的确定要有充分的科学根据。最后,要借助事先编制好程序的电子计算机进行计算,如果仅靠人的脑力进行计算,不仅比较烦琐,而且也容易出现错误,影响评价的精确性和科学性。

第三节 教师职业道德评价机制的建构

教师职业道德是教师素质的灵魂,也是促进教师专业发展的根本动力。教师职业道德的形成与发展受多种因素的制约和影响,其中,教师职业道德评价机制,是教师职业道德形成与发展的一个重要的外部保障机制,直接影响着教师职业道德的形成与发展。因此,在加强教师职业道德建设的今天,不能忽视对教师职业道德评价机制的研究。建构科学的教师职业道德评价机制,引导教师职业道德沿着正确的道路发展,激励教师不断提升自身的职业道德水平,对提高教师职业道德建设的实效性具有重要的意义。[①]

[①] 王清风. 试论教师职业道德评价机制的建构[J]. 青海师范大学学报(哲学社会科学版),2011(6):131—133.

一、确立发展性教师职业道德评价观

教师职业道德评价观作为一种理性认识,是对教师职业道德评价实践的理性构建,它影响着教师职业道德评价的目的、方式与方法等,是开展教师职业道德评价活动的前提和基础。目前,教师职业道德评价机制之所以存在一些问题,主要是缺乏正确的教师职业道德评价观的指导,建构科学的教师职业道德评价机制应确立发展性的教师职业道德评价观。

发展性的教师职业道德评价观认为,教师职业道德评价应以促进教师职业道德品质的不断提升与完善为主要目的。进行教师职业道德评价不仅是为了检验教师的职业道德行为,规约教师职业道德行为也不仅是为了奖惩教师,更重要的是为教师职业道德的提升与完善提供信息与帮助,激励教师不断提高自身的职业道德境界,使教师职业道德沿着正确的方向发展。教师职业道德评价,应为教师提供准确、真实的信息,使教师能够认识到自己的长处与不足,能正确地认识自我、分析自我,能正确确立自身发展的目标。教师职业道德评价既有导向、鉴定功能,又有激励和教育的功能。

发展性的教师职业道德评价观认为,教师职业道德评价不仅要关注评价的结果,更应关注评价的过程;不仅要关注教师当前的职业道德行为,更应关注教师未来职业道德品质的提升与引导。在教师职业道德评价的过程中,通过对教师职业道德行为的系统观察和理论分析,及时将真实的评价信息反馈给教师,使教师加深对职业道德规范的理解和认识,将外在的职业道德要求转化为自身的职业道德需求,从而不断地调整自己的职业道德行为,不断提升职业道德水平。

发展性的教师职业道德评价观,重视提高教师参与评价的意识,重视调动教师参与评价的积极性,重视评价者与被评价者之间的平等交流。在评价中通过评价双方不断地交流与磋商,帮助教师理清思路,建立正确的职业道德观念,使教师职业道德规范由外在的要求变为内在的需求,激发教师内在的职业道德发展的力量,充分调动教师自我修养的积极性,激励教师不断提高自己的职业道德素养。

二、完善教师职业道德评价标准

教师职业道德评价标准是开展教师职业道德评价活动的依据,也是教师践行职业道德的重要参照。当前教师职业道德评价的实际操作往往流于形式,教师在职业道德的践行中时有偏差,究其原因是缺乏科学的教师职业道德评价标准的指导。确定科学的教师职业道德评价标准,是建构教师职业道德评价机制的关键环节,也是加强教师职业道德建设的需要。

(一)教师职业道德评价标准日趋多维化

在教育实践中,不能以学生的分数或简单的教学行为代替教师职业道德行为的评价,而应从多维度建构科学的教师职业道德评价标准。不同的国家、不同的时代,有着不同的教师职业道德评价标准。从我国的国情和时代的要求出发,基于教师职业道德建设的目标,应将动机与效果辩证统一起来,将教学与育人紧密结合起来。为此,教师职业道德评价标准应从对事业的执着追求、对业务的精益求精、对学生的全面关心、对同事的团结协作和对自身的严格要求等进行多维度建构。

(二)教师职业道德评价标准应具个性化

由于每个教师所处的职业生涯的发展阶段不同,教师职业道德的层次不同,其师德表现也必然不同。如处于不同职业发展阶段的教师,在教育境界、从教态度和爱生方面会表现出不同的层次。因此,建构科学的职业道德评价标准,应在以上五个维度的共性评价标准的基础上,尊重和体现教师的个体差异,应针对不同发展阶段的教师,提出不同层次的职业道德要求,建立不同层次的评价标准,使教师职业道德评价标准具有个性化。在教师职业道德评价中,如果以整齐划一的、过于理想化的职业道德评价标准去评价所有的教师,将不利于教师个性的充分发展,教师参与职业道德评价的积极性也会受到挫伤。因此,只有从多维度、多层次建构教师职业道德评价标准,注意评价标准的个性化才能为教师职业道德的发展提供真实可靠的依据,为教师职业道德的提升提供广阔的空间。

三、丰富教师职业道德评价方式

建立以教师自评为主,学校领导、同事、家长、学生共同参与的教师评价制度,使评价成为教师本人、教育管理者、教师同事、学生乃至家长等多主体共同参与的交互活动,已成为当前教师评价改革的发展趋势。教师职业道德评价也应顺应这一发展趋势,改变以往评价方式与评价主体较为单一的状况,建立教师的自我评价机制。

(一)评价主体与方式多元化

教师职业道德评价应是学校领导、教师本人、同事、学生乃至家长等多主体共同参与的活动,应以多元的评价方式展开。以往的教师职业道德评价,大多以学校领导组成的考核小组(一般由校长、教务主任等组成)为评价主体,多是自上而下的总结性评价。评价信息来源单一，评价方式单一，教师处于被评价和被管理的位置，甚至成为评价者的对立面，产生怨言和抵触情绪，不能积极参与评价，导致教师职业道德评价的信度与效度大大降低，教师职业道德评价流于形式。因此，开展有效的教师职业道德评价，需要学校领导、教师本人、同事、学生乃至家长等多主体共同参与，通过不同的评价主体，从不同的视角收集多方面评价信息。不能过度追求量化评价，以简单的数字评价丰富的教师职业道德，要注重开展质性评价，应将总结性评价与形成性评价相结合，自评与他评相结合。通过整合多方面的评价信息，深入准确地评价教师的职业道德行为，充分体现出教师职业道德评价的民主性与发展性，营造尊重、理解、宽松和谐的人文环境，促使教师职业道德走向更高的境界。

（二）建立教师的自我评价机制

自我评价过程是教师对职业道德的自我反思过程，也是一个自觉的职业道德的修养过程，因此自我评价是提升教师职业道德的重要的内在机制。在自我评价中，教师可以更深刻地理解教师职业道德规范，正确地认识自我，激发内在的职业道德动机，进而自觉主动地践行职业道德，体验德育愉悦。

（三）提高教师自我评价的实效性

一是规范与指导教师的自评，提高教师自我评价的技术和能力。在实践中，有些教师进行职业道德的自我评价，就是给自己打一个分数或老生常谈地抄写一个书面材料，然后交于学校了事；在写自评报告时，存在着"攀比""随大流""盲目拔高自己"等现象。为此，应加强对教师的理论培训，让教师了解开展自我评价的意义；学校应给教师提供科学的教师职业道德评价标准，并以此为参照指导教师进行系统化的职业道德的自我反思，指导教师公正客观地认识自我，注重培养教师职业道德的自我反思习惯与能力。

二是自我评价应制度化。把自评纳入教研活动，定期组织教师开展职业道德的自我评价，引导教师在真实的问题情景中展开讨论和交流，指导教师实事求是地撰写自评报告，并将自评报告存入教师个人档案。

四、建立反馈和激励机制

科学的教师职业道德评价机制应充分体现导向性与激励性，应能引导教师的职业道德沿着正确的方向发展，激励教师不断提高自身的职业道德水平。以往大部分学校在进行教师职业道德评价之后，便将评价的信息束之高阁，没有对评价信息进行分析与反馈，致使教师职业道德评价走过场，为评价而评价，失去了教师职业道德评价的真正意义。

（一）组织评价双方共同建构评价结果

要建构科学的教师职业道德评价机制,在职业道德评价过程中,对评价信息进行分析与反馈是非常重要的。评价参与者应在平等、信任的基础上共同认真分析评价信息,评价双方应共同商议教师职业道德的改进与提高措施,共同建构评价结果,要把评价双方的协商、研讨活动贯穿评价的全过程。此外,学校管理者还应积极创建宽松和谐的教师职业道德评价文化,使评价在真实、积极的氛围中开展。

（二）教师职业道德评价活动应周期化

教师职业道德的发展是一个不断上升的过程,需要连续、定期开展教师职业道德评价活动,形成评价活动的周期性,这样既可以把握教师当前的职业道德水平,又可以了解下一步教师职业道德发展的动向,为更高水平的教师职业道德发展提供支持与动力。所以,学校应针对教师的实际情况,周期性地开展教师职业道德评价活动,定期组织教师展开交流与讨论。

总之,教师职业道德评价机制的建构和完善是一个连续的过程,随着社会的变迁、时代的发展,教师职业道德评价机制的研究和建构也应与时俱进,这样才能全面发挥教师职业道德评价的功能,引导教师迈向职业道德发展的崇高境界。

 阅读资料

分享毯子取暖的启示①

二十多年前,一个在美国长大的犹太裔青年到以色列访问,在教堂里,神父给他讲了"二战"期间发生的一桩往事。

当时,德国纳粹将犹太人驱赶在一起,用火车运往欧洲某地的集中营。正值冬季,火车往往要在路上走二三十个小时,一般要经过漫长的一夜才能到达目的地。欧洲的冬季,冬季的深夜,怎样的冷冽,怎样的悲怆——人人都知道等待他们的只有折磨和死亡。通常每六个人中只有一人能得到一条毯子御寒。毯子少而人多,但是没有争吵、没有抢夺,因为,幸运分到毯子的那个人总会平静地将毯子铺开,和周围其他五人分享,分享这难得的温暖。

---

① 胡军.分享毯子取暖的启示[J].青年博览,2007(1):54—55.

故事给年轻人很大震撼,他顿悟了犹太民族虽历经磨难却依然能顽强生存、发展的原因——懂得分享,通过分享积聚力量。后来,青年人将这种理念推行到自己的企业,他不仅为公司的临时职工提供福利,还创立了美国企业历史上第一个"期股"形式,即让公司所有员工都获得公司的股权。此举开始时受到公司高层很多人的反对,而且推行之初公司经营出现亏损。但是,青年人坚持和员工分享公司利益的政策。因为他相信,通过利益共享,与员工形成互相信任的密切的伙伴关系,并将这种信任和真诚传递给顾客,股东的长期利益才会增加,这么做的效果比单纯的广告宣传对公司作用要大得多。事实证明他是正确的。公司不但业绩很快扭亏为盈,更被誉为全球最受尊敬的公司,股票市值在十多年间上升了100倍。

这位年轻人名叫霍华德·舒尔茨,他领导的公司就是当今全球最炙手可热的咖啡连锁店——星巴克。

通过分享一条毯子,一个岌岌可危的民族获取了顽强生存下去的力量;通过分享企业利益,一个业绩平平的公司赢得了员工,更赢得了客户和公众的支持与认可,迅速成长为市值300亿美元的著名企业;那么,您有没有想过,通过分享什么,能让我们更好地经营好自己的家庭,彼此少些纷争和猜疑,生活得更加和睦幸福?相信每位家庭成员心中都会有一个答案。不必担心答案不同,请先将自己的答案说出来和大家分享吧。因为,学会分享,我们向幸福就走近了一步。

英国戏剧作家萧伯纳说过:"倘若你有一个苹果,我也有一个苹果,而我们彼此交换苹果,那么,你和我仍然是各有一个苹果。但是,倘若你有一种思想,我也有一种思想,而我们彼此交流这些思想,那么,我们每人将各有两种思想。"

思考与练习

1. 简述教师职业道德评价的功能。
2. 举例说明教师职业道德评价的方法。
3. 论述教师职业道德评价机制的建构。

主要参考文献

1. 杨丽.教师职业道德[M].长春:东北师范大学出版社,1999.
2. 傅维利.教师职业道德教育指南(第2版)[M].北京:高等教育出版社,2009.
3. 中华人民共和国国家教委人事司.教师职业道德[M].北京:新华出版社,1995.
4. 唐凯琳,刘铁芳.教师成长与师德修养[M].北京:教育科学出版社,2007.
5. [苏]赞科夫.和教师的谈话[M].杜殿坤,译.北京:教育科学出版社,1980.
6. 包连宗,郑建平.教师职业道德修养[M].上海:华东师范大学出版社,1985.
7. 贾本乾,王可植.中小学教师职业道德规范讲座[M].成都:成都科技大学出版社,1992.
8. 李彦福.落实教育规划纲要背景下的师德修养[M].南宁:广西教育出版社,2012.
9. 梁金霞,黄祖辉.道德教育全球视域[M].广州:华南理工大学出版社,2007.
10. 杨春茂.师德启思[M].北京:人民日报出版社,2012.
11. 中小学教师通识培训教材编写组.中小学教师职业道德规范(2008年修订)解读[M].北京:高等教育出版社,2012.
12. 教育部师范教育司.新世纪教师职业道德修养[M].北京:教育科学出版社,2002.
13. 朱明山.教师职业道德修养——规范与原理[M].北京:华凌出版社,2006.
14. 中小学教师通识培训教材编写组.中小学教师研修读本[M].北京:高等教育出版社,2012.
15. 教育部教师工作司.为了未来——教师职业道德读本(中小学教师分册)[M].北京:高等教育出版社,2013.
16. 阮成武.主体性教师学[M].合肥:安徽大学出版社,2005.
17. 伍新春,张军.教师职业倦怠预防[M].北京:中国轻工业出版社,2008.
18. [英]斯宾塞.教育论[M].胡毅,译.北京:人民教育出版社,1962.
19. [美]杜威.学校与社会·明日之学校[M].赵祥麟,译.北京:教育科学出版社,2005.

20. 华东师范大学教育系,杭州大学教育系编.现代西方资产阶级教育思想流派论著选[M].北京：人民教育出版社,1980.

21. [美]费奥斯坦,费尔普斯.教师新概念——教师教育理论与实践[M].王建平,译.北京：中国轻工业出版社,2002.

22. 胡明根.影响教师的100个经典教育案例[M].北京：中国传媒大学出版社,2004.

23. 张炳生,邓之光.教师职业道德新论[M].南京：河海大学出版社,2000.

24. 武衡,谈天民.徐特立文存(第四卷)[M].广州：广东教育出版社,1995.

25. [德]赫尔巴特.普通教育学[M].李其龙,译.北京：人民教育出版社,1989.

26. 张焕庭.西方资产阶级教育论著选[M].北京：人民教育出版社,1979.

27. [苏]苏霍姆林斯基.帕夫雷什中学[M].赵玮,译.北京：教育科学出版社,1983.

28. [苏]苏霍姆林斯基.给教师的建议(修订版)[M].杜殿坤,译.北京：教育科学出版社,2010.

29. [苏]苏霍姆林斯基.和青年校长的谈话[M].赵玮,译.上海：上海教育出版社,1983.

30. 王毓珣,王颖.教师新师德六项修炼[M].重庆：西南大学出版社,2009.

31. 教育部师范教育司.中小学教师职业道德规范学习手册[M].北京：高等教育出版社,2008.

32. 刘守旗.教育的艺术——苏霍姆林斯基100教育案例评析[M].广州：中山大学出版社,2003.

33. [德]雅斯贝尔斯.什么是教育[M].邹进,译.北京：生活·读书·新知三联书店,1991.

34. 陈文.教师可以更优秀[M].上海：华东师范大学出版社,2012.

35. 朱金香.教师职业道德概论[M].北京：中央编译出版社,2002.

附　　录

教育部关于进一步加强和改进师德建设的意见

2005年1月13日

各省、自治区、直辖市教育厅(教委)、新疆生产建设兵团教育局、部属高等学校：

为全面贯彻落实《中共中央国务院关于进一步加强和改进未成年人思想道德建设的若干意见》和《中共中央国务院关于进一步加强和改进大学生思想政治教育的意见》精神，现就加强和改进师德建设工作提出如下意见。

一、充分认识新时期加强和改进师德建设的重要性和紧迫性

1. 加强和改进师德建设是全面贯彻党的教育方针的根本保证，是进一步加强和改进青少年学生思想道德建设和思想政治教育的迫切要求。教师是人类灵魂的工程师，是青少年学生成长的引路人。教师的思想政治素质和职业道德水平直接关系到大中小学德育工作状况和亿万青少年的健康成长，关系到国家的前途命运和民族的未来。我们要从确保党的事业后继有人和社会主义事业兴旺发达的高度，从全面建设小康社会和实现中华民族伟大复兴的高度，从落实科学发展观，落实科教兴国、人才强国战略的高度，充分认识新时期加强和改进师德建设的重要意义。

2. 党和政府高度重视教师队伍建设。长期以来，广大教师教书育人、敬业奉献，赢得了全社会的尊重。同时也必须看到，在市场经济条件和开放环境下，学校教育和师德建设工作面临许多新情况新问题和新的挑战；人民大众对于优质教育日益增长的需求，对教师素质提出了新的更高的要求。师德建设工作还存在许多不适应的方面和薄弱环节。教师队伍的师德水平和全面素质亟待进一步提高，师德建设工作亟待进一步加强和改进，师德建设的制度环境亟待进一步改善。在新的历史时期，加强和改进师德建设是一项刻不容缓的紧迫任务。

二、加强和改进师德建设的总体要求和主要任务

3. 加强和改进师德建设的总体要求是：以马克思列宁主义、毛泽东思想、邓小平理论

和"三个代表"重要思想为指导,紧紧围绕全面实施素质教育、全面加强青少年思想道德建设和思想政治教育的目标要求,以热爱学生、教书育人为核心,以"学为人师、行为世范"为准则,以提高教师思想政治素质、职业理想和职业道德水平为重点,弘扬高尚师德,力行师德规范,强化师德教育,优化制度环境,不断提高师德水平,造就忠诚于人民教育事业、为人民服务、让人民满意的教师队伍.为培养德智体美全面发展的社会主义建设者和接班人做出新贡献。

4. 提高教师的思想政治素质。广大教师要认真学习马克思列宁主义、毛泽东思想、邓小平理论和"三个代表"重要思想,牢固树立正确的世界观、人生观和价值观,自觉抵制各种错误思潮和腐朽思想文化的影响;牢固确立在中国共产党领导下走中国特色社会主义道路、实现中华民族伟大复兴的共同理想和坚定信念;拥护中国共产党领导,拥护社会主义,热爱祖国,热爱人民;坚持正确的政治方向,拥护党和国家的路线、方针、政策,在大是大非问题上立场坚定,旗帜鲜明。要积极参加社会实践,接触实际,了解国情。要认真学习宪法和有关法律法规,坚持学术研究无禁区、课堂讲授有纪律,严格教育教学纪律。要高度重视学生的思想道德建设和思想政治教育,以良好的思想政治素质影响和引领学生。

5. 树立正确的教师职业理想。广大教师要有强烈的职业光荣感、历史使命感和社会责任感,以培育优秀人才、发展先进文化和服进社会进步为己任,站在时代的前列,努力成为为人民服务的践履笃行的典范。要志存高远,爱岗敬业,忠于职守,乐于奉献,自觉地履行教书育人的神圣职责,以高尚的情操引导学生全面发展。要正确处理个人与社会的关系,反对拜金主义、享乐主义、极端个人主义,把本职工作、个人理想与祖国的繁荣富强紧密联系在一起。

6. 提高教师的职业道德水平。广大教师要坚持社会主义教育方向,全面贯彻党的教育方针,遵守法律法规;树立先进教育理念,自觉遵循教育规律,积极推进教育创新,全面实施素质教育,不断提高教育质量;牢固树立育人为本、德育为先的思想,全面关心学生成长,热爱学生,尊重学生,公平公正对待学生,严格要求学生,因材施教,循循善诱,形成相互激励、教学相长的师生关系,促进学生全面发展,自觉加强师德修养,模范遵守职业道德规范,以身作则,言传身教,为人师表,以自己良好的思想和道德风范去影响和培养学生;大力提倡求真务实、勇于创新、严谨自律的治学态度和学术精神,团结合作、协力攻关、共同进步的团队精神;努力发扬优良的学术风气。坚持科学精神,模范遵守学术道德规范,潜心钻研,实事求是,严谨笃学,成为热爱学习、终身学习和锐意创新的楷模。

7. 着力解决师德建设中的突出问题。要坚决反对教师讥讽、歧视、侮辱学生,体罚和变相体罚学生的行为;坚决反对向学生推销教辅资料及其他商品,索要或接受学生、家长财物等以教谋私的行为;坚决反对在科研工作中弄虚作假、抄袭剽窃等违背学术规范,侵占他人劳动成果的不端行为;坚决反对在招生、考试等工作中的不正之风和违纪违法行为;严厉惩处败坏教师声誉的失德行为。

8. 积极推进师德建设工作改进创新。适应新形势新任务的要求,师德建设工作必须积极推进观念创新、制度创新。要努力探索新形势下师德建设的特点和规律,在内容、形式、方法、手段、机制等方面不断改进和创新,特别要在增强时代感,加强针对性、实效性上下功夫。讲究实际效果,克服形式主义,使师德建设更加贴近实际、贴近教师,把师德规范的主要内容具体化、规范化,使之成为全体教师普遍认同的行为准则,并自觉按照师德规范要求履行教师职责。

三、加强和改进师德建设的主要措施

9. 强化师德教育。多渠道、分层次地开展各种形式的师德教育;在加强和改进教师思想政治教育、职业理想教育、职业道德教育的同时,重视法制教育和心理健康教育。加强学风和学术规范教育。建立和完善各级各类学校德育工作者培训制度。对学校班主任、辅导员等德育工作者进行师德教育专题培训。建立和完善新教师岗前师德教育制度。各级各类师范院校和举办教师教育的综合大学,都要适应新的要求,将教师职业道德教育列为教师培养和职后培训的重要环节。要把师德教育作为新一轮中小学教师全员培训的首要任务和重点内容。

10. 加强师德宣传。每年教师节组织师德主题教育活动,以庆祝教师节和表彰优秀教师为契机,集中开展师德宣传教育活动;在三年一次全国性的教师和教育工作者表彰奖励中,表彰师德标兵、优秀班主任、辅导员、德育工作者和德育工作先进集体;组织师德典型重点宣传和优秀教师报告团活动,大力褒奖人民教师的高尚师德,广泛宣传模范教师先进事迹,展现当代教师的精神风貌,进一步倡导尊师重教的良好社会风尚;举办师德论坛,促进师德建设的理论创新、制度创新和管理创新,推动师德建设工作实现科学化、制度化。

11. 严格考核管理。进一步完善教师资格认定和新教师聘用制度。把思想政治素质、思想道德品质作为必备条件和重要考察内容;建立师德考评制度,将师德表现作为教师年度考核、职务聘任、派出进修和评优奖励等的重要依据。对师德表现不佳的教师要及时劝诫,经劝诫仍不改正的,要进行严肃处理。对有严重失德行为、影响恶劣者一律撤销教师资格并予以解聘。

12. 建立师德问题报告制度和舆论监督的有效机制。将师德建设作为学校办学质量和水平评估的重要指标。

四、切实加强对师德建设的领导

13. 要将教师工作摆在更加重要的位置,加强教师队伍建设特别是教师职业道德建设。要大力弘扬尊师重教的优良传统,千方百计地为广大教师办实事、办好事,不断改善教师的工作、学习和生活条件,为教师教书育人创造更为良好的社会环境。全社会都要关心和支持师德工作。要坚持团结鼓励、正面宣传为主的方针,大力宣传人民教师的先进典型和模范事迹,为师德建设营造良好的舆论氛围。

14. 各级教育行政部门要把师德建设作为一项事关教育工作全局的大事,纳入教育事业总体规划,加强领导,统筹部署,切实做到制度落实、组织落实、任务落实。要将师德建设作为考核教育行政部门和学校工作的一项重要内容。形成主要领导亲自抓、相关部门各负其责、有关方面大力支持的领导体制和统一领导、分工负责、协调一致的工作格局。教育部建立师德建设工作领导小组,协调全国师德建设工作。各地教育行政部门也要建立相应的工作机制,保证师德建设工作落到实处。要充分发挥教育工会等教师行业组织在教师职业道德建设中的积极作用。

15. 各级各类学校要把师德建设摆在教师工作的首位,贯穿于管理工作的全过程。学校主要领导要亲自抓师德建设。高校要切实把师德建设工作摆上重要议事日程,加强领导,统一规划,开展一次以师德建设为主要内容的教师轮训,在此基础上,做到经常化、制度化。学校基层党组织、广大党员教师要充分发挥政治核心和先锋模范作用。学校教代会和群团组织紧密配合,学生、家长和社会积极参与,形成加强和推进师德建设的合力。

教育部 中国教科文卫体工会全国委员会
关于重新修订和印发《中小学教师职业道德规范》的通知

各省、自治区、直辖市教育厅(教委)、教科文卫体(教育)工会,新疆生产建设兵团教育局、教育工会,有关部门(单位)教育司(局):

为贯彻落实党的十七大精神和胡锦涛总书记"8·31"重要讲话精神,进一步加强教师队伍建设,全面提高中小学教师队伍的师德素质和专业水平,在广泛征求意见的基础上,对1997年国家教委和全国教育工会联合印发的《中小学教师职业道德规范》进行了修订,现予印发,并就学习宣传和贯彻实施工作提出如下要求:

一、充分认识新时期加强教师职业道德建设的重要意义

教师是人类灵魂的工程师,是青少年学生成长的引路人。教师的思想政治素质和职

业道德水平直接关系到中小学德育工作状况和亿万青少年的健康成长,关系到国家的前途命运和民族的未来。加强中小学教师职业道德建设,提高教师的师德素养,对于确保党的事业后继有人和社会主义事业兴旺发达,全面建设小康社会,构建社会主义和谐社会,实现中华民族伟大复兴,具有十分重要的意义。

长期以来,广大教师教书育人,敬业奉献,赢得了全社会的尊重,教师队伍中不断涌现出一批又一批可歌可泣的模范人物。在今年发生的四川汶川大地震中,震区广大教师奋不顾身地保护学生,表现了崇高的师德精神。在新形势下修订并重新印发《中小学教师职业道德规范》,对于激励和引导广大教师向全国教育系统的模范教师,特别是抗震救灾英模教师学习,树立崇高的职业理想,自觉规范思想行为和职业行为,做让人民满意的教师,具有重要的现实意义。

二、全面准确地理解《中小学教师职业道德规范(2008年修订)》的基本内容

《规范》的基本内容继承了我国的优秀师德传统,并充分反映了新形势下经济、社会和教育发展对中小学教师应有的道德品质和职业行为的基本要求。《规范》对教师的职业道德起指导作用,是调节教师与学生、教师与学校、教师与国家、教师与社会相互关系的基本行为准则。《规范》不是对教师的全部道德行为和教育教学工作的要求,不能取代学校的其他各项规章制度。《规范》的许多内容是《中华人民共和国教师法》相关条文的具体化,各地教育行政部门和学校在学习贯彻时应注意和教育法规的学习结合进行。

三、认真做好《中小学教师职业道德规范(2008年修订)》的学习宣传和贯彻实施工作

1. 各级教育行政部门、教育系统工会和中小学校要高度重视,并认真组织好《规范》的学习宣传。要通过开展主题学习、研讨会、座谈会等形式多样和扎实有效的教育活动,组织广大教师深入学习和贯彻《规范》,帮助广大教师全面了解新时期教师职业道德的基本要求,统一思想认识,规范职业行为,全面提高师德素养,营造良好的教书育人环境。学校领导要言传身教,率先垂范。

2. 各级教育行政部门、教育系统工会和学校要把贯彻实施《规范》列入师德建设的重要议事日程,结合当地的实际情况,制订具体的实施办法和工作计划。要将学习《规范》的内容和要求列入教师的继续教育计划,把教师贯彻落实《规范》的情况列为教师岗位责任制的要求,定期考核检查。

各地学习贯彻《规范》的情况请及时报送教育部师范教育司。

附件:中小学教师职业道德规范(2008年修订)

中华人民共和国教育部

中国教科文卫体工会全国委员会

二〇〇八年九月一日

中小学教师职业道德规范

(2008年修订)

一、爱国守法。热爱祖国,热爱人民,拥护中国共产党领导,拥护社会主义。全面贯彻国家教育方针,自觉遵守教育法律法规,依法履行教师职责权利。不得有违背党和国家方针政策的言行。

二、爱岗敬业。忠诚于人民教育事业,志存高远,勤恳敬业,甘为人梯,乐于奉献。对工作高度负责,认真备课上课,认真批改作业,认真辅导学生。不得敷衍塞责。

三、关爱学生。关心爱护全体学生,尊重学生人格,平等公正对待学生。对学生严慈相济,做学生良师益友。保护学生安全,关心学生健康,维护学生权益。不讽刺、挖苦、歧视学生,不体罚或变相体罚学生。

四、教书育人。遵循教育规律,实施素质教育。循循善诱,诲人不倦,因材施教。培养学生良好品行,激发学生创新精神,促进学生全面发展。不以分数作为评价学生的唯一标准。

五、为人师表。坚守高尚情操,知荣明耻,严于律己,以身作则。衣着得体,语言规范,举止文明。关心集体,团结协作,尊重同事,尊重家长。作风正派,廉洁奉公。自觉抵制有偿家教,不利用职务之便谋取私利。

六、终身学习。崇尚科学精神,树立终身学习理念,拓宽知识视野,更新知识结构。潜心钻研业务,勇于探索创新,不断提高专业素养和教育教学水平。

教育部关于建立健全中小学师德建设长效机制的意见

教师[2013]10号

各省、自治区、直辖市教育厅(教委),新疆生产建设兵团教育局,部属师范大学:

教师是教育的根本,师德是教师的灵魂。长期以来,全国广大中小学教师教书育人,敬业奉献,为我国教育事业改革和发展作出了重要贡献,赢得了全社会的广泛赞誉和普遍尊重。但是,近年来极少数教师严重违反师德的现象时有发生,引起社会广泛关注,损害了教师队伍的整体形象。为贯彻落实《国务院关于加强教师队伍建设的意见》,以社会主义核心价值体系为引领,充分尊重教师主体地位,大力弘扬高尚师德,切实解决当前出现的师德突出问题,引导教师立德树人,为人师表,不断提升人格修养和学识修养,努力建设一支师德高尚、业务精湛、结构合理、充满活力的中小学教师队伍。现就建立健全教育、宣传、考核、监督与奖惩相结合的中小学师德建设长效机制提出如下意见:

一、创新师德教育,引导教师树立远大职业理想。将师德教育纳入教师教育课程体系。师范生培养必须开设师德教育课程,新任教师岗前培训开设师德教育专题,在职教师培训把师德教育作为重要内容,记入培训学分。重视法制教育、心理健康教育和民族团结教育。创新师德教育内容、模式和方法,突出针对性和实效性。采取实践反思,师德典型案例评析,情景教学等丰富师德教育形式,把教书育人楷模、一线优秀教师等请进课堂,用优秀教师的感人事迹诠释师德内涵。结合教育教学、社会实践活动开展师德教育,切实增强师德教育效果。

二、加强师德宣传,营造尊师重教社会氛围。将师德宣传作为教育行政部门和学校重点工作。坚持正确舆论导向,大力宣传教师的地位和作用,让全社会广泛了解教师工作的重要性和特殊性。大力树立和宣传优秀教师先进典型,通过组织举办形式多样、务实有效的活动,深入宣传优秀教师先进事迹,充分展现当代教师的精神风貌,弘扬高尚师德,弘扬主旋律,增强正能量。针对师德建设中出现的热点、难点问题,要及时应对并加以引导。充分利用教师节等重大节庆日、纪念日的契机,联合电视、广播、报纸、网络等多种媒体集中宣传优秀教师先进事迹,努力营造尊师重教的浓厚社会氛围。

三、严格师德考核,促进教师自觉加强师德修养。将师德考核作为教师考核的核心内容,摆在首要位置。各级教育行政部门要制定师德考核办法,学校制定具体的实施细则。师德考核应充分尊重教师主体地位,符合教师职业性质,促进教师专业发展;坚持公平、公正、公开原则;采取教师个人自评、家长和学生参与测评、考核工作小组综合评定等多种方式进行。考核结果一般分为优秀、合格、基本合格、不合格四个等次。考核结果公示后存入师德考核档案并报学校主管部门备案。师德考核不合格者年度考核应评定为不合格,并在教师资格定期注册、职务(职称)评审、岗位聘用、评优奖励和特级教师评选等环节实行一票否决。

四、突出师德激励,促进形成重德养德良好风气。将师德表彰奖励纳入教师和教育工作者奖励范围。完善师德表彰奖励制度。把师德表现作为评选教书育人楷模、模范教师、教育系统先进工作者,优秀教师、优秀教育工作者,中小学优秀班主任、中小学德育先进工作者等表彰奖励的必要条件。在同等条件下,师德表现突出的,优先评选特级教师和晋升教师职务(职称)、选培学科带头人和骨干教师。

五、强化师德监督,有效防止失德行为。教育行政部门和学校要建立健全师德年度评议制度,师德问题报告制度,师德状况定期调查分析制度和师德舆情快速反应制度,及时研究加强和改进师德建设的政策和措施。构建学校、教师、学生、家长和社会广泛参与的师德监督体系。教育行政部门和学校要建立行之有效的多种形式的师德投诉、举报平台,及时获取掌握师德信息动态,及时发现并纠正不良倾向和问题,将违反师德行为消除在萌芽状态。要将师德建设纳入教育督导评估体系。

六、规范师德惩处,坚决遏制失德行为蔓延。建立健全违反师德行为的惩处制度。依据有关法律法规和《中小学教师职业道德规范》,教育部研究制定《中小学教师违反职业道德行为处理办法》,明确教师不可触犯的师德禁行性行为,并提出相应处理办法。对危害严重、影响恶劣者,要坚决清除出教师队伍。建立问责制度。对教师严重违反师德行为监管不力、拒不处分、拖延处分或推诿隐瞒,造成不良影响或严重后果的,要追究学校或教育主管部门主要负责人的责任。对涉及违法犯罪的要及时移交司法部门。

七、注重师德保障,将师德建设工作落到实处。建立师德建设领导责任制度。地方各级教育行政部门负责对师德建设工作的指导和监管,主要负责人是师德建设工作第一责任人,有关职责要落实到具体的职能机构和人员。各地要结合实际,制定本地师德建设规划和实施方案。充分发挥教育工会等教师行业组织在师德建设中的积极作用。中小学校要把师德建设摆在教师工作首位,贯穿于管理工作全过程。中小学校长要亲自抓师德建设。学校基层党组织、广大党员教师要充分发挥政治核心和先锋模范作用。学校教代会和群团组织紧密配合,形成加强和推进师德建设合力。

教育部
2013 年 9 月 2 日

教育部关于印发《中小学教师违反职业道德行为处理办法》的通知

各省、自治区、直辖市教育厅(教委),新疆生产建设兵团教育局:
  现将《中小学教师违反职业道德行为处理办法》印发给你们,请遵照执行。

教育部
2014 年 1 月 11 日

中小学教师违反职业道德行为处理办法

第一条 为规范教师职业行为,保障教师、学生的合法权益,根据《中华人民共和国教育法》《中华人民共和国未成年人保护法》《中华人民共和国教师法》《教师资格条例》等法律法规,制定本办法。

第二条 本办法所称中小学教师是指幼儿园、特殊教育机构、普通中小学、中等职业学校、少年宫以及地方教研室、电化教育等机构的教师。

前款所称中小学教师包括民办学校教师。

第三条 本办法所称处分包括警告、记过、降低专业技术职务等级、撤销专业技术职务或者行政职务、开除或者解除聘用合同。其中,警告期限为6个月,记过期限为12个月,降低专业技术职务等级、撤销专业技术职务或者行政职务期限为24个月。

第四条 教师有下列行为之一的,视情节轻重分别给予相应处分:

(一)在教育教学活动中有违背党和国家方针政策言行的;

(二)在教育教学活动中遇突发事件时,不履行保护学生人身安全职责的;

(三)在教育教学活动和学生管理、评价中不公平公正对待学生,产生明显负面影响的;

(四)在招生、考试、考核评价、职务评审、教研科研中弄虚作假、营私舞弊的;

(五)体罚学生的和以侮辱、歧视等方式变相体罚学生,造成学生身心伤害的;

(六)对学生实施性骚扰或者与学生发生不正当关系的;

(七)索要或者违反规定收受家长、学生财物的;

(八)组织或者参与针对学生的经营性活动,或者强制学生订购教辅资料、报刊等谋取利益的;

(九)组织、要求学生参加校内外有偿补课,或者组织、参与校外培训机构对学生有偿补课的;

(十)其他严重违反职业道德的行为应当给予相应处分的。

第五条 学校及学校主管教育部门发现教师可能存在第四条列举行为的,应当及时组织调查,核实有关事实。作出处理决定前,应当听取教师的陈述和申辩,听取学生、其他教师、家长委员会或者家长代表意见,并告知教师有要求举行听证的权利。对于拟给予降低专业技术职务等级以上的处分,教师要求听证的,拟作出处理决定的部门应当组织听证。

第六条 给予教师处分,应当坚持公正、公平和教育与惩处相结合的原则;应当与其违反职业道德行为的性质、情节、危害程度相适应;应当事实清楚、证据确凿、定性准确、处理恰当、程序合法、手续完备。

第七条 给予教师处分按照以下权限决定：

（一）警告和记过处分,公办学校教师由所在学校提出建议,学校主管教育部门决定。民办学校教师由所在学校决定,报主管教育部门备案。

（二）降低专业技术职务等级、撤销专业技术职务或者行政职务处分,由教师所在学校提出建议,学校主管教育部门决定并报同级人事部门备案。

（三）开除处分,公办学校教师由所在学校提出建议,学校主管教育部门决定并报同级人事部门备案；民办学校教师或者未纳入人事编制管理的教师由所在学校决定并解除其聘任合同,报主管教育部门备案。

第八条 处分决定应当书面通知教师本人并载明认定的事实、理由、依据、期限及救济途径等内容。

第九条 教师有第四条列举行为受到处分的,符合《教师资格条例》第十九条规定的,由县级以上教育行政部门依法撤销其教师资格。教师受处分期间暂缓教师资格定期注册。依据《中华人民共和国教师法》第十四条规定丧失教师资格的,不能重新取得教师资格。教师受降低专业技术职务等级处分期间不能申报高一级专业技术职务。教师受撤销专业技术职务处分期间不能重新申报专业技术职务。

第十条 教师不服处分决定的,可以向学校主管教育部门申请复核。对复核结果不服的,可以向学校主管教育部门的上一级行政部门提出申诉。

第十一条 学校及主管教育部门拒不处分、拖延处分或者推诿隐瞒造成不良影响或者严重后果的,上一级行政部门应当追究有关领导责任。

第十二条 教师被依法判处刑罚的,依据《事业单位工作人员处分暂行规定》给予撤销专业技术职务或者行政职务以上处分。教师受到剥夺政治权利或者故意犯罪受到有期徒刑以上刑事处罚的,丧失教师资格。

第十三条 省级教育行政部门应当结合当地实际情况制定实施细则,并报国务院教育行政部门备案。

第十四条 本办法自发布之日起施行。

国际教育组织关于教师职业道德的宣言

此宣言于2001年7月25—29日在泰国举办的第三届国际教育组织世界大会通过。

◎序言

高水平的公共教育是民主社会的主要基础。它的任务是确保所有的儿童和青少年享有接受教育的平等机会。它对经济、社会和文化的影响是一个国家良好发展的关键因素。提供高水平的公共教育是一项重要的使命,教师和教育工作者有责任建立公众对教学服务的高水平和标准的信心。

在职业实践中做出负责任的判断是教育的核心活动。提供高水平的公共教育的关键在于合格、有专业精神和责任感的教师以及教育工作者为了开发每名学生的潜力所表现的呵护与关切。

高水平的公共教育的实践,除了需要教师和教育工作者的教学能力和专业精神,良好的工作环境、社会的支持和周全的政策也是必备的条件。只有在所有的条件都具备的条件下,教师和教育工作者才可以充分地、负责任地为学生和社会执行他们的教育工作。

关于教师职业核心道德问题的讨论有利于教师职业的发展。对职业标准以及伦理意识的加强,不仅可以提高教师以及教育工作者的工作满意度和自我批评意识,也可以提高社会对教师职业的尊敬。

作为国际教育组织(EI)的成员,教师、其他教育工作者和他们的工会,应努力提倡教育,来帮助人们分别发挥自身的能力,为社会的发展进步做出贡献。

认识到教育过程中需要背负的所有责任以及为了教师职业、同仁、学生和家长所必须保持的职业道德行为,身为国际教育组织的成员,教师工会应该:

积极地提倡国际教育组织世界大会和行政董事会所采纳的政策和决议,包含此职业道德宣言。

(A)确定教育工作者享有能够使他们履行职业的良好工作政策和条件,确保他们能得到在国际劳工组织(ILO)基本劳工条款和权利的宣言中所有的权利,如下所列:

——自由结社的权利

——集体谈判的权利

——就业中不受歧视的保护

——平等就业

——就业中不受威胁和保护人身自由

——废除童工

(B)确保他们的会员拥有国际劳工组织(ILO)和联合国教科文组织(UNESCO)就教师地位的联合宣言以及就高等教育的教育工作者地位的宣言内所列出的所有权利。

(C)消除一切在教育里以性别、婚姻状况、性倾向、年龄、宗教信仰、政治观点、社会地位、经济情况、民族或种族为理由的各种偏见与歧视。在自己的国家内合作,提倡为所有儿童提供政府资助的高水平的教育,提高教育供付。

(D)维护作者的地位和他们的权利。

(E)发挥影响力和号召力,使全世界的儿童(尤其是童工,遭社会主流排斥的家庭的儿童,或其他有特殊困难的儿童)在不受到任何歧视的情况下得到高水平的教育。

◎宣言

为了引导教师、其他教育工作者和他们的工会达到教师职业应有的职业道德标准,国际教育组织宣言如下:

一、对职业的承诺:教育工作者应该

(A)为所有学生提供高水平的教育,以加强公众对教育工作者的信心,赢取他们对教师职业的尊敬。

(B)确保定期更新并增进专业知识。

(C)安排自身的终身学习计划,包括计划的内容、程序和时间,以表现教师的专业精神。

(D)声明并不隐瞒任何相关专业资格的资料。

(E)通过积极参与工会活动,达到良好的工作状况,以吸引高素质的人士加入教师职业。

(F)通过教育,全力支持并推进民主和人权。

二、对学生的承诺:教育工作者应该

(A)尊重所有儿童(特别是他们的学生)的权利,以确保他们受到联合国儿童权利公约(尤其是所有有关教育的条款)的保护。

(B)保护和提倡学生的人身安全和利益,确保他们不受到任何形式的欺负以及任何生理或心理的伤害。

(C)尽所有可能保护儿童不让他们受到性伤害。

(D)以应有的照顾,努力对待任何有关学生的安全和利益的事项,并同时保护学生的隐私。

(E)协助学生建立一套符合国际人权标准的价值观。

(F)与学生保持师生之间的专业关系。

(G)认识到每个学生的特殊性、特点和特殊的需求。

(H)让学生认同一个富有互助精神,却也有个人空间的社会。

(I)以公正与慈悲发挥教师的权威。

(J)确保师生之间的特殊关系,不受任何宗教或意识形态的影响和控制。

三、对教育界同事的承诺:教育工作者应该

(A)通过对彼此(尤其是对刚从事教师职业或在培训中的同事)的职业等级和观点的尊重,提高同事之间的交流和帮助。

(B)除非有严格的专业或法律原因,不可透露在就业中关于同事的任何资料。

(C)协助同事完成由教师工会和雇主所同意的、同事互相审查的审查程序。

(D)保障同事的人身安全和利益,确保他们不受到任何形式的欺侮以及任何生理或心理的伤害和性侵犯。

(E)为了此声明的实践得到最佳效果,确保内容的落实和执行是国家级的工会组织内透彻讨论的结果。

四、对管理层的承诺:教育工作者应该

(A)熟悉他们的法律和行政的权利和职责,并且尊重集体合同中列出的条例和学生的权利。

(B)执行管理者合理的指示,并有权利通过清晰的、规定的程序对于该指示提出质疑。

五、对家长的承诺:教育工作者应该

(A)认识到家长有权利通过双方(教育工作者和家长)同意的渠道对他们孩子的安全和利益进行咨询。

(B)尊重父母的法定权利,但可为了儿童的最大利益从专业的角度向他们提出建议。

(C)做最大的努力让家长积极参与他们孩子的教育以及积极支持教育过程,避免孩子参与任何形式的不利于他们教育的工作。

六、对教师的承诺：社区和社会应该

(A)让教师感受到就业中得到公平的对待。

(B)认识到教师有保留隐私、照顾自身和在社区内正常生活的权利。

后 记

教育和教学都是一种道德事业,唯有满足道德的正当性才能使其价值得以合目的地显现。教师劳动是一种价值支撑的劳动,是一种显著的道德活动。在教师专业化的背景下,加强教师职业道德教育,全面提升教师专业素质,为社会提供更好的专业服务,是每一位教师的神圣职责。也只有在这种道德修养和境界提升中,教师才能真正享受到教师职业带给自己的幸福与成长。

以提高教师整体素质的发展为旨趣的教师教育,要取得实实在在的成效,就须切实改掉偏重教学技能、教学策略与专业技术培训的流弊,从促进教师道德成长的角度予以统筹规划、全面安排。为了贯彻落实《教育规划纲要》关于加强师德建设的政策精神,为了促进我国教师教育的全面发展,我们编写了《教师职业道德》这本书,希望本书能够对教师职业道德修养水平和践行能力的提高起到一定的推动作用。

本书是集体劳动的成果,全书写作的具体分工是:曲阜师范大学的刘亭亭编写前言、绪论、第一章、第三章、第五章;曲阜师范大学张宏编写第二章;烟台大学的薛红霞编写第四章和第六章。全书由刘亭亭负责统稿。在此,特别感谢北京大学出版社的陈晓红编辑和李淑方编辑,为本书的编辑和出版给予了细心的指导和帮助。

本书在写作过程中参阅并引用了许多学者的科研成果,其中多数成果已一一列出,对此我们表示由衷的感谢,如有遗漏,敬请谅解并指正。

编 者
2017 年 5 月

北京大学出版社
教育出版中心 精品图书

21世纪高校广播电视专业系列教材

电视节目策划教程（第二版）	项仲平
电视导播教程（第二版）	程 晋
电视文艺创作教程	王建辉
广播剧创作教程	王国臣
电视导论	李 欣
电视纪录片教程	卢 炜
电视导演教程	袁立本
电视摄像教程	刘 荃
电视节目制作教程	张晓锋
视听语言	宋 杰
影视剪辑实务教程	李 琳
影视摄制导论	朱 怡
新媒体短视频创作教程	姜荣文
电影视听语言——视听元素与场面调度案例分析	李 骏
影视照明技术	张 兴
影视音乐	陈 斌
影视剪辑创作与技巧	张 拓
纪录片创作教程	潘志琪
影视拍摄实务	翟 臣

21世纪信息传播实验系列教材（徐福荫 黄慕雄 主编）

网络新闻实务	罗 昕
多媒体软件设计与开发	张新华
播音与主持艺术（第三版）	黄碧云 睢 凌
摄影基础（第二版）	张 红 钟日辉 王首农

21世纪数字媒体专业系列教材

视听语言	赵慧英
数字影视剪辑艺术	曾祥民
数字摄像与表现	王以宁
数字摄影基础	王朋娇
数字媒体设计与创意	陈卫东
数字视频创意设计与实现（第二版）	王 靖
大学摄影实用教程（第二版）	朱小阳
大学摄影实用教程	朱小阳

21世纪教育技术学精品教材（张景中 主编）

教育技术学导论（第二版）	李 芒 金 林
远程教育原理与技术	王继新 张 屹
教学系统设计理论与实践	杨九民 梁林梅
信息技术教学论	雷体南 叶良明
信息技术与课程整合（第二版）	赵呈领 杨 琳 刘清堂
教育技术学研究方法（第三版）	张 屹 黄 磊

21世纪高校网络与新媒体专业系列教材

文化产业概论	尹章池
网络文化教程	李文明
网络与新媒体评论	杨 娟
新媒体概论	尹章池
新媒体视听节目制作（第二版）	周建青
融合新闻学导论（第二版）	石长顺
新媒体网页设计与制作（第二版）	惠悲荷
网络新媒体实务	张合斌
突发新闻教程	李 军
视听新媒体节目制作	邓秀军
视听评论	何志武
出镜记者案例分析	刘 静 邓秀军
视听新媒体导论	郭小平
网络与新媒体广告（第二版）	尚恒志 张合斌
网络与新媒体文学	唐东堰 雷 奕
全媒体新闻采访写作教程	李 军
网络直播基础	周建青
大数据新闻传媒概论	尹章池

21世纪特殊教育创新教材·理论与基础系列

特殊教育的哲学基础	方俊明
特殊教育的医学基础	张 婷
融合教育导论（第二版）	雷江华
特殊教育学（第二版）	雷江华 方俊明
特殊儿童心理学（第二版）	方俊明 雷江华
特殊教育史	朱宗顺
特殊教育研究方法（第二版）	杜晓新 宋永宁等
特殊教育发展模式	任颂羔

21世纪特殊教育创新教材·发展与教育系列

视觉障碍儿童的发展与教育	邓 猛
听觉障碍儿童的发展与教育（第二版）	贺荟中
智力障碍儿童的发展与教育（第二版）	刘春玲 马红英
学习困难儿童的发展与教育（第二版）	赵 微
自闭症谱系障碍儿童的发展与教育	周念丽
情绪与行为障碍儿童的发展与教育	李闻戈
超常儿童的发展与教育（第二版）	苏雪云 张 旭

21世纪特殊教育创新教材·康复与训练系列

特殊儿童应用行为分析（第二版）	李 芳 李 丹
特殊儿童的游戏治疗	周念丽
特殊儿童的美术治疗	孙 霞
特殊儿童的音乐治疗	胡世红
特殊儿童的心理治疗（第三版）	杨广学
特殊教育的辅具与康复	蒋建荣
特殊儿童的感觉统合训练（第二版）	王和平
孤独症儿童课程与教学设计	王 梅

21世纪特殊教育创新教材·融合教育系列

融合教育本土化实践与发展	邓 猛等
融合教育理论反思与本土化探索	邓 猛
融合教育实践指南	邓 猛
融合教育理论指南	邓 猛
融合教育导论（第二版）	雷江华
学前融合教育（第二版）	雷江华 刘慧丽

21世纪特殊教育创新教材（第二辑）

特殊儿童心理与教育（第二版）	杨广学 张巧明 王 芳
教育康复学导论	杜晓新 黄昭鸣
特殊儿童病理学	王和平 杨长江
特殊学校教师教育技能	昝 飞 马红英

自闭谱系障碍儿童早期干预丛书

如何发展自闭谱系障碍儿童的沟通能力	朱晓晨 苏雪云
如何理解自闭谱系障碍和早期干预	苏雪云
如何发展自闭谱系障碍儿童的社会交往能力	吕 梦 杨广学
如何发展自闭谱系障碍儿童的自我照料能力	倪萍萍 周 波
如何在游戏中干预自闭谱系障碍儿童	朱 瑞 周念丽
如何发展自闭谱系障碍儿童的感知和运动能力	韩文娟 徐 芳 王和平
如何发展自闭谱系障碍儿童的认知能力	潘前前 杨福义
自闭症谱系障碍儿童的发展与教育	周念丽
如何通过音乐干预自闭谱系障碍儿童	张正琴
如何通过画画干预自闭谱系障碍儿童	张正琴
如何运用ACC促进自闭谱系障碍儿童的发展	苏雪云
孤独症儿童的关键性技能训练法	李 丹
自闭症儿童家长辅导手册	雷江华
孤独症儿童课程与教学设计	王 梅
融合教育理论反思与本土化探索	邓 猛
自闭症谱系障碍儿童家庭支持系统	孙玉梅
自闭症谱系障碍儿童团体社交游戏干预	李 芳
孤独症儿童的教育与发展	王 梅 梁松梅

特殊学校教育·康复·职业训练丛书（黄建行 雷江华 主编）

信息技术在特殊教育中的应用
智障学生职业教育模式
特殊教育学校学生康复与训练
特殊教育学校校本课程开发
特殊教育学校特奥运动项目建设

21世纪学前教育专业规划教材

学前教育概论	李生兰
学前教育管理学（第二版）	王 雯
幼儿园课程新论	李生兰
幼儿园歌曲钢琴伴奏教程	果旭伟
幼儿园舞蹈教学活动设计与指导（第二版）	董 丽
实用乐理与视唱（第二版）	代 苗
学前儿童美术教育	冯婉贞
学前儿童科学教育	洪秀敏
学前儿童游戏	范明丽
学前教育研究方法	郑福明
学前教育史	郭法奇
学前教育政策与法规	魏 真
学前心理学	涂艳国 蔡 艳
学前教育理论与实践教程	王 维 王维娅 孙 岩
学前儿童数学教育与活动设计	赵振国
学前融合教育（第二版）	雷江华 刘慧丽
幼儿园教育质量评价导论	吴 钢
幼儿学习与教育心理学	张 莉
学前教育管理	虞永平

大学之道丛书精装版

美国高等教育通史	[美]亚瑟·科恩
知识社会中的大学	[英]杰勒德·德兰迪
大学之用（第五版）	[美]克拉克·克尔
营利性大学的崛起	[美]理查德·鲁克
学术部落与学术领地：知识探索与学科文化	[英]托尼·比彻 保罗·特罗勒尔
美国现代大学的崛起	[美]劳伦斯·维赛
教育的终结——大学何以放弃了对人生意义的追求	[美]安东尼·T.克龙曼
世界一流大学的管理之道——大学管理研究导论	程 星
后现代大学来临？	[英]安东尼·史密斯 弗兰克·韦伯斯特

大学之道丛书

市场化的底限	[美]大卫·科伯
大学的理念	[英]亨利·纽曼
哈佛：谁说了算	[美]理查德·布瑞德利

麻省理工学院如何追求卓越	[美]查尔斯·维斯特
大学与市场的悖论	[美]罗杰·盖格
高等教育公司：营利性大学的崛起	[美]理查德·鲁克
公司文化中的大学：大学如何应对市场化压力	[美]埃里克·古尔德
美国高等教育质量认证与评估	[美]美国中部州高等教育委员会
现代大学及其图新	[美]谢尔顿·罗斯布莱特
美国文理学院的兴衰——凯尼恩学院纪实	[美]P.F.克鲁格
教育的终结：大学何以放弃了对人生意义的追求	[美]安东尼·T.克龙曼
大学的逻辑（第三版）	张维迎
我的科大十年（续集）	孔宪铎
高等教育理念	[英]罗纳德·巴尼特
美国现代大学的崛起	[美]劳伦斯·维赛
美国大学时代的学术自由	[美]沃特·梅兹格
美国高等教育通史	[美]亚瑟·科恩
美国高等教育史	[美]约翰·塞林
哈佛通识教育红皮书	哈佛委员会
高等教育何以为"高"——牛津导师制教学反思	[英]大卫·帕尔菲曼
印度理工学院的精英们	[印度]桑迪潘·德布
知识社会中的大学	[英]杰勒德·德兰迪
高等教育的未来：浮言、现实与市场风险	[美]弗兰克·纽曼等
后现代大学来临？	[英]安东尼·史密斯等
美国大学之魂	[美]乔治·M.马斯登
大学理念重审：与纽曼对话	[美]雅罗斯拉夫·帕利坎
学术部落及其领地——当代学术界生态揭秘（第二版）	[英]托尼·比彻 保罗·特罗勒尔
德国古典大学观及其对中国大学的影响（第二版）	陈洪捷
转变中的大学：传统、议题与前景	郭为藩
学术资本主义：政治、政策和创业型大学	[美]希拉·斯劳特 拉里·莱斯利
21世纪的大学	[美]詹姆斯·杜德斯达
美国公立大学的未来	[美]詹姆斯·杜德斯达 弗瑞斯·沃马克
东西象牙塔	孔宪铎
理性捍卫大学	眭依凡

学术规范与研究方法系列

如何为学术刊物撰稿（第三版）	[英]罗薇娜·莫瑞
如何查找文献（第二版）	[英]萨莉·拉姆齐
给研究生的学术建议（第二版）	[英]玛丽安·彼得等
社会科学研究的基本规则（第四版）	[英]朱迪斯·贝尔
做好社会研究的10个关键	[英]马丁·丹斯考姆
如何写好科研项目申请书	[美]安德鲁·弗里德兰德等
教育研究方法（第六版）	[美]梅瑞迪斯·高尔等
高等教育研究：进展与方法	[英]马尔科姆·泰特
如何成为学术论文写作高手	[美]华乐丝
参加国际学术会议必须要做的那些事	[美]华乐丝
如何成为优秀的研究生	[美]布卢姆
结构方程模型及其应用	易丹辉 李静萍
学位论文写作与学术规范（第二版）	李武 毛远逸 肖东发
生命科学论文写作指南	[加]白青云
法律实证研究方法（第二版）	白建军
传播学定性研究方法（第二版）	李琨

21世纪高校教师职业发展读本

如何成为卓越的大学教师	[美]肯·贝恩
给大学新教员的建议	[美]罗伯特·博伊斯
如何提高学生学习质量	[英]迈克尔·普洛瑟等
学术界的生存智慧	[美]约翰·达利等
给研究生导师的建议（第2版）	[英]萨拉·德拉蒙特等

21世纪教师教育系列教材·物理教育系列

中学物理教学设计	王霞
中学物理微格教学教程（第三版）	张军朋 詹伟琴 王恬
中学物理科学探究学习评价与案例	张军朋 许桂清
物理教学论	邢红军
中学物理教学法	邢红军
中学物理教学评价与案例分析	王建中 孟红娟
中学物理课程与教学论	张军朋 许桂清
物理学习心理学	张军朋
中学物理课程与教学设计	王霞

21世纪教育科学系列教材·学科学习心理学系列

| 数学学习心理学（第三版） | 孔凡哲 |
| 语文学习心理学 | 董蓓菲 |

21世纪教师教育系列教材

教育心理学（第二版）	李晓东
教育学基础	庞守兴
教育学	余文森 王晞
教育研究方法	刘淑杰
教育心理学	王晓明
心理学导论	杨凤云
教育心理学概论	连榕 罗丽芳
课程与教学论	李允
教师专业发展导论	于胜刚
学校教育概论	李清雁
现代教育评价教程（第二版）	吴钢
教师礼仪实务	刘霄

家庭教育新论	闫旭蕾 杨 萍	中外母语教学策略		周小蓬
中学班级管理	张宝书	中学各类作文评价指引		周小蓬
教育职业道德	刘亭亭	中学语文名篇新讲		杨 朴 杨 旸
教师心理健康	张怀春	语文教师职业技能训练教程		韩世姣
现代教育技术	冯玲玉			
青少年发展与教育心理学	张 清	**21世纪教师教育系列教材·学科教学技能训练系列**		
课程与教学论	李 允	新理念生物教学技能训练（第二版）		崔 鸿
课堂与教学艺术（第二版）	孙菊如 陈春荣	新理念思想政治（品德）教学技能训练（第三版）		
教育学原理	靳淑梅 许红花			胡田庚 赵海山
教育心理学	徐 凯	新理念地理教学技能训练（第二版）		李家清
		新理念化学教学技能训练（第二版）		王后雄
21世纪教师教育系列教材·初等教育系列		新理念数学教学技能训练		王光明
小学教育学	田友谊			
小学教育学基础	张永明 曾 碧	**王后雄教师教育系列教材**		
小学班级管理	张永明 宋彩琴	教育考试的理论与方法		王后雄
初等教育课程与教学论	罗祖兵	化学教育测量与评价		王后雄
小学教育研究方法	王红艳	中学化学实验教学研究		王后雄
新理念小学数学教学论	刘京莉	新理念化学教学诊断学		王后雄
新理念小学音乐教学论（第二版）	吴跃跃			
		西方心理学名著译丛		
教师资格认定及师范类毕业生上岗考试辅导教材		儿童的人格形成及其培养		［奥地利］阿德勒
教育学	余文森 王 晞	活出生命的意义		［奥地利］阿德勒
教育心理学概论	连 榕 罗丽芳	生活的科学		［奥地利］阿德勒
		理解人生		［奥地利］阿德勒
21世纪教师教育系列教材·学科教育心理学系列		荣格心理学七讲		［美］卡尔文·霍尔
语文教育心理学	董蓓菲	系统心理学：绪论		［美］爱德华·铁钦纳
生物教育心理学	胡继飞	社会心理学导论		［美］威廉·麦独孤
		思维与语言		［俄］列夫·维果茨基
21世纪教师教育系列教材·学科教学论系列		人类的学习		［美］爱德华·桑代克
新理念化学教学论（第二版）	王后雄	基础与应用心理学		［德］雨果·闵斯特伯格
新理念科学教学论（第二版）	崔 鸿 张海珠	记忆		［德］赫尔曼·艾宾浩斯
新理念生物教学论（第二版）	崔 鸿 郑晓蕙	实验心理学（上下册）		［美］伍德沃斯 施洛斯贝格
新理念地理教学论（第三版）	李家清	格式塔心理学原理		［美］库尔特·考夫卡
新理念历史教学论（第二版）	杜 芳			
新理念思想政治（品德）教学论（第三版）	胡田庚	**21世纪教师教育系列教材·专业养成系列**（赵国栋 主编）		
新理念信息技术教学论（第二版）	吴军其	微课与慕课设计初级教程		
新理念数学教学论	冯 虹	微课与慕课设计高级教程		
新理念小学音乐教学论（第二版）	吴跃跃	微课、翻转课堂和慕课设计实操教程		
		网络调查研究方法概论（第二版）		
21世纪教师教育系列教材·语文教育系列		PPT云课堂教学法		
语文文本解读实用教程	荣维东	快课教学法		
语文课程教师专业技能训练	张学凯 刘丽丽			
语文课程与教学发展简史	武玉鹏 王从华 黄修志	**其他**		
语文课程学与教的心理学基础	韩雪屏 王朝霞	三笔字楷书书法教程（第二版）		刘慧龙
语文课程名师名课案例分析	武玉鹏 郭治锋等	植物科学绘画——从入门到精通		孙英宝
语用性质的语文课程与教学论	王元华	艺术批评原理与写作（第二版）		王洪义
语文课堂教学技能训练教程（第二版）	周小蓬	学习科学导论		尚俊杰